조선민주주의
인민공화국 현대사 1
1945~1979

조선민주주의인민공화국 현대사 1

초판 1쇄 발행 2021년 7월 7일

지은이 4.27시대연구원
펴낸곳 도서출판 4.27시대
주소   서울시 종로구 통일로 162
          덕산빌딩 502호(교남동)
전화   02-735-4270
팩스   02-735-4271
이메일 427era@gmail.com

ISBN 979-11-971106-4-1 04300
값 14,000원

51개 주제로 본 우리민족 절반의 이야기

조선민주주의 인민공화국 현대사 1
1945~1979

1945년 해방에서 2021년 8차 당대회까지

김동원·안광획·이정훈

도서출판 4.27시대

| 발간사 |

벽을 문으로, 선을 넘자!

4.27시대연구원이 이번에 새로 발간한 〈조선민주주의인민공화국 현대사〉는 저자 중 한 분인 이정훈 연구위원이 국가보안법 위반혐의로 구속된 어려운 조건에서 펴낸 역작이다. 이른바 옥중출간인 셈이다.

북에서 살아가고 있는 우리의 반쪽은 '우리 민족의 운명은 우리 스스로 결정한다'는 주체와 자주의 역사를 살아가고 있다고 믿고 있다. 그래서 고난의 길을 감내하면서 초강대국 미국에 당당히 맞서 싸워내고, 그 특유의 자긍심을 잃지 않고 있다. 이러한 그들의 역사와 삶의 태도를 있는 그대로 이해하지 않고서야 어찌 분단을 극복하고 평화번영, 자주통일의 길을 찾을 수 있겠는가!

이 책의 의미는 북의 현대사를 우리 민족의 현대사로 자리매김했다는 점이다. 사실 조금만 생각해보면 이 입장은 지극히 당연한 것이다. 그러나 현실은 북을 적 혹은 혐오의 대상으로 보거나 심지어 아예 외국으로 바라보는 입장도 상당하다. 그러다 보니 북의 역사는 아예 모르거나, 알려고 하지도 않고 심지어 왜곡되게 이해한다. 조선일보가 가짜뉴스, 왜곡보도를 일삼아도 누구도 책임을 묻지 않는다. 모두 분단체제와 국가보안법이 만들어낸 분단의식, 피해의식의 반영이다. 북을 제대로 알려고만 하면 고문하고, 잡아가고, 낙인을 찍었던 역사가 만들어낸 괴물이다. 이 책은 이 괴물 같은 분단의식을 걷어내고 북 역시 우리 민족의 일원으로 그들의 역사를 있는 그대로 볼 것을 제안한다. 적이 아닌 형제로, 외국이 아닌 통일을 실현할 우리 민족의 일원으로 바라보고 그들이 만들어낸 역사의 여정을 제대로 알 것을 주문한다. 사실 그래야 4.27판문점선언대로 남북이 힘을 합쳐 평화를 지키고, 번영을 도모하고, 통일의 길도 찾을 수 있을 것이다. 이 점이 이 책의 큰 공적이다.

저자는 서문에서 삼국시대 고구려, 백제, 신라가 서로 싸웠지만 후대는 모두 우리 민족의 역사로 기록했듯이, 현대의 남북대결로 북 역사를 왜곡하거나 모르게 한다 해도 후대는 남북의 역사를 우리 민족의 역사로 제대로 기록할 것이라고 하였다. 예로부터 역사를 가벼이 대하면 망하고, 무겁게 대하면 흥한다 하였다. 4.27판문점선언이 아직 이행되고 있지 않지만 그렇다고 합의한 역사가 없어지는 것은 아니다. 이제 곧 실현될 남북의 평화번영과 통일을 대비하기 위해 먼저 북을 제대로 아는 노력이 절실한 때다. 이런 점에서 금번 4.27시대연구원의 〈조선민주주의인민공화국 현대사〉 출간은 반갑고 시의적절하다.

이 책의 큰 특징은 북의 역사를 처음 접하는 분들도 누구나 쉽고 재미있게 읽을 수 있도록 구성했다는 점이다. 해방 이후 현재까지 70년 이상의 긴 기간을 51가지 주제별로 묶어 독자들이 주요 역사적 사건이나 사안을 잘 이해할 수 있도록 서술했다. 국내에서 출간된 북 관련 역사서 가운데 이처럼 시기별 주요 사안을 쉽고, 일목요연하게 서술한 책은 아마도 처음일 것이다. 이 점이 이 책의 가장 큰 장점이다.

벽을 문으로!
선을 넘자!
늦봄 문익환 목사님이 그립다.

이정훈 연구위원이 '벽을 문으로' 박차고 나가고 있다. 또 하나의 '선을 넘고' 있다. 우리 모두 이정훈의 길동무가 되자.

4.27시대연구원 원장
한충목

| 추천사 |

더는 속으면서 살고 싶지 않다면

'우물 안 개구리'라는 말이 있다. 그가 보는 하늘은 매우 작은 동그라미에 불과하다. 플라톤의 유명한 동굴 우화가 있다. 평생을 쇠사슬에 묶여 동굴 깊숙한 곳에 사는 죄수는 햇빛을 통해 반사되는 벽면의 그림자를 통해서만 밖의 세상을 이해한다.

북조선에 대한 우리의 앎이 마치 이와 같다. 지금 사람들은 믿기 어려운 얘기일지 모르지만, 전쟁 직후에 태어난 나는 철저하게 이승만과 박정희 독재정권이 만들어낸 반공교육만을 받고 자라났다. 대학 1학년 때 국가가 안보교육 차원에서 보여준 북조선의 로동당 전당대회 16밀리 영상을 보고서야 비로소 난 북측 사람들이 나와 똑같은 언어를 사용한다는 사실을 깨달았다. 그전까지는 뭐가 달라도 달라 소통이 불가능할 것이라고 추측했다. 그때 난 절망하고 분노했다. 나의 순진한 어리석음에 절망했고 국가가 나를 속인 일에 대해 분노했다. 그리고 군에 입대하여 38선 철책에서 밤마다 북측을 향해 총을 겨루면서 '국방의 의무'라는 말이 한 인간을 얼마나 비인간적인 관념의 노예로 만드는가를 깨달았다. 역사는 분명히 말하고 있다. 국가 권력이 얼마나 쉽게 국민을 속이고 우민화시키고 있는가를.

남과 북은 무려 오천 년의 장구한 역사를 같은 땅 위에서 같은 문화를 공유하며 살아왔지만, 일본과 미국의 세계 패권주의 폭력에 의해 갈라진 지 76년째를 맞이하고 있다. 아니 그냥 갈라진 채 살아온 게 아니라, 무찔러야 할 적이요 망해야 할 원수로 여기면서 살아오고 있다. 이로 인해 생명경시 사상이 우리 안에 독버섯처럼 자라나, 남한은 경제군사대국으로 성장했으면서도 부동의 세계 제1위 자살국가라는 치욕을 안고 있다.

나는 목사로서 다섯 번 평양을 다녀왔지만, 내가 본 것은 극히 일부분에 불과하다. 북조선의 역사에 대해서는 더더욱 알지를 못한다. 왜냐하면 배운 적이 없기 때문이다. 언론에서 듣는 것이라곤 적대에 가득 찬 부정적인 얘기밖에 없다. 관변학자들과 탈북자들의 일방적인 주장뿐이다. 21세기 세계화의 시대에서 나는 계속 동굴 속에 갇혀 저들이 전해주는 '그림자'를 실상으로 여기는 어리석은 사람이 되고 싶지 않다. 아니, 이제는 더이상 속으면서 살고 싶지가 않다. 이를 벗어나는 가장 좋은 길은 북조선에서 발간한 책을 직접 읽는 일이다. 그러나 남한의 국가보안법은 이를 범죄행위로 규정하고 있다. 최근 법원에서조차 배포를 허락한 〈세기와 더불어〉 출판자의 집과 회사를 수색하고 모든 책을 압수했다.

4.27시대연구원은 그간 북조선에 관한 책 출판을 통해 〈북 바로 알기〉를 넘어 〈북 깊이 알기〉를 시도하여 오고 있다. 이 책 또한 북조선을 깊이 이해하는 데 있어 매우 중요한 길잡이가 될 것이다. 국민 필독서로 강력하게 추천한다. 하나 안타까운 일은 이 책의 책임집필자인 이정훈 연구위원이 그가 이전에 펴낸 책에 대해 공안당국이 불온 딱지를 붙여 현재 구속되어 있다는 사실이다. 하루속히 무죄 석방되어 출판의 기쁨을 함께 나눌 수 있기를 바란다.

예수살기 상임대표,
6.15공동선언실천 남측위원회 상임대표
조헌정

| 필자 서문 |

〈조선민주주의인민공화국 현대사〉를 시작하며

북한(조선)의 정식국호는 조선민주주의인민공화국이다. 즉 조선이다. 북 현대사를 서술하며 첫 번째 던지는 질문은 '조선민주주의인민공화국 역사는 우리나라 역사인가, 외국의 역사인가?'이다. 북한(조선) 역사가 우리 역사라면 우리는 자신의 역사에 대해 너무나 무지하다는 것을 바로 알게 된다. 우리가 북한(조선) 역사에 대해 아는 것은 '북괴(북한 괴뢰집단)', '북한 공산집단'이라는 적대적 이데올로기로 주입된 역사지식 외에는 거의 없다.

말할 것도 없이 북한(조선) 역사는 우리나라 역사다. 이 질문은 마치 고구려가 우리나라 역사인가를 묻는 것과 같은 수준의 질문이다. 신라, 백제, 고구려는 모두 우리 역사, 즉 우리 민족의 역사이다. 삼국시대 당대에는 신라가 외세 당나라를 끌어들여 동북아 전쟁을 벌였고, 백제와 고구려를 멸망시키며 서로 적으로 싸웠다. 하지만 그 후대는 당연히 삼국의 역사를 모두 우리의 역사로 기록한다. 마찬가지로, 미래에 통일조국을 이룩할 후대는 남북의 현대사를 모두 우리나라, 우리 민족의 역사로 기록할 것이다.

우리가 북한(조선) 현대사에 대해 아는 게 거의 없는 것은 어쩌면 당연하다. 북 현대사를 최소한 민족사적 관점, 통일지향적 관점에서 서술하는 용기 있는 지식인과 역사학자가 너무 없기 때문이다. 북 현대사는 전후 70년 가까이 분단과 적대적 냉전을 유지하는 국가보안법 체제에 굳게 갇혀 있었다. 그래서 북 현대사는 적대적 이데올로기에 자발적으로 훈련된 학자가 쓴 관변역사서가 대부분이다. 북 현대사의 진실은 몰라도 되는, 아니 몰라야 하는 남의 나라 역사로 철저히 배제되었다.

이 책은 남북의 현대사를 통일의 과도기라는 관점에서 본다. 북 현대사를, 분단과 냉전의 관점을 버리고 우리 민족의 역사, 우리 안의 역사로 본다. 통일지향적 관점에서 통일과도기에 불가피하게 남과 북에 두 개의 정부와 두 개의 현대사가 있다는 사실을 그대로 인정한다. 군사분계선을 넘어 평양과 개성에서 벌어지는 역사를 광주와 부산의 역사처럼 본다. 북 현대사는 우리 현대사의 절반이다. 잃어버린 우리 자신의 절반을 연구하고 기록하는 작업이다.

이 책의 서술관점은 내재적 관점이다. 내재적 관점은 외부자의 시각이 아니라 내부자의 시각에서 사건과 역사를 본다는 의미이다. 가령 한국에서 일어난 사건은 우선 한국인 내부의 관점에서 보는 것이 1차적이다. 여기에 외부자의 시각이 더해지면서 종합적 평가가 이루어진다. 그런데 시중에 있는 대부분 북 현대사 저작물의 시각은 적대적인 색안경을 끼고 본 외부자의 시각이다. 그나마 진보적이라는 역사학자들 역시 소련, 동유럽, 중국 등의 외국 사회주의 혁명사를 기준과 잣대로 적용하여 북 현대사를 해석하고 폄훼하는 한계를 보였다. 내재적 관점에서 북의 역사를 보면 북의 역사는 180도 다른 느낌과 그림으로 다가온다.

북이 지난 70여 년간 추구한 역사의 진실은 무엇이었을까? 내재적 시각에서 보자면 다음 세 가지를 변함없이 추구한 역사가 눈에 들어온다.

첫째, 북의 역사는 민족자주와 통일 구현의 역사이다. 남한에 수립된 정권이 친일·친미 정권이라면 북은 일본제국주의에 맞서 무장독립투쟁을 벌이던 항일독립군이 세운 정권이다. 사회주의에 앞서 북의 열망은 자주독립국이었다. 나라가 분단된 이후 북은 일본을 대체한 제국, 미국과 70여 년 동안 전쟁을 벌인다. 북은 민족통일이 일제로부터 시작된 투쟁의 완성, 즉 완전한 자주독립이라 보고 있다. 북이 해방 전후 가장 실력 있는 항일무장독립군을 계승한 정권이란 것은 남측 정부가 오랫동안 감추고 싶은 진실이었다.

둘째, 북의 역사는 사회주의 혁명의 역사이다. 1945년 해방 후 북이 지향한 사회체제는 자본주의가 아니라 사회주의였다. 사회주의를 바탕으로 자유와 평등국가를 지향했다. 남한이 친일·친미 자본가 정권이라면 북은 노동자, 농민 등 근로대중이 집권한 우리나라 역사상 첫 인민정권이다. 크게 보면 21세기 현대 사회주의 역사는 여전히 진퇴를 거듭하며 인류사적으로 거대한 시험이 진행 중이다. 역사는 이를 '과도기'라고도 부른다. 그런데 남측에 사는 우리는 사회주의에 대해 나쁘다는 것 말고 아는 게 별로 없다. 사회주의를 금기시하며 사회주의 혁명역사에 대해 한 번도 제대로 배워본 적이 없기 때문이다. 우리가 사상적 장애가 심하다는 것조차 잘 모른다.

셋째, 북의 역사는 주체사상 창시와 확장의 역사이다. 모든 혁명은 사상으로부터 시작된다. 맑스와 레닌, 모택동 등 숱한 사회주의 혁명 지도자들이 혁명가이자 철학사상가였듯이, 김일성과 김정일 역시 정치가이자 사회주의 철학사상가이다. 북은 항일독립투쟁과 이후 사회주의 건설과정에서 맑스-레닌주의를 계승하면서도 맑스-레닌주의를 넘어선 독자적인 혁명사상을 창시했다고 자부한다. 그것이 주체사상이다. 북을 주도하는 로동당과 국가기관의 모든 활동의 철학적 지침은 주체사상이다. 불행히도 이에 대해서도 우리는 아는 것이 거의 없다. 주체사상의 내용을 구호로 간단히 요약하면 이민위천, 일심단결, 자력갱생이다.

이러한 내재적 관점에서 북 현대사를 쓰려고 시도하니 자료가 너무나 부족했다. 남측에는 통일부 자료 외에 합법적으로 출판된 북 현대사 1차 사료 자체가 거의 없다. 저자들도 하는 수 없이 통일부 북한자료센터의 자료를 부지런히 찾았다. 〈조선전사〉, 〈조선통사〉, 〈현대조선력사〉, 〈조선로동당력사〉, 김일성종합대학 및 북 사회과학원에서 출판한 역사학 연구서들, 〈력사사전〉, 〈정치사전〉 등 상당한 1차 자료를 찾아보았다. 2016년 조선로동당 제7차 대회까지를 기록한 신판 〈조선로동당력사 2〉와 김정은시대의 시작까지를 담은 개정증보판 〈조선통사〉(하)가 있다는 것도 처음 알았다.

북 현대사는 당사(黨史. 조선로동당의 역사)의 연장이라고 볼 수 있다. 따라서 당사의 관점을 중시하며 충실히 서술하려 했다. 허나 사회주의이론과 역사적 맥락에 대한 지식이 많지 않은 남측 독자들에게 이 역시 쉽지 않고 생소하기는 마찬가지다. 그래서 가능한 역사적 배경과 해설을 추가하는 방식으로 서술했다. 물론 북에서 다루지 않는 독자적 영역과 주관적 해석도 있으나 이 책은 기본적으로 북이 보는 북의 현대사를 해설하고자 하였다. 적대적 관점에서 쓴 북 역사에 대한 반론과 비판은 수두룩한 관계로 이 책에서는 더는 서술하지 않았다.

북 현대사를 이해하는 것은 북 바로알기의 핵심 내용이다. 전문서나 학술서보다 북 현대사를 쉽게 통으로 읽는 대중서를 쓰려 하였으나, 생각보다 전문적 내용이 계속 추가되었다. 북 현대사를 시간순으로 50개 정도의 주제를 뽑아 1945년 해방부터 2021년 조선로동당 제8차 대회까지를 모두 다루었다. 글을 마치려니 거칠고 부족한 점이 눈에 보인다. 나머지 과제는 다른 진보적 지식인과 역사학자들의 몫으로 남겨야 할 것 같다. 머지않아 북 사회과학원 학자들과 남북의 역사를 함께 쓰게 되는 날이 오기를 기대해 본다. 남과 북의 경험과 역사가 통일현대사로 거듭나 새로운 위대한 인류문명사를 창조하는 그날도 그려본다.

새로운 과제에 과감히 도전한 4.27시대연구원 저자 선생님들, 큰 관심을 보내주신 연구원 회원님들, 통일교과서 출간위원회 등 책의 출간을 위해 노력과 지원을 아끼지 않은 모든 분께 진심으로 감사드립니다.

2021년 5월
저자들을 대신하여
이정훈

| 차례 |

|발간사| 벽을 문으로, 선을 넘자! 4
|추천사| 더는 속으면서 살고 싶지 않다면 6
|필자 서문| 〈조선민주주의인민공화국 현대사〉를 시작하며 8

1장   조선민주주의인민공화국 수립과 전쟁 | 김동원 | 17
1945~1953

1. 북의 현대사 이해와 주체사관   18
2. 개선   27
3. 북조선공산당의 창당과 북조선민주주의민족통일전선의 결성   36
4. 북조선림시인민위원회와 토지개혁   45
5. 남북연석회의   54
6. 조선민주주의인민공화국의 수립   62
7. 왜 '조국해방전쟁'인가   69
8. '유령' 참전국 일본   75
9. "미국은 세균전을 멈춰라!"   84
10. 폭격, 그리고 학살   92
11. 항미원조보가위국   103
12. 박헌영·리승엽 '간첩' 사건   111
13. 정전협정의 체결과 '전승 열병식'   122

2장 전후복구와 사회주의 건설기 | 안광획 | 133
1954~1979

1. 전후복구와 사회주의 개조 134
2. 천리마를 탄 기세로 – 천리마운동 140
3. 8월 종파사건과 반종파투쟁 147
4. 조선로동당 제4차 대회와 7개년 계획 153
5. 경제건설에서 '사람'을 중심에 세우다 162
   청산리방법과 대안의 사업체계
6. '한 손에는 총을, 다른 한 손에는 마치를' 168
   경제·국방건설 병진노선
7. 조선로동당 제5차 대회와 사회주의헌법 제정 174
8. 사상과 기술, 문화도 주체의 요구대로 180
   3대 혁명
9. 수정주의와 교조주의 혼란 속에서 조선혁명의 주체를 세우다 187
   중소갈등과 자주노선 천명
10. 전세계 약소민족의 해방투쟁을 지지하며 196
    반제국주의 국제연대
11. 보복에는 보복으로, 전면전에는 전면전으로 204
    1960~70년대 북미대결사
12. 자주·평화·민족대단결의 원칙을 세운 7.4공동성명과 215
    조국통일 5대 방침
13. 우리의 또 한 형제, 재일동포의 역사 224

| 참고문헌 | 232
| 사진출처 | 237

2권 차례

3장.
사회주의 고속성장기(1980~1993) |공동집필|
1. 조선로동당 제6차 대회, 혁명의 계승과 '온 사회의 주체사상화' 선포
2. 차이를 넘어 하나됨을 위하여-고려민주련방공화국 통일방안
3. '혁명의 계승자' 김정일의 성장과정과 후계자 등장
4. 유일사상체계의 확립과 주체사상의 완성
5. 사회주의 경제건설을 위한 '속도 창조' 운동
6. '혁명의 교과서' 〈세기와 더불어〉
7. "조선이 없는 지구는 있을 수 없다"-1994년 전쟁위기와 북미 제네바합의
8. 백두에서 한라까지 조선은 하나다-통일운동의 발전과 전민족대단결 10대 강령

4장.
김정일시대와 선군정치(1994~2011) |김동원|
1. '평양선언'에서 〈사회주의는 과학이다〉까지
2. 김일성 주석 서거와 수령영생위업
3. 고난의 행군과 강계정신
4. 선군정치의 시작

5. 광명성 1호 발사와 '첨단을 돌파하라'
6. 두 차례 남북정상회담과 6.15·10.4선언
7. 강성국가론과 선군경제노선
8. 김정은 후계자 확정

5장.
김정은시대와 인민대중제일주의:북미대결을 중심으로(2012~2021) |이정훈|
1. 김정은시대의 출범, 2012년 4.15열병식
2. 2013년 전쟁위기와 3월 전원회의 '경·핵 병진노선' 결정
3. 36년 만에 열린 조선로동당 제7차 대회
4. 2017년 정점에 이른 김정은시대 북미 2차 핵대결
5. 역사적인 4.27판문점선언과 9.19평양공동선언
6. 조선로동당 7기 3차 전원회의와 싱가포르 북미정상회담
7. 2019년 하노이 2차 북미정상회담의 결렬
8. '정면돌파전', 2019년 12월 전원회의
9. 새 격변기 준비한 조선로동당 제8차 대회

1

조선민주주의인민공화국 수립과 전쟁

1945~1953

김동원

1 북의 현대사 이해와 주체사관

북한(조선)은 현대사를 어떻게 바라보고 있는가? 북의 현대사를 다루기 앞서 생각해 볼 문제가 있다. 북이 어떤 관점과 입장에서 현대사를 바라보고 정립하였는가이다.

남북이 현대사를 바라보는 기본 시각에서부터 큰 차이가 있고, 또 각각이 1950년 전쟁 이래 거기에 익숙해진 지 오래다. 이런 상황에서 우리가 북의 현대사를 있는 그대로 객관적으로 이해하기 위해서는 그들의 현대사 인식의 기본 틀을 먼저 아는 것이 필요하다. 그래야 '다름'에서 비롯되는 생경함이나 거부감 등을 넘어 북의 현대사 인식에 열린 자세로 다가설 수 있다.

북의 현대사 이해의 기본 틀과 관련해 여러 가지를 다룰 수 있겠지만 여기서는 주요한 두 가지 문제에 착목하려 한다. 하나는 어느 때부터를 현대사로 보는가, 즉 현대사의 시기 설정 문제이고, 다른 하나는 그렇게 판단하는 근거가 무엇인가하는 것이다. 첫째 문제인 어느 때부터를 현대사로 보는가는 역사의 일부이면서도 현재진행형인 오늘의 기원에 관한 문제이기도 하다. 오늘의 현실이 언제 무엇으로부터 결정적으로 유래하였다고 보는지에 대한 판단인 셈이다. 사실 남측 학계에서는 이를 두고 견해가 갈린다. 일제의 강점과 이를 극복하려는 독립운동을 현대사의 시작으로 볼 것인가, 아니면 해방 직후부터로 볼 것인가로 나뉜다. 둘째 문제인 그런 판단의 근거, 즉 사관(史觀)은 남북간에 더 극명한 차이를 보인다.

평양의 만수대기념비
〈조선의 오늘〉

북의 주체사관에 대한 남측의 이해는 심히 왜곡되어 있거나 거의 전무한 게 현실이다. 그래서 이들 두 가지 문제에 대한 사전 파악은 북의 현대사를 '역지사지'하는 지탱점이 되리라 생각한다.

먼저 현대사의 시기 설정 문제부터 보자.

북한(조선)은 현대사를 일본제국주의의 한반도 강점에 맞서 김일성이 새 세대 청년공산주의자들을 조직해 전개한 무장투쟁에서 시작한다. 1920년대 말 준비기를 거쳐 1930년대 본격 전개된 김일성의 항일무장투쟁이 현대사의 시작점인 것이다. 이는 북의 주요 역사서에서 확인된다. 남측 국가편찬위원회의 〈한국사〉(1974~1984) 20권에 비견되는 북의 대표 역사서로 사회과학원 역사연구소가 펴낸 〈조선전사〉(1979~1992)를 보자. 전체 34권을 원시편부터 고대, 중세, 근대, 현대편까지 크게 5개 시대로 구분해 놓았는데 현대편의 시작인 16번째 책이 바로 '항일무장투쟁사 1'이다. 항일무장투쟁사는 22번째 책까지 모두 7권으로 구성돼 있다. 이런 〈조선전사〉의 특징은 현대편이 전체의 절반 이상인 19권에 이른다는 점이다.

항일무장투쟁을 현대사의 기점으로 삼는 시기 구분은 다른 역사서에서도 확인된다. 1983년 증보판을 낸 〈현대조선력사〉(김한길 저)의 제1편이 '항일혁명투쟁'이다. 그렇다고 김일성의 항일유격대[1] 결성과 그를 통한 무장투쟁의 전개를 곧바로 현대사의 시작점으로 서술하지는 않았다. 〈조선전사〉 16권 '항일무장투쟁사 1'의 제1장이 '혁명의 위대한 수령 김일성 동지의 혁명활동 개시 전야의 우리나라 반일민족해방운동 방향을 전환시키기 위한 투쟁'이다. 여기서는 김일성의 아버지인 김형직이 1917년 비밀 독립운동조직인 '조선국민회'[2] 결성을 주도하고, 1919년 3.1운동 이후 반일민족해방운동의 노선을 기존 민족주의운동에서 사회주의(공산주의)운동으로 전환하기 위해 벌인 투쟁과 활동을 중심으로 서술하고 있다. 김일성이 사회주의를 선택하고 항일무장투쟁을 전개하게 된 역사적 배경과 기원을 설명한 것이다.

〈현대조선력사〉도 비슷하다. 항일혁명투쟁편 제1장이 '부르죠아민족운동 시기의 종말, 초기 공산주의운동'이고, 제2장은 '공산주의운동과 민족해방운동의 새로운 출발'이다. 제3장에 이르러 '항일무장투쟁의 개시, 무장투쟁의 첫 단계'란 제목으로 항일유격대 결성 사실을 알리고 있다. 김일성 항일무장투쟁의 전사(前史)를 다룬 건데 요지는 일제강점 초기 독립운동의 주류였던 민족주의가 1919년 3.1운동에 대한 일제의 폭압을 계

---

[1] 김일성이 1932년 4월 결성했다는 항일유격대의 첫 이름은 '반일인민유격대'였다. 그리고 연대급 이하 단위로 활동하던 반일인민유격대들은 2년 뒤인 1934년 3~5월 사단급 이상의 단일한 대부대인 '조선인민혁명군'으로 통합 개편되었다.

[2] "조선국민회는 3.1운동이 일어나기 이전 국내 최대의 항일 비밀결사체다. 당시 독립운동의 주류가 계몽운동이었다면, 조선국민회는 무장투쟁을 통해 자력독립을 이뤄내야 한다는 강경노선을 추구했다. 1917년 3월 23일 결성돼 일제강점기 초기 북한지역에서 독립운동의 씨앗을 뿌렸고, 1918년 지도부의 검거로 조직이 와해됐지만, 회원들은 다른 지역으로 흩어져 이듬해 3.1운동에서 일정한 역할을 한 것으로 평가받고 있다."('식민 초기 최대 비밀결사 조선국민회'(〈연합뉴스〉 2019년 1월 14일자)

조선전사
안광획, 2021. 4. 8.

기로 사실상 쇠락함으로써 이후 반일운동은 민족해방운동의 최고형태인 무장투쟁을 전개할 새 사조와 노선으로 전환이 불가피했다는 것이다. 그리고 이는 맑스-레닌주의에 입각해 조선혁명의 새길을 찾던 김일성이 1916년 10월 중국 길림성 화전현에서 새 세대 청년공산주의자들과 결성한 비밀혁명조직 '타도제국주의동맹(약칭 ㅌ.ㄷ)'을 뿌리로 한 항일무장투쟁으로 구현했다고 본다.

그렇다면 북이 현대사의 시작을 김일성의 항일무장투쟁으로 보는 이유와 근거는 뭘까? 대답은 항일무장투쟁의 조직적 뿌리인 '타도제국주의동맹'에 대한 북의 평가에서 찾을 수 있다. 지난 2006년 평양출판사가 펴낸 〈김일성 주석과 반일민족해방투쟁사〉(김희일 저)에는 이런 대목이 나온다.

"'ㅌ.ㄷ'의 출현은 조선 민족해방투쟁사의 획기적인 시대를 열었을 뿐 아니라 그 심원한 의의로 하여 민족사 발전의 전체적 견지에서도 실로 중요한 의미를 가지게 되였다. 그것은 사회주의, 공산주의를 향한 력사적 투쟁의 시원인 것만큼 사회주의의 시원으로 되기 때문이다.

주지하는 바와 같이 조선민주주의인민공화국에서 사회주의 사회의 구조적 특징은 수령, 당, 군대, 인민이 혼연일체가 되여 혁명의 주체를 이루고

1. 북의 현대사 이해와 주체사관   21

그 혁명력량에 의해 력사가 전진하고 사회가 전진하는데 있다.

사회주의의 구조적 특징을 이루는 제반 문제들은 'ㅌ.ㄷ'에 시원을 두고 있다. 그러므로 'ㅌ.ㄷ'의 결성은 우리 현대사가 전개되는 시발점으로서의 의의를 가지는 것이다."(152쪽)

요약하면, 타도제국주의동맹이 첫째, 무장투쟁을 포함한 전체 민족해방투쟁사의 새 시대를 열었고, 둘째, 북이 추구하는 사회주의의 시원이 되었으며, 셋째, 조선민주주의인민공화국의 구조적 특징인 '수령-당-인민(군대)의 혼연일체'의 뿌리라는 것이다.

오늘의 북 사회의 기본 틀을 있게 한 'ㅌ.ㄷ'가 결성과 더불어 당면과업으로 삼은 일제 타도와 조선 독립을 위해 조직 전개한 항일무장투쟁이 현대사의 시발임은, 거기서 비롯된 사회주의 건설을 계속하고 있는 북의 입장에선 당연하다고 하겠다.

〈현대조선력사〉가 머리말에서 "조선 인민의 현대 력사는 바로 위대한 수령 김일성 동지의 령도 밑에 주체사상을 구현해 온 력사"라고 선언하고, 〈조선전사〉 16권의 머리말 역시 "조선 인민의 현대 력사는… 위대한 수령 김일성 동지께서 조선혁명을 령도하심으로써 새롭게 개척되였으며 찬연히 빛나게 되었다"고 밝힌 것도 같은 맥락이라 하겠다.

다음은 사관의 문제인데 바로 주체사관이다.

이에 관해서는 〈현대조선력사〉 저자가 머리말에 간략하게나마 언급해 놓은 것을 중심으로 살펴보겠다. 저자는 머리말에서 "책을 서술하는 데서 신중히 고려한 점들"을 소개하면서 "우리는 또한 력사적 사실들에 대한 평가(성격, 지위, 의의 등의 규정)를 옳게 하는데 깊은 주의를 돌렸다. 력사적 사실들 자체를 명확히 밝혀낸 다음에는 그것들에 대한 평가를 옳게 하

주체사상탑 야경 〈조선의 오늘〉

는 것이 중요하다"며 주체사관을 언급했다. 즉 "우리는 사람이 모든 것의 주인이며 모든 것을 결정한다는 철학적 원리에 기초하고 있는 주체사상, 특히는 주체사상에 의하여 밝혀진 사회력사원리를 력사적 사실들의 평가를 위한 확고한 지침으로, 기준으로 삼았다"고 밝혔다. 여기서 "주체사상에 의하여 밝혀진 사회력사원리"란 주체사관을 말하는데, 이를 역사적 사실들에 대한 평가의 기준으로 삼았다는 얘기다. 그럼 주체사관이란 대체 무엇인가?

저자는 이렇게 압축해 설명했다. "현대조선의 력사를 근로인민대중이 주체가 되고 동력이 되어 창조되고 발전되어온 근로인민대중 중심의 력사로 서술하였으며 인민대중의 운명을 중심에 놓고 그들의 자주성에 대한 요구를 출발점으로 하여 매개 사건들을 평가하고 긍정과 부정, 진보성과 반동성을 규정하였다."

사실 주체사관에 대해서는 더 많은 설명이 필요한데 여기서는 기본 내용만을 더하겠다. 주체사상을 정식화한 북의 대표 문헌인 김정일의〈주체사상에 대하여〉(1982년)에 따르면, 주체사상의 사회역사원리는 모두 4개의 명제로 구성되어 있다. 1. 인민대중은 사회역사의 주체이다. 2. 인류역사는 인민대중의 자주성을 위한 투쟁의 역사이다. 3. 사회역사적 운동은 인민대중의 창조적 운동이다. 4. 혁명투쟁에서 결정적인 역할을 하는 것은 인민대중의 자주적인 사상의식이다. 첫째 명제는 역사의 주체, 동력이 인민대중임을 밝히고 있고, 둘째는 역사의 본질을, 그리고 셋째는 사회운동의 성격을 정의한 것이며, 넷째 명제는 혁명운동의 결정적 요인을 밝히고 있다.

이에 근거해〈현대조선력사〉머리말을 풀어보면 "현대조선의 력사를 근로인민대중이 주체가 되고 동력이 되어 창조되고 발전되어온 근로인민대중 중심의 력사로 서술"했다고 한 것은 첫째 명제 '인민대중은 사회역사의 주체이다'와 셋째 명제 '사회역사적 운동은 인민대중의 창조적 운동이다'를 반영한 언명이라고 보겠다. 역사의 주체, 즉 역사를 창조하고 발전시켜 온 동력이 근로인민대중이므로 그들을 중심으로 역사를 기록했다는 것이다. 그리고 "인민대중의 운명을 중심에 놓고 그들의 자주성에 대한 요구를 출발점으로 하여 매개 사건들을 평가"했다는 것은 둘째 명제 '인류역사는 인민대중의 자주성을 위한 투쟁의 역사이다'를 잣대 삼아 사건들을 평가했다는 의미이다. 여기서 '자주성'이란 개념은 '주위 환경의 구속에서 벗어나 자기운명의 주인답게 자유롭게 살려는 사람의 사회적 속성'이라고 한다. 한마디로 자유와 독자성을 지키려는 사람의 본성인데, 주체사상에선 사람에게 자주성은 생명처럼 중요하다고 규정한다.

요약하면, 주체사관이란 역사의 주체인 근로인민대중을 중심으로 본 역사관, 특히 근로인민대중의 자주성을 기준으로 역사적 사건들을 평가한 역사관이라고 하겠다. 이런 주체사관에 입각해 현대사를 서술하고 있으니 앞에서 본 것처럼 일제강점기를 다루는 책과 장의 제목을 '항일무장투쟁사'(《조선전사》), '항일혁명투쟁'(《현대조선력사》)이라 이름 붙이고 실제 그를 중심으로 내용을 구성한 것으로 보인다. 자주성을 억압하는 일본제국주의에 맞서 무장을 잡고 투쟁한 근로인민대중을 중심으로 서술하였으니 그 책과 장의 이름을 그에 부합하게 짓는 건 자연스러운 결과라 하겠다.

그래서 〈현대조선력사〉의 저자는 "우리는 이것이 력사 연구에서 일반적으로 적용되어야 할 방법론이라고 생각한다"며 이렇게 단언하기도 했다. "더우기 현대조선의 력사는 주체사상의 창시자인 김일성 동지가 령도해온 혁명투쟁의 력사일 뿐 아니라 주체사상의 구현과정을 기본으로 하여 이루어진 력사인 것만큼 주체사상과 그에 의해 밝혀진 주체사관을 떠나서는 현대조선 력사의 전반적 흐름을 똑바로 파악할 수 없으며 그 중요 사건들에 대하여 어느 하나도 똑똑히 분석 평가할 수 없다." 항일무장투쟁을 이끌어 북의 현대사의 문을 연 당사자가 김일성이고, 또 그 과정에서 주체사상을 창시해 해방 이후부터 80년대까지 북에 구현한 장본인도 김일성인데 그와 그의 주체사관을 떠나서는 북의 현대사를 제대로 알 수도 없고 평가할 수도 없다는 얘기이다.

이는 보천보 전투는 기록하면서도 김일성의 항일무장투쟁에 대한 공개 거론을 꺼리고 또 일제강점기 역사를 '일제강점과 민족운동의 전개'(고교 한국사교과서), '일제의 식민지배와 민족해방운동의 발전'(대학 한국사교과서) 등으로 이름 붙이는 남측 사학계와는 분명히 다른 관점이다. 바로 이런 차이를 인정하는 것이 북의 현대사를 있는 그대로 이해하는 첫걸음일 것이다. 참고로 책에서 북의 문헌을 인용할 경우 띄어쓰기를 뺀 나머지 표기법은 원문을 그대로 뒀다.

* * *

북의 현대사가 김일성의 항일무장투쟁으로 시작하지만 책에서는 1945년 8.15 광복에 즈음한 일부 시기만을 다룬다. 항일무장투쟁사의 내용이 〈조선전사〉나 북의 항일무장투쟁사 편찬위원회가 2002년부터 발행한 〈항일무장투쟁사〉 총서에서 보듯 적어도 6권에서 많게는 무려 10권에 이를 만큼 방대해 아무리 축약한다 해도 2권 이상은 피할 수 없다. 남측에서 2019년 발행된 〈1930년대 항일무장투쟁 연구〉도 2권으로 구성돼 있다.

그렇다고 이번 출간 작업에서 항일무장투쟁사를 다루지 않는 이유가 내용의 방대함만은 아니다. 비록 지금은 경색국면에 갇혀 냉기마저 흐르지만 엄연히 우리는 자주통일과 평화번영을 지향하는 4.27판문점선언시대에 살고 있다. 우리 민족의 현대사 역시 이제 하나 되기 위한 구체적인 노력, 발상의 전환이 필요한 시점이라고 하겠다.

그래서 4.27시대연구원은 작은 디딤돌이라도 놓는다는 심정으로 김일성 주석의 항일무장투쟁만이 아니라 그를 포함한 남북의 모든 반일민족해방투쟁사를 하나로 묶는, 온전한 의미에서 우리 민족의 반일독립운동사를 정리하는 아름찬 작업을 장차 시도하려 한다.

물론 많은 시간과 노력이 필요할 것이다. 그렇다고 피해갈 일은 아니라고 본다. 4.27시대연구원은 이런 작업을 계기로, 지난 2004년 남북이 우리의 말과 글을 하나로 모으기 위해 '겨레말큰사전' 공동편찬사업에 합의한 것처럼 남북이 함께 민족의 반일독립운동사를 공동 집필하여 통일을 맞이할 우리 후대들에게 선물하는 역사적 사건이 일어나길 기대한다.

2 개선

개선(凱旋). 국어사전에서 뜻을 찾으면 '싸움에서 이기고 돌아옴'이라고 나온다. 김일성이 만주에서 항일무장투쟁을 마치고 돌아온 것을 북에서는 단순한 '귀국'이 아니라 '개선'이라고 표현하고 있다.

〈현대조선력사〉는 해방정국을 다룬 제2편 '새 조국 건설, 조국해방전쟁'의 서두에서 "영웅적인 항일무장투쟁을 벌리시여 마침내 강도 일제를 물리치고 조국광복의 새봄을 안아오신 위대한 수령 김일성 동지께서는 조선인민혁명군 대원들을 거느리시고 조국에 '개선'(강조는 인용자)하시였다"(206쪽)고 밝히고 있다.

2006년 평양출판사가 펴낸 〈김일성 주석과 반일민족해방투쟁사〉도 마찬가지다. 책의 제4장 '김일성 주석과 1940년대 전반기 반일민족해방투쟁'의 마지막 8번째 절 '최후결전 작전과 항일무장투쟁의 위대한 승리, 김일성 주석의 조국 개선'의 말미에 이렇게 밝히고 있다. "김일성 주석께서는 9월에야 배편으로 쏘련을 떠나시게 되였고 9월 19일 원산항에 개선하시였으며 9월 22일 오전에는 평양에 도착하시였다. 위대한 수령님의 조국 개선으로 민족사의 새 장이 열리게 되었다."(405쪽) 여기의 특징은 김일성이 돌아온 날짜와 항구까지 밝힌 점이다.

이렇듯 김일성의 귀국을 '개선'이라 표현한 것은 항일무장투쟁에서 이겼다고 판단하지 않으면 불가능한데 북의 역사서들은 모두 항일무장투쟁의 결과를 승리로 보고 있다. 〈현대조선력사〉 제1편 '항일혁명투쟁'의 마지막 6장 제목이 '항일무장투쟁의 위대한 승리'이다. 〈김일성 주석과 반일민족해방투쟁사〉 4장 8번째 절 제목 역시 '최후결전 작전과 항일무장투쟁의 위대한 승리…'이다. 항일무장투쟁에서 이겼다는 관점과 견해는 〈조선전사〉도 같다. 〈조선전사〉 '현대편' 항일무장투쟁사의 마지막 7번째인 22권의 제4장 제목이 '조국 해방을 위한 최후결전. 항일혁명전쟁의 위대한 승리'(104쪽)이다.

그런데 항일무장투쟁에서 승리했다는 것은 김일성 항일유격대가 대일전에서 승리했다는 얘기다. 이 문제는 1945년 8.15해방을 어떻게 바라보는가를 판가름하는 심각한 논제의 하나이다. 남측에선 일본의 항복을 미국 중심의 연합군에게 패한 결과로 보는 견해가 지배적이다. 이는 우리 민족의 해방이 자력이 아닌 타력에 의해 이루어졌다고 보는 '타력해방론'으로 귀결된다. 북의 역사학계는 180도 다르다. 김일성이 항일무장투쟁에서 승리했다고 하는 데서 알 수 있듯 북에선 '자력해방론'을 주장한다. 즉 항일무장투쟁과 여기에 호응한 국내에서의 전민항쟁 무장봉기로 일제를 물리치고 해방했다는 것이다.

그럼 북의 역사학계가 주장하는 '자력해방론'의 근거가 무엇인지를 살펴보자.

핵심은 바로 '최후공격작전'[1]과 '전민항쟁 무장봉기'이다. 김일성의 항일유격대가 자력 해방을 실현하기 위해 국내로 진격하는 최후공격작전과

---

[1] 대일 군사작전의 이름을 〈현대조선력사〉에서는 이렇게 표현했다. 김일성은 회고록 〈세기와 더불어〉 8권(계승본)에서 최후결전작전, 최후공격작전, 조국해방작전이라고 부르기도 했다.

평양시민 환영대회와 연설하는 김일성 〈조선의 오늘〉, 1945. 10.

이에 때맞춰 국내 인민들이 무장봉기하는 전민항쟁을 준비하고 실행했다는 것이다. 최후공격작전은 1945년 5월 9일 나치 독일이 무조건 항복한 이후 본격 준비되었다고 한다. 이에 관해선 김일성 사후인 1998년 조선로동당출판사가 출간한 그의 회고록 계승본(구술집)인 〈세기와 더불어〉 8권에서 이렇게 전하고 있다.

"대독 전승을 축하하는 모임이 있은 후 련합군에 망라된 조선인 지휘성원들은 한데 모여 조국해방과 관련된 작전문제를 가지고 장시간 토론하였습니다. 정식으로 소집한 회의는 아니였지만 분위기가 아주 진지하고 엄숙했습니다. 모두가 격정에 넘쳐 일제 격멸과 조국광복을 부르짖었습니다. 당장이라도 두만강을 건너 국내에로 쳐들어갈 기세였습니다.

론의의 초점은 자력독립과 전민항쟁에 대한 문제였습니다. 우리는 누구나 자체의 힘으로 조국을 해방한다는 확고한 주체적 립장을 튼튼히 견지해야 한다, 자체의 힘으로 조국을 해방하자면 조선인민혁명군의 정치군사적 위력을 백방으로 강화하고 국내의 항쟁조직들을 잘 준비시켜 인민혁명군이 조국해방작전을 벌릴 때 그에 합세해서 전인민적인 항전을 벌려야 한다, 쏘련, 중국의 무장력과의 군사적 련계를 강화하고 쏘련의 전반적 대일작전과의 깊은 련관 속에서 협동작전 준비를 잘해나가야 한다는 것이 그날 우리가 론의한 요점이였습니다."(445쪽. 연합군, 소련·중국 무장력과의 군사적 연계와 협동작전 애기가 나오는데 이는 뒤에서 다루기로 한다.)

이렇게 준비된 최후공격작전은 당시 소련이 대일 선전포고한 1945년 8월 9일 김일성의 공격명령으로 시작됐다는데 하루 전인 8월 8일 소련 접경지인 웅기군(현 나선시) 토리[2]에 대한 습격전투[3]를 벌려 해방했다고 한다.

김일성의 작전계획[4]에 따라 8월 9일 함경남도 혜산군 보천면과 함경북도 무산군 삼장면에 걸쳐 있는 간백산 밀영에 있던 조선인민혁명군 부대들은 두만강 연안에서 소련군과 함께 일본군의 국경 요새들을 돌파해 경원, 경흥 일대를 해방하고 웅기군 방면으로 계속 진출하면서 국내의 넓은 지

---

2 당시 토리는 일본군의 경흥요새구역과 웅기-나진요새구역을 끼고 있는 요지였다고 한다. "우리 전투원들은 토리의 경찰관주재소를 불사르고 마을을 해방하였습니다. 토리는 조국광복을 위한 최후결전에서 우리 혁명군부대에 의해 첫 번째로 해방된 망루이였습니다."(〈세기와 더불어〉 8권 457쪽)

3 조선인민혁명군의 토리 습격에 대해 1964년 일본에서 출간된 〈조선 종전의 기록〉(29쪽)엔 이렇게 기록돼 있다고 한다. "8월 8일 오후 11시 50분 조선인의 일단 약 80명이 소련군과 함께 쾌속정을 타고 두만강을 건너 토리에 내습하였다. 여기에 소련 영토가 지척에 바라보이는 곳이다. 우선 토리 경찰관 주재소가 습격당하였다."(〈세기와 더불어〉 8권 457쪽 재인용)

4 김일성은 회고록에서 작전계획을 이렇게 알렸다. "그때 우리는 간백산 일대에 집결한 조선인민혁명군 부대들은 예정된 통로로 진출하여 각 도를 해방하며 원동의 훈련기지에 집결되여있는 조선인민혁명군 부대들은 평양지방을 비롯한 여러 지역에 항공편으로 신속히 진출하여 이미 꾸려놓은 비밀근거지들을 차지하고 전격적인 군사작전을 벌리도록 계획하였습니다. 이와 함께 국내에서 활동하는 조선인민혁명군 소부대와 정치공작원들은 항쟁조직을 대대적으로 늘여 인민들을 전민항쟁에 불러일으킴으로써 온 민족이 이르는 곳마다에서 조선인민혁명군의 진격에 합세하도록 하였습니다.
나는 지금도 이 작전계획이 그 당시 우리나라가 처한 군사정치 정세하에서 조국의 해방을 단시일 내에 이룩할 수 있는 가장 정확한 방도였다고 생각합니다."(〈세기와 더불어〉 8권 449쪽)

평양 개선문 〈건축사신문〉, 2018. 7. 2.

역을 해방했다고 한다. 그리고 해안 상륙부대의 선견대로 활동하던 부대들은 웅기에 상륙해 청진 일대로 진격했다고 한다.[5]

그리고 이미 국내에 파견돼 있던 조선인민혁명군 소부대들과 정치공작원들은 인민무장대들[6]과 무장봉기조직들, 광범한 인민들을 무장봉기로

---

[5] 나진 해방전투에 참가한 소련 군관 E. 우르쥬멜라슈윌리는 〈조선에서의 수기〉에서 "우리들이 도시에 가까이 다가갔을 때 기관총의 따르륵 소리와 포사격 소리가 들려왔다. 도시 변두리로 나온 조선 농민들이 손을 휘저으면서 "만세" 소리를 외치고 있었다. 그들의 말을 들으면 시내에서는 벌써 이틀째 김일성 빨찌산부대와 일본군 사이에 전투가 벌어지고 있다는 것이었다.… 우리들은 도시 변두리로부터 우리를 향해 급히 달려오는 100여 명의 무장인원을 보았다. "우리들은 김일성 빨찌산 대원들입니다"라고 급히 부대 지휘관이 땅크병 대좌에게 말했다"고 알렸다. (〈세기와 더불어〉 8권 461쪽 재인용)

[6] 김일성은 회고록에서 무장대 활동도 소개했다. "(회령)까치봉무장대는 최후결전이 시작되기 전부터 전투행동을 시작하였습니다.… 이 무장대는 쏘련군의 진출을 기다리지 않고 자체의 힘으로 회령을 해방했습니다." "량강도와 함경남도 일대의 항쟁조직들은 쏘련군이 진격해오기 전에 수많은 경찰서와 적 통치기관들을 습격 소탕하였습니다.… 신의주지구의 항쟁조직들은 총공격명령이 내린 다음날부터 경찰관 파출소와 국경 경비초소들을 들부시고 도 경찰부와 도청을 점거하였으며… 평안남도와 평양지구에서는 조국해방단을 중심으

벽화 '개선' 〈조선의 오늘〉

이끌었다고 한다. 전국각지(특히 황해도 이북지역)에서 일본군과 헌병, 경찰관서들을 습격 소탕하면서 일본군의 후방을 교란하는 한편, 조선인민혁명군 부대들을 적극 지원했다는 것이다.

이것은 38선 이북 지역에서는 8월 9일부터 15일 일본이 무조건 항복하기까지 일주일 동안 소련군만 일본군과 싸운 게 아니라는 얘기다.[7] 김일성의 조선인민혁명군과 국내에서 비밀리에 조직한 인민무장대도 일 주체로서 대일전에 참여해 전과를 올리고 일제가 항복하도록 만들었다는 것

로 무어진 큰 항쟁대오가 병기창을 습격하고 도청과 부청을 점거하였으며… 황해도의 항쟁조직들도 일제가 항복하기 전에 여러 지역의 적들을 습격 제압하였습니다."(《세기와 더불어》 8권 462~463쪽)

[7] 김일성은 "최후결전의 시기를 회상할 때마다 아쉽게 생각되는 것"으로 "쏘련의 훈련기지에서 여러 해 동안이나 조국해방작전 준비를 해온 조선인민혁명군 주력부대 력량이 본래의 계획대로 전투작전을 전개하지 못한 것"을 꼽았다. "아군부대들이 북부국경지대에서 일본군과의 교전상태에 있을 때 우리는 전선부대들의 작전을 지휘하는 한편 항공륙전대(공수부대)를 인솔하고 조선으로 출격할 준비를 최종적으로 끝내고 있었습니다.… 그런데 우리 륙전대는 자동차를 타고 비행장에 나갔다가 되돌아오지 않을 수 없었습니다. 일이 그렇게 번져진 것은 일본놈들이 너무 급작스레 항복한 데 있었습니다. 일본놈들이 항복했다는 놀라운 소식이 전해졌을 때 처음 얼마 동안은 잘 믿어지지 않았습니다."(《세기와 더불어》 8권 463쪽)

이다. 이를 근거로 북의 역사학계는 자력해방론을 내세운다.

또한 북에선 당시 소련군과의 관계를 '연합군', 소련군의 국내 진출작전을 '대일 협동작전'이라고 한다. 이는 기본적으로 김일성의 조선인민혁명군과 소련군의 관계가 상하관계나 종속관계가 아니라 대등한 협력관계였다고 보는 것이다. 이는 '소련군 대위 출신 김일성'이란 고정관념과 폄하가 여전한 남측과는 상극을 이루는 견해이다.

때문에 북이 당시 소련과의 관계를 대등한 협력관계로 판단한 근거가 무엇인지를 아는 것은 북의 자력해방론을 객관적으로 이해하는데 도움을 줄 것이다.

이 문제는 1940년 12월 당시 소련이 하바롭스크에서 코민테른 명의로 소집한 소련 극동군과 김일성의 조선인민혁명군, 주보중(周保中) 등 동북항일연군 간부들의 회의에서 시작된다. 이때가 김일성의 첫 소련 방문이었고 코민테른 회의 참석도 처음이었다는데 회의의 주요 의제는 "만주에서의 항일유격운동의 장래 문제와 쏘련원동군사 당국과의 호상 지지와 협조의 내용과 방식 문제"[8]였다고 한다. 소련은 독일, 일본, 이탈리아 등 파쇼국가들과 전쟁에서 승리하려면 공동투쟁을 강화해야 한다며 동북항일연군을 소련군 직속부대로 통합하자고 제안했다는 것이다.

소련의 이런 제안에 대해 김일성은 회고록(8권)에서 "그 당시 쏘련은 서부 국경쪽으로 질풍같이 육박해오는 독일과의 충돌을 거의 불가피한 것으로 보았습니다. 독일이 서쪽에서 쳐들어올 때 일본군이 동쪽에서 쳐들어오게 된다면 그것은 야단이였습니다. 쏘련 사람들은 모든 힘을 다하여 어떻게 해서나 동서협격을 피해보려고 하였습니다. 쏘련이 제출한 협동안

---

8 〈세기와 더불어〉 8권 112쪽.

을 보면 정세의 긴박성으로부터 오는 그들의 초조한 심리상태를 충분히 가늠할 수 있었습니다"(114쪽)라고 분석했다. 그도 그럴 것이 당시 일본은 만주 항일부대들이 소련의 지령을 받고 활동하는 양 선전하면서 소련 침공 구실을 만들려 했다고 한다.

동북항일연군의 중국인 간부들은 각 나라 혁명의 독자성 존중을 요구하며 소련의 제안에 강하게 반대했다고 한다. 하지만 김일성은 "각자의 독자성만 인정해준다면 여러 무장력의 국제적인 련합을 반대하지 않겠다, 문제는 어떤 형태의 련합인가 하는 것인데 여기에 대해서는 시간을 두고 좀 더 연구해보아야 한다"[9]는 입장을 밝혀 절충 가능성을 열었고, 결국은 소련과 중국인 동북항일연군 간부들이 동의해 1942년 7월 독자성 인정을 전제로 한 국제연합군을 결성키로 했다고 한다. 그렇게 소련 극동군 독립88여단(8461보병특별여단)이 탄생하게 됐으며, 국제연합군에 대한 각종 무기와 군사장비, 피복과 식량 등의 공급은 소련이 담당했다고 한다. 그리고 "적들의 첩보 암해활동으로부터 조선인민혁명군 군사정치간부들의 신변을 보호할 목적으로 군 사관 등급도 실제보다 낮게 상징적인 것으로 정"[10]했다고 한다. 또 이를 계기로 소련이 제공한 하바롭스크 등지의 남·북 두 야영을 림시기지로 사용하게 됐는데 김일성과 조선인민혁명군은 야영에만 머물렀던 것은 아니고 소부대들을 꾸려 만주와 국내로 진출해 유격투쟁을 계속했다고 한다.

국제연합군의 결성은 3자 모두에게 이점을 제공했다고 한다. 당시 일본과 중립조약을 체결했지만 머지않아 대일전이 불가피한 소련에는 일본군과 실전 경험이 풍부한 특수부대가 생긴 것이고, 조선인민혁명군과 동

---

9 위의 책 119쪽.
10 위의 책 241쪽.

북항일연군에게는 정규무력의 든든한 지원이 가능해졌다고 한다. 특히 조선인민혁명군의 경우 최후공격작전 때 현대전 장비를 갖출 수 있게 됐고 충분한 정치군사적 준비도 보장됐다는 것이다.

소련의 대일전 개시는 자연히 국제연합군의 대일전 개시가 되고 조선인민혁명군도 여기에 일 주체로서 참여한 게 된다. 소련의 입장에서 조선 진출은 대일전을 위한 것이었겠지만, 일제의 침략으로 조국이 식민지로 전락한 조선인민혁명군 입장에서 국내 진출은 소련군과의 연합작전이었더라도 자신들의 조국 해방을 위한 군사작전이라 여겼을 것이다.

그런데 대일작전을 준비하던 1945년 여름 김일성은 소련군 총참모부가 소집한 회의에 참석하기 위해 모스크바를 방문해 알렉산드르 바실렙스키(Алекса́ндр Василе́вский) 당시 총사령관을 만났고 또 당시 소련의 정치권 2인자였던 안드레이 즈다노프(Андре́й Жда́нов) 소련공산당 정치국 비서도 만났다고 한다. 즈다노프는 특히 스탈린의 위임으로 만난다고 하면서 해방 이후 몇 년이면 독립국을 건설할 수 있겠는가 등을 김일성에게 물었다고 한다. 상식적으로 생각해봐도 이른바 '소련군 대위'와 나눌 성격의 대화 내용은 아닌 것 같다.[11]

---

11 위의 책 450~452쪽.

3 북조선공산당의 창당과 북조선민주주의민족통일전선의 결성

북에서는 1945년 8.15해방부터 1950년 6월 전쟁 발발 직전까지의 역사를 '민주건설사'[1] 또는 '새 조국 건설사'라고 부른다. 미국과 소련 두 나라 군대의 분할로 남북이 갈리긴 했지만, 일제에서 해방되었으니 "나라의 주인으로서 새 역사를 창조하는 보람찬 길에 들어서게"[2] 됐다고 본 것 같다. 그렇다고 지금 같은 사회주의국가를 곧바로 만들려 한 것은 아니다. 일제의 식민통치 체계와 친일파 등 그 잔재를 청산(반제국주의)하고 지주-소작제 등 봉건 구습을 타파(반봉건)하는 민주변혁, 북측 표현으로 반제반봉건민주주의혁명을 진행하려고 했다. 해방 후 시기를 '민주건설기'라 이름 붙인 것도 그래서일 것이다.

그런데 당시는 여러 지역에 인민위원회가 구성되긴 했지만 이를 이끌 중앙정부는 물론, 정당과 단체 등 민주건설 내지 새 조국을 건설할 아무런 정치사회적 준비가 안 된 상태였다. 때문에 김일성은 귀국[3] 직전인 1945년 8월 20일 소련 하바롭스크에서 열린 조선인민혁명군 군사정치간부회의에서 〈해방된 조국에서의 당, 국가 및 무력 건설에 대하여〉란 연설을

---

1 이 시기를 다룬 사회과학원 력사연구소가 펴낸 〈조선전사〉 24권과 25권의 표제가 '현대편 : 민주건설사' 1과 2이다.
2 〈현대조선력사〉 206쪽. 이 책에선 해방 후 시기를 '새 조국 건설'기라고 본다.
3 〈세기와 더불어〉 8권에 따르면 김일성은 1945년 9월 18일 소련 블라디보스톡 항구를 출발해 이튿날 원산항에 도착한다.

통해 '건당(建黨), 건국(建國), 건군(建軍)', 즉 당과 국가, 군대 건설의 3가지 과제를 제시했다고 한다.

여기서는 건당, 즉 북조선공산당[4]의 창당 과정을 먼저 알아보겠다.

그런데 당과 국가, 군 가운데 당 건설을 제일 서두른 이유는 무엇일까? 〈현대조선력사〉는 "당을 빨리 창건하여야 로동계급을 비롯한 근로대중을 조직된 혁명력량으로 튼튼히 꾸릴 수 있으며 그들을 혁명 승리로 목적지향성 있게 이끌어나갈 수 있었다"[5]고 밝혔다. 당시 사회주의자(맑스-레닌주의자)들에게 당은 노동계급과 근로대중을 이끌어갈 정치적 지도조직, 전위조직이자 단결의 무기였다. 당의 결성은 무엇보다 시급한 과제였던 것이다. 더불어 창당은 "위대한 수령님의 현명한 령도 밑에 항일혁명투쟁 시기부터 조직 진행된 당 창건을 위한 투쟁을 완성하는 사업"[6]으로 인식되기도 했다. 이는 북의 당 건설 방식의 특징을 반영한 언명인데 이전부터 김일성을 중심으로 기층 당조직들을 만들어왔다는 것이다.

그 시작은 15년 전인 1930년 7월로 거슬러 올라간다. 김일성이 조선혁명의 지도사상(주체사상)과 노선, 전략전술을 천명했다는 1930년 6월 카륜회의(조선공산주의청년동맹 및 반제청년동맹 지도간부회의) 직후 새 세대 청년공산주의자들과 함께 첫 기층 당조직인 '건설동지사'를 결성했다고 한다. 공산당은 중앙당을 먼저 만드는 위에서 아래로의 조직방식이 일반적인데 그렇게 하지 않고 기층 당조직을 먼저 만들고 그들을 늘려가는 독특한 방식을 취한 것이다. 이런 아래로부터의 당조직 방식에 대해 김일성은

---

[4] 북의 역사서들에 조선로동당이 최초 결성될 당시의 이름은 '북조선공산당 중앙조직위원회'이다. 조선로동당으로 바뀌는 과정은 뒤에서 다룬다.
[5] 〈현대조선력사〉 215~216쪽.
[6] 위의 책 216쪽.

카륜회의 보고 〈조선혁명의 진로〉에서 "당 창건을 위한 전반적인 준비사업을 더 실속 있게 할 뿐 아니라 당이 창건된 그날부터 광범한 대중 속에 깊이 뿌리박게 하는데서 중요한 의의를 가진다"고 강조했다고 한다.[7] 이는 1928년 조선공산당이 당시 국제공산주의운동을 이끌던 코민테른(공산주의 인터내셔널)에 의해 해산되고, 또 '1국1당제' 원칙 아래 중국 동북지역에서 당 건설을 시작해야 했던 사정도 감안한 선택으로 보인다. 이후 김일성은 항일유격대 활동 중에도 당 조직을 계속 만들었는데 유격대 내부와 중국쪽 두만강 인근지역은 물론, 이후 백두산 주변의 국내 지역에서도 조직했다고 한다.[8] 김일성이 함께 원산항으로 귀국한 김책 등 빨치산 동료들을 곧장 함경남북도 등 북의 여러 지역에 파견한 이유도 이들 당 조직을 정비하는 일과 무관치 않다고 하겠다.[9]

하지만 공식 창당은 많은 진통을 겪어야 했다. 당시 우여곡절에 대해 〈현대조선력사〉는 이렇게 기록하고 있다.

"고질적인 종파분자들, 1920년대에는 일단 조직되었던 당을 말아먹었고 그 후에도 분렬책동을 계속 일삼아 온 종파분자들이 해방 후에도 정상적인 당 창건사업을 악랄하게 방해하고 나섰다. 서울에 모여든 종파분자들은 제

---

[7] 〈김일성저작집〉 1권 10쪽. 김일성은 카륜회의 보고에서 조선혁명을 반제반봉건민주주의혁명이라 규정하고 무장투쟁노선과 민족통일전선노선, 그리고 아래로부터의 당 건설 방침을 제시했다고 한다.

[8] 김일성은 1936년 12월 국내 당공작위원회를 결성하고 "그를 통하여 국내의 전반적 당조직 건설사업을 통일적으로 장악 지도하였다"고 한다(〈현대조선력사〉 140쪽). 〈세기와 더불어〉 8권에 따르면 1940년대 전반기 국내엔 함경북도 청진지구당위원회와 연사지구당위원회, 평안남도지구당위원회가 활동하면서 소조 등을 만들었다고 한다.

[9] "리주하를 비롯한 원산시당 일군들, 원산의 유지들을 만나보고 나서 나는 우리가 8.15해방 후 즉시 건당, 건국, 건군의 3대 과업을 내용으로 하는 새 조선 건설의 리정표를 작성하고… 조국에 발을 들여놓는 그 길로 지정된 파견지로 떠나갈 결심을 한 것이 천만번 정당하였다는 것을 다시 한번 확인하였습니다."(〈세기와 더불어〉 8권 477쪽)

민주주의민족통일전선(1947년경) 〈오마이뉴스〉 2018. 1. 7, 원본-미국 국립문서기록청(NARA) 소장.

각기 '공산당' 간판을 내걸고 추악한 파벌싸움을 벌였다. 특히 박헌영은 자기의 졸개들을 북조선에까지 보내어 자파세력을 확장하며 북조선공산당 중앙조직위원회의 창설을 극력 방해하였다."(217~218쪽)

결국 이 문제는 김일성과 박헌영의 담판으로 해결되었다고 한다. 당시는 박헌영 등이 이미 서울에서 조선공산당을 결성(1945년 9월 8일)한 뒤였다. 김일성이 이북지역의 공산당 조직들을 별도로 지도할 중앙기구를 만들려는데 박헌영과 연계된 이른바 '국내파' 공산주의자들이 반발하자 김일성이 박헌영에게 비밀회동을 제안한 것이다. 회동은 논란이 심했던 '북부 5도당 책임자 및 열성자 회의를 위한 예비회의'(1945년 10월 5~8일)를 마친 직후인 10월 8일 당시 개성 북측의 소련군 38경비사령부 관사에서 이뤄졌는데 김일성이 조선공산당 서울 당중앙위원회에 양해를 구하는 형식을 취해 제안하자 박헌영이 수용해 타결됐다고 한다.[10]

---

[10] 조선로동당 부부장 출신으로 1980년대 초 남측으로 온 박병엽 구술록 〈조선민주주의인민공화국의 탄생〉(유영구·정창현 정리, 선인, 2010) 136~138쪽.

이렇게 해서 1945년 10월10~13일 평양에서 '북부 5도당 책임자 및 열성자 회의'가 정식 개최됐다. 김일성은 회의 보고에서 "오늘 남북조선에 조성된 판이한 정치정세는 남북조선에서 해당 지역의 특성에 맞게 혁명을 발전시키며 당창건 사업을 추진시킬 것을 절실히 요구하고 있습니다. 우리는 북조선에 조성된 유리한 조건을 리용하여 강력한 당중앙지도기관으로서 북조선공산당 중앙조직위원회를 결성하여야 합니다"라며 "북조선공산당 중앙조직위원회를 결성하여야만 각 지방에 조직되여있는 공산당 단체들을 유일적으로 묶어세우고 공산주의 대렬의 조직사상적 통일을 실현할 수 있으며 우리 혁명의 참모부를 튼튼히 꾸릴 수 있습니다.… 또한 광범한 대중을 묶어세우고 건국사업을 잘하여나갈 수 있으며 북조선을 조선혁명의 튼튼한 기지로 전변시킬 수 있습니다"라고 강조했다.[11] 논란이 있었지만 회의에선 결국 〈현대조선력사〉의 표현을 따르면, '북조선공산당 중앙조직위원회'를 결성키로 했다.

남측 강단 사학계에선 이 중앙기구를 '조선공산당 북조선분국'이라고 하는데 이 명칭도 2개월 뒤인 1945년 12월17~18일 제3차 확대집행위원회 회의에서 '공산당 북조선조직위원회'로 바뀌었다고 한다. 박병엽은 〈조선민주주의인민공화국의 탄생〉에서 "서울의 박헌영이 지도하는 공산당과 차이를 두고 독자성을 강조하기 위해 공식적으로 공산당 북조선조직위원회라고 부르기 시작하였다"(153쪽)고 이유를 전했는데 3차 확대집행위 회의에서 김일성이 책임비서로 만장일치 선출돼 당권을 장악한 것과 관련 있어 보인다. '(중앙)조직위원회'라는 꼬리표도 오래가지 못했다. 이듬해인 1946년 6월부터는 아예 '북조선공산당'이라 불렸다.[12] 그리고 두 달여 뒤인 8월 28일 북조선공산당은 당시 "인테리들과 농민들(주로 중농들)

---

11 〈우리나라에서의 맑스-레닌주의당 건설과 당의 당면과업에 대하여〉(〈김일성저작집〉 1권 304~309쪽)

민주주의민족통일선선 결성 환영대회(1946. 7. 22.) 〈한국역사연구회〉 2006. 11. 6.

을 망라한" 조선신민당과 합당해 '북조선로동당'으로 거듭난다. 북조선로 동당으로 통합에 대해 김일성은 "조선 인민 앞에 제기된 위대한 민주과업을 완수하는데서 가장 결정적인 것은 근로대중의 통일적인 참모부, 근로인민의 유일한 전투적 선봉대를 꾸리는 것입니다. 이 문제는 오직 로동당을 창립함으로써만 해결될 수 있습니다"[13]라고 강조했고, 〈현대조선력사〉는 "혁명이 진척됨에 따라 당을 더욱 강화하며 특히 대중적 당으로 발전시켜야 할 필요성이 절박하게 제기되었다"고 배경을 전했다. (242쪽) 북조선로동당이 낸 중앙위원회 기관지인 〈로동신문〉과 정치이론지 〈근로자〉는 오늘에 이른다.

1945년 10월 북조선공산당 중앙조직위원회(조선공산당 북조선분국)이 출범하자 북에선 대중단체들 조직에 이어 통일전선 결성이 추진되었다. 이에 대해 〈현대조선력사〉는 "당시 인민대중은 건국 열의로 들끓었으며 그

---

12 이종석의 〈북조선공산당과 조선신민당의 북조선로동당으로의 '합동'에 관한 연구〉(국사관논총 제54집 222쪽, 1994)를 보면, "최초의 북조선공산당 표기는 6월 3일에 나타나는 것으로 보아 1946년 5월말부터 6월초 사이에 당 명칭의 공식 전환이 있었던 것으로 보인다."
13 김일성, 〈김일성저작집〉 2권 376쪽.

들의 기세는 대단히 높았다. 그런데 형형색색의 정치적 투기분자, 혁명의 배신자, 민족반역자들이 자기의 정체를 숨기고 대중을 기만하여 그릇된 길로 이끌려고 책동하였다. 이러한 조건에서 대중을 튼튼히 묶어세우고 옳게 이끌어가는 것은 시간을 다투는 가장 절박한 문제로 제기되였다"(221쪽)고 취지와 배경을 밝혔다. 김일성도 "우리 당이 광범한 대중을 자기 주위에 묶어세우며 인민대중 속에서 령도적 지위를 확립하기 위하여서는 직업별, 계층별 대중단체 조직사업을 동시에 벌려야 합니다"라며 "당과 혁명의 편에 대중을 많이 묶어세우는가, 못 세우는가 하는 것은 당의 운명과 혁명의 승패를 좌우하는 관건적 문제"[14]라고 강조했다.

대중단체들은 계층과 직업별 단일조직 형태로 결성되었다. 1945년 11월 18일 민주녀성동맹(녀성동맹)을 시작으로 같은 해 11월 30일 공장과 기업소의 노동자들이 참여하는 직업동맹, 이어 1946년 1월 17일 민주청년동맹(민청)과 1월 31일 농민동맹이 각각 조직되었다. 녀성동맹과 농민동맹은 건설 과정에 별 논란이 없었으나 직업동맹과 민청은 달랐다. 직업동맹에선 초기 지도부의 '국내파' 공산주의자들이 가입자격을 '공산주의 정수분자'로 제한하는 등 배타적 태도를 보이고 북조선공산당의 지도까지 거부했다고 한다. 결국 1945년 12월 북조선공산당 3차 확대집행위원회에서 직업동맹의 당 책임자가 교체됐다.[15]

민청의 경우 "모든 청년들을 통일적인 청년단체에 결속하는 문제가 매우 중요하고도 복잡한 문제"였다고 한다. 왜냐면 "당시 각 지방들에는 공산

---

[14] 〈해방된 조국에서의 당, 국가 및 무력 건설에 대하여〉(군사정치간부들 앞에서 한 연설, 1945년 8월 20일, 〈김일성저작집〉 1권)

[15] 박병엽, 〈조선민주주의인민공화국의 탄생〉 163쪽. "3차 확대집행위원회에서는 공청 문제뿐 아니라 직맹 문제도 집중 토론되었다. 오기섭은 이 자리에서 상당히 비판을 받고 직맹에서 물러났으며, 최경덕이 그의 뒤를 이어 직맹 책임자가 되었다."

주의사상을 신봉하는 무산청년들의 청년조직인 공산주의청년동맹(공청)과 함께 '해방청년동맹', '학생동맹'을 비롯하여 여러 가지 이름을 가진 청년단체들이 조직되어 제각기 움직이고 있었다. 그리고 반동분자들은 청년들을 분열시키며 그들을 반혁명의 길로 끌고 가고자 책동"[16]했기 때문이었다. 이처럼 청년조직이 우후죽순 난립하자 김일성이 '애국적 청년들은 민주주의 깃발 아래 단결하라'는 구호를 제기하고 공청을 민청으로 개편하도록 지도했다고 한다. 공청이 노동자 청년을 무시하고 지식층 청년에 치우치는 등 문제를 거듭하자 아예 문호를 대폭 개방토록 한 것이다. 청년들의 분열을 막고, 광범한 청년들을 당시 북의 핵심 과제인 민주개혁에 적극 참가시켜야 한다고 본 결과라 하겠다.

이밖에 문학예술총동맹과 공업기술총동맹, 기독교도련맹과 불교도련맹 등 여러 단체들이 결성돼 해방 후 1년도 채 안 되는 짧은 기간 북에는 "각계각층 대중단체와 사회단체들이 조직되어 300여만의 군중을 묶어세울 수 있게 되였다"[17]고 한다.

이런 대중단체들의 출현에 근거해 민주주의민족통일전선 결성이 적극 추진된다. 이 통일전선은 2차 대전 이전 유럽에서 시도됐던 노동계급의 연합전술 차원을 넘어 사회변혁 내지 집권을 위한 광범한 사회정치적 지반 조성을 위한 연합전략이었다. 당시 북에는 대중단체들 외에도 중소자본가들과 기독교인들이 참여한 조선민주당(1945년 11월 3일)과 주로 농민인 천도교 신자들이 결성한 천도교청우당(1946년 2월 8일), 그리고 지식인과 중농들이 망라된 조선신민당(1946년 2월 16일)이 결성돼 있었다.[18]

---

16 〈현대조선력사〉 222쪽.
17 위의 책 223쪽.
18 위의 책 같은 쪽.

극소수 친일파와 민족반역자, 지주와 예속자본가를 제외한 각계각층과 이들 정당까지를 아우르는 광범한 통일전선조직의 결성이 건국사업의 당면 과제로 떠오른 것이다. 김일성이 1945년 10월 14일 평양시 환영 군중대회 연설에서 "우리는 나라의 완전 독립과 민주주의적 발전을 념원하는 모든 애국적 민주력량을 민족통일전선에 튼튼히 묶어세워야 하겠습니다. 그리하여 전체 인민의 단합된 힘으로 건국사업을 해나가야 할 것"이라며 "힘 있는 사람은 힘으로, 지식 있는 사람은 지식으로, 돈 있는 사람은 돈으로 건국사업에 적극 이바지"하자고 호소한 것도 같은 맥락이다.[19] "완전 독립"과 "민주 발전"으로 함축되는 "건국사업"에 찬성하는 "모든 애국적 민주역량"을 결집하려 나선 것이다.

통일전선 결성은 조직 성격에 맞게 "반동분자, 파괴분자들이 잠입하여 와해공작을 하지 못하도록 각별한 주의가 돌려졌다. 통일전선운동은 어디까지나 극소수의 반동세력을 철저히 고립시키며 그와 비타협적으로 투쟁하는 방향에서 전개되었다"[20]고 한다. 그런 결과 1946년 7월 22일 평양에서 북조선공산당과 조선민주당 등 4개 정당 대표들과 직업동맹과 농민동맹, 민주녀성동맹, 민주청년동맹 등 13개 대중단체 대표들이 참가한 가운데 '북조선민주주의민족통일전선(북조선민전)'이 결성되었다.[21] 북조선민전은 3년 뒤인 1949년 6월 평양에서 남조선민전과 통합해 조국통일민주주의전선이 된다.

---

19 〈모든 힘을 새 민주조선 건설을 위하여〉《김일성저작집》1권 346~353쪽)
20 〈현대조선력사〉 223쪽.
21 역사편찬위원회 홈페이지(http://contents.history.go.kr/front) 〈신편 한국사〉 52권 'IV. 남북한 단독정부의 수립'의 '2. 조선민주주의인민공화국의 수립' 중에서.

4 북조선림시인민위원회와 토지개혁

1) 북조선림시인민위원회의 설립

1945년 10월 공산당 창당을 마무리한 북에선 이른바 '인민정권' 수립을 본격화한다. 애초 1945년 8월 25일 소련군이 평양에 들어와 주둔군사령부를 구성할 당시 북에는 각 도에 건국준비위원회, 자치위원회, 인민위원회 등 자치조직이 이미 만들어져 있었다. 소련군 사령부는 이들 단체를 각 도의 행정권과 치안을 담당할 인민(정치)[1]위원회로 통합, 정비하였다. 인민위원회는 시·도는 물론, 군·읍을 넘어 리에까지 세워졌으며 각급 인민위원회에는 총무부, 농림부, 보안부, 교통부 등의 부서들을 두었다.

그런 다음 도 인민위원회들의 "활동의 분산성을 극복하고 인민경제의 각 부문을 지도하며 각 도, 지방들간의 정치경제적 연계를 보장하기 위해"[2] 1945년 11월 19일 평양에 북조선 행정10국[3]을 설치하였다. 행정10국은 산업, 교통, 체신, 농림, 상업, 재정, 교육, 보건, 사법, 보안, 이렇게 10개 분야로 구성되었다. 소련군 사령부는 행정10국에 대해 "잠정적인 연락기구, 협의기구, 5도 대표들이 협의하는 조절기구"라는 입장이었다고 한

---

[1] 평안남도에선 우익 인사들이 '인민위원회'라는 명칭을 부담스러워해 인민정치위원회라고 이름 붙였다고 한다(박병엽, 위의 책 34쪽).
[2] 〈현대조선력사〉 225쪽.
[3] 남측 학계에선 '북조선 행정국'이라 하는데, 여기선 북의 공식 명칭인 '행정10국'이라 쓴다.

토지는 농민의 것! (1946. 3.) 〈미디어한국학〉

다.[4] 하지만 북에서는 인민위원회의 구성과 행정10국의 설치를 "북조선에 중앙정권기관을 창설할 수 있는 기초"[5]였다고 의미를 부여하고 있다.

그도 그럴 게 북에선 행정10국 등을 맹아로 중앙차원의 '림시인민위원회' 구성을 서둘렀다. 당시에 "통일적인 중앙주권기관을 세우는 것이 더는 미룰 수 없는 성숙된 요구"라고 본 때문인데 여기엔 군정이 본격화된 당시 남녘 정치정세에 대한 판단이 깔려있다. 즉 "남조선을 강점한 미제(미국제국주의)의 식민지 예속화정책으로 말미암아 전국적인 통일정부의 수립이 지연되고 있는 조건에서 하루빨리 북조선에 중앙주권기관을 세워야만 북조선에서 반제반봉건민주주의혁명을 지체 없이 수행해나갈 수 있으며 혁명적 민주기지를 창설하고 민주주의 자주독립국가 건설을 위한 투쟁을 주동적으로 힘 있게 밀고 나갈 수 있었다"[6]고 본 결과다. 여기서

---

4 박병엽, 위의 책 79쪽.
5 〈현대조선력사〉 225쪽.

"남조선을 강점한 미제의 식민지 예속화정책"이란 미군정의 남녘 인민위원회 강제해산[7]과 1945년 12월 모스크바 3상 회의 결과를 왜곡한 신탁통치 논란[8] 등을 가리키는 것으로 보인다.

김일성도 "하루빨리 북조선에 중앙주권기관을 세워야" 한다는 입장이었다. 그는 행정10국이 설치되기 전인 1945년 11월 15일 공산당의 한 회의에서 "우리는 앞으로 지방 인민정권기관들과 행정국들을 강화한 데 기초하여 북조선 림시인민위원회와 같은 림시적인 중앙주권기관을 북조선에 조직하고 통일적 중앙정부 수립의 토대를 튼튼히 닦아야 하겠습니다"라고 밝혔다.[9]

그리하여 해방 이듬해인 1946년 2월 초 발기위원회 결성에 이어 2월 8일 평양에서 당시 북의 정당, 사회단체, 행정국, 인민위원회 대표들이 참가한 협의회를 열어 북조선림시인민위원회(이하 림시인민위)를 설립하고, 김일성을 위원장으로 추대하였다. 또 협의회에선 김두봉 부위원장과 강양욱 서기장을 포함한, 기존 행정10국 구성을 본뜬 산업, 교육, 농림, 상업 등 10개 국과 기획, 선전, 총무부 등 전문부서를 담당할 23명의 위원들을 선출하였다. 이런 림시인민위는 최고행정권과 함께 림시 법령의 제정·공포권도 갖게 되었다.[10]

---

6 위의 책 226쪽.
7 미군정은 1945년 10월 이후 조선인민공화국을 불법화했다. 이때 조선인민공화국의 지방조직인 인민위원회들도 불법화되어 강제해산 당하였다.
8 신탁통치 논란에 불을 지른 왜곡보도는 1945년 12월 27일자 〈동아일보〉의 '워싱턴 25일발 합동 지급보' 기사였다. 제목이 '소련은 신탁통치 주장, 소련의 구실은 38선 분할점령, 미국은 즉시 독립 주장'이었으나 모스크바 3상 회의에서 실제 '최대 10년'의 신탁통치를 주장한 것은 미국이었다.
9 북조선공산당 중앙조직위원회(조선공산당 북조선분국) 2차 확대집행위원회에서 한 연설 〈진정한 인민의 정부를 수립하기 위하여〉(〈김일성저작집〉 1권 402~411쪽)

림시인민위 설립에 대해 북에선 "우리 인민은 그토록 오랜 세월을 두고 염원하던 진정한 인민정권을 가지게 되었으며 혁명의 강력한 무기를 틀어쥐게 되었다"[11]고 의미를 부여했다. 앞서 〈현대조선력사〉가 밝혔듯 "반제반봉건민주주의혁명을 지체 없이 수행"해 "혁명적 민주기지를 창설"할 사실상의 중앙권력기관을 세웠기 때문이다. 이로써 일제 잔재와 친일파를 청산하고, 토지개혁과 중요산업 국유화 등 강력한 민주개혁을 추진해 장차 전국적인 통일정부 수립에 대비할 수 있게 됐다고 본 것이다.

김일성 위원장은 이런 반제반봉건민주개혁을 실현할 청사진으로 1946년 3월 23일 이른바 '20개조 정강'을 발표했는데 주요 내용은 다음과 같다.

▲정치, 경제생활에서 일제 통치의 온갖 잔재 철저 숙청(1조) ▲반동분자와 반민주주의적 분자들에 대한 무자비한 투쟁(2조) ▲일반적, 직접적, 평등적 비밀투표에 의한 선거로 정권기관 건설(4조) ▲인민들에게 정치, 경제생활에서 민주주의적 자유와 평등한 권리 보장(3, 5, 6, 7조) ▲인민의 복리 향상을 위한 공업, 농업, 운수 및 상업의 발전(8조) ▲중요산업 국유화(9조) ▲개인 상공업 장려(10조) ▲무상몰수, 무상분배 원칙에 의한 토지개혁 실시(11조) ▲생활필수품에 대한 시장가격 제정(12조) ▲단일하고 공정한 세납제 제정하고 누진적 소득세제 실시(13조) ▲8시간 노동제 실시, 최저임금 제정(14조) ▲노동자, 사무원들에 대한 생명보험 실시(15조) ▲전반적 의무교육제(16조) ▲빈민들에 대한 무상치료제 실시(20조) ▲민족문화, 과학, 교육, 예술, 보건사업 발전(17, 18, 19, 20조).[12]

---

10 〈현대조선력사〉 227쪽. 박병엽은 "북조선림시인민위원회가 흔히 소련군정 측의 주도로 만들어졌다는 식의 얘기가 많은데 엄밀히 말하면 공산당 내부에서의 심각한 토론 끝에 당 결정이 내려지고 이를 소련군정 측이 추인했다고 할 수 있다"고 설명했다.(〈조선민주주의인민공화국의 탄생〉 169쪽)

11 〈현대조선력사〉 228쪽.

12 〈조선전사〉 23권 '현대편 : 민주건설사 1' 120~121쪽 요약.

20개조 정강에 대해 북에선 김일성 위원장이 항일무장투쟁 시절 제정한 '조국광복회 10대 강령'[13]을 계승 발전시킨 반제반봉건민주주의혁명 강령이라며 "조국의 통일독립과 나라의 민주주의적 발전을 위한 남북조선 전체 인민들의 투쟁의 기치로 장차 수립될 통일적 민주주의인민공화국 정부 강령의 기초"[14]였다고 의미를 부여하고 있다. 북에선 민주개혁 조치들로 20개조 정강을 실천해갔는데 첫 번째가 바로 토지개혁이었다.

2) 토지개혁

당시 토지문제는 남북 전체 인구의 80% 이상인 농민들에게 초미의 관심사였다. 일제하 농민의 70% 이상이 소작을 했는데 현물 소작료의 비율이 50%에서 많게는 무려 90%에 이르렀다고 한다. 〈현대조선력사〉에 따르면, 해방직후 북녘 농촌에서 전체 농가의 4%밖에 안 되는 지주들이 총 경지면적의 58.2%를 차지하고 있었고, 농가호수의 56.7%에 이르는 빈농들은 경지면적의 5.4%만을 갖고 있었다고 한다. 이처럼 대다수 농민이 봉건 소작관계에 묶인 데다 일제의 가렴잡세, 공출제도, 강제노역 등으로 2중, 3중 수탈당해온 것이다.

해방 직후인 1945년 추수기부터 소작료 '3·7제' 실시 투쟁[15]을 통해 정치적 각성을 높인 농민들은 지주들의 토지를 몰수해 분배해달라는 편지와 청원서 등 3만여 통을 김일성 위원장에게 보냈다고 한다. 또 해방후 첫 3.1

---

13 김일성 위원장이 항일무장투쟁을 전개하던 중 1936년 5월 5일 반일민족통일전선조직인 '조국광복회'를 설립하며 발표했다는 '일제 통치 전복과 진정한 조선인민정부 수립' 등 10개 강령을 말한다.
14 〈현대조선력사〉 229쪽
15 지주에게 수확의 30%만을 소작료로 받으라 요구한 투쟁. 토지관련 세금 납부도 지주에게 요구했다.

토지는 밭갈이하는 농민에게(1946. 3.)
〈미디어한국학〉

운동 기념일을 계기로 농민들이 북의 각지에서 토지분배를 요구하는 시위를 벌였는데 참가인원이 200만에 이르렀다고 한다.[16]

그래서 북에선 김일성 위원장이 20개조 정강을 발표하기 이전에, 림시인민위가 설립된 지 한 달도 채 안 된 3월 5일 전격적으로 '북조선 토지개혁에 대한 법령'을 공포하였다.

토지개혁은 경자유전의 원칙과 무상몰수·무상분배의 원칙에 따라 진행되었는데 기본내용은 다음과 같다.

▲일제의 소유토지와 친일파, 민족반역자들의 소유지 및 5정보 이상을 가진 지주의 토지, 계속 소작을 주고 있던 모든 토지를 무상몰수해 토지가 없거나 적은 농민들에게 무상으로 나눠줘 그들의 소유로 한다. ▲농호의 가족수와 노력자수에 따라 토지를 분배하며 분여된 토지의 매매와 저당, 일체 소작제도를 금지한다. ▲몰수한 산림, 관개시설, 과수원 및 농민들이 경작하기에 불리한 일부 토지는 국유화한다.[17]

---

16 〈현대조선력사〉 230~231쪽.

이런 토지개혁법령에 대해 북에선 "토지에 대한 농민들의 세기적 숙망을 가장 훌륭히 풀어주는 인민적인 법령이며 민주주의혁명단계에서의 농민문제, 농업문제를 가장 철저히 해결하고 농촌경리의 장래 발전을 가장 순조롭게 보장할 수 있게 하는 혁명적인 법령"이라며 "봉건적 착취관계를 철저히 뿌리 뽑고 그 재생을 방지할 뿐 아니라 농촌에서 자본주의적 착취관계의 성장도 억제하는 가장 진보적인 토지개혁법령"[18]이라고 호평했다.

농민들(빈·고농)은 토지개혁법령을 환영하는데 그치지 않고 각지에 1만 1,500여 개의 농촌위원회를 결성해 직접 토지 몰수와 분배에 참여했다고 한다. 또 도시의 수많은 공산당원과 1만여 명의 노동자들이 농촌에 파견돼 농촌위원회의 활동을 도우며 "지주, 반동들의 파괴 음모책동을 폭로 분쇄하는 투쟁을 적극 벌렸다." 사회단체들과 종교단체들도 토지개혁을

무상분배된 땅에서 경작하는 농민들(1946. 3.) 〈통일뉴스〉 2016. 3. 5.

17 위의 책 231~232쪽.
18 위의 책 같은 쪽.

지지하는 성명을 내어 토지개혁은 명실공히 전인민적 운동으로 전개됐다고 한다.

토지개혁은 가히 '농촌혁명'이라 할 만했는데도 순조롭게 진행되어 불과 20여 일만에 완수되었다고 한다. 그 결과, 몰수한 100만325정보 가운데 98만1,390정보가 72만4,522가구의 농민들에게 무상으로 분배됐다. 이로써 토지개혁 이전 자작농 20%, 자작 겸 소작농 30%, 순소작농 50%였던 농민 구성은 자작농 100%로 바뀌었다고 한다. 이런 토지개혁의 결과에 대해 북에선 "반제반봉건민주주의혁명단계에서의 농민문제, 농업문제가 훌륭히 해결되고 농촌경리의 발전과 전반적인 사회적 진보를 위한 광활한 길이 열렸다"[19]고 자평하고 있다. 이런 북의 토지개혁이 남녘 농민들에게도 큰 영향을 미쳤음은 물론이다.[20]

토지개혁을 시작으로 북에선 8시간 노동제와 동일노동 동일임금, 77일간의 출산휴가와 소년노동의 금지 등을 규정한 '북조선 로동자, 사무원에 대한 로동법령'(1946년 6월 24일)과 정치·경제·문화 등 사회생활 모든 영역에서 여성이 남성과 동등한 권한을 갖는다고 규정한 '북조선 남녀평등권에 대한 법령'(같은 해 7월 30일), 그리고 '산업, 교통운수, 체신, 은행 등의 국유화에 대한 법령'(중요산업 국유화, 8월 10일) 등 개혁 법령들이 잇따라 제정되었다.[21]

---

[19] 위의 책 232~234쪽

[20] "특히 1946년 초에 북한에서 무상몰수·무상분배 토지개혁을 실시하여 남한 농민들의 토지개혁에 대한 요구가 더욱 높아졌다."(강만길, 〈고쳐 쓴 한국현대사〉(창작과 비평사, 1994) 301쪽)

[21] 〈현대조선력사〉 234~237쪽.

소련도 38선 이북에서 군정을 했다?

수구보수 학자들은 미군이 38선 이남에서 직접통치를 위해 군정을 설치한 것처럼 소련도 북에서 군정을 했다고 주장하는데 이는 사실이 아니다. 미군이 군정을 위해 군정청을 두고 군정장관(초대 장관 아치볼드 아널드 소장)을 임명했지만 소련이 북에서 그런 조직과 인선을 했다는 증거는 없다. 이와 관련해 진보성향 역사학자의 모임인 '한국역사연구회'는 홈페이지에 올린 [북한역사 이야기] '소군정'은 실재했는가'(2006년 4월 21일)란 글에서 이렇게 밝혔다.

"해방 3년의 북한 권력체계에 미친 소련의 영향력을 감안하면 분명 거기에 '군정'의 요소가 있음은 명백하다. 그러나 그 요소는 '간접통치' 형태를 뛰어넘어 군정의 본질을 증명한다고 보기는 어렵다. 강조컨대 이 시기에 북인위(북조선림시인민위원회)의 '정부' 기능은 실재하였다. 따라서 '소군정'이란 개념은 역사적 이해를 바탕으로 할 때 부적절한 용어라 본다. '소군정'이라는 조직적 실체가 애매모호하기도 하지만, 제25군사령부를 그렇게 부르더라도 그 역할과 기능이 군정과는 동떨어진다. '소련민정'은 군(軍)이 주체가 되었을 뿐 아니라 용어 자체가 뜻하는 대민 통치기구로서의 기능을 수행한 것이 아니기 때문에 마찬가지로 큰 의미를 가지지는 못한다." 여기서 '소련민정'은 이북에 진주한 소련 제25군사령부가 1945년 10월 3일 산하에 설치한 기구인데 "일제에 의해 파괴된 경제를 복구하고 정상적인 생활기반을 조성하며 조선 인민 자신의 국가권력 수립에 방조하는 문제 등을 담당"했다고 한다. '대민 통치기구'인 군정기관이 아니란 거다. 소련은 앞서 8월 26일 평양에 총사령부를 설치한 데 이어 연해주군관구 군사평의회의 명령에 따라 6개 도, 85개 군, 7개 시(평양·진남포·청진·함흥·신의주·해주·원산)에 각각 경무사령부를 설치하였다. 경무사령부는 일본군에게 항복을 받고 무기를 접수했으며, 행정기관·경찰서·법원은 물론 일본인 소유 대기업·철도·통신수단·은행 등을 관리했다고 한다.

북에서 1946년 2월 설립된 림시인민위원회와 소련군사령부의 관계와 관련해 국사편찬위원회는 홈페이지 〈우리역사넷〉에 올린 〈신편 한국사〉 52권에서 이렇게 밝혔다. "임시인민위원회 출범으로 중앙의 권위가 임시인민위원회와 소련군 양자에 의해 공유되고 있음을 볼 수 있다. 그러나 모든 법령과 결정의 초안은 임시인민위원회 산하의 각국이 작성하게 되어 있으므로 주권은 임시인민위원회에 이양되었다고 볼 수 있다." 소련군이 주권을 주둔 6개월 만에 임시인민위에 넘겼다는 견해이다.

5 남북연석회의

북이 1948년 4월 '남북조선 정당·사회단체 대표자 연석회의' 개최를 제안한 것은 모스크바 3국 외상회의 결정[1]에 따라 열린 두 차례의 미·소(소·미) 공동위원회(이하 공동위)가 결렬된 뒤 미국과 이승만 세력의 단독선거를 통한 단독정부 수립 기도를 막으려는 의도에서였다.

1946년 3월과 1947년 5월 열린 1, 2차 공동위 회의가 임시정부 구성 협의 대상에 대한 견해차를 좁히지 못하고 끝내 결렬되자[2] 미국은 1947년 9월 17일 한국(조선) 문제를 유엔에 제출했다.[3] 이에 반발한 소련이 9월 27일 '미·소 양군의 동시 철수'를 수정 제안했으나 미국은 11월 5일 총선거 감시를 위한 유엔 한국(조선)위원단 설치안을 밀어붙여 단독선거 기도를 숨기지 않았다. 결국 11월 14일 열린 유엔 2차 총회 전원회의에서 소련의 양군 동시 철수안은 부결되고 미국이 내놓은 '남북 인구비례에 의한 자유

---

[1] 미국과 소련, 영국의 외상이 1945년 12월16~20일 연 회의로, 조선문제와 관련해 ▲독립국가 재건을 위한 임시민주정부 수립 ▲임시정부 수립 방안을 논의할 미·소(소·미)공동위 개최 ▲미·소·영·중 4개국이 공동관리하는 최장 5년의 신탁통치 실시 등을 합의하였다.(네이버 지식백과)

[2] 1946년 3월 1차 공동위는 모스크바 3국 외상회의 결정을 반대한 단체들의 임시정부 협의 대상 포함을 둘러싼 입장차로 결렬됐다. 1947년 5월 2차 공동위가 열렸으나 신탁통치 반대투쟁 단체를 둘러싼 논란과 미국의 소극적인 태도로 그해 10월 최종 결렬되었다.(네이버 두산백과)

[3] 이에 대한 북의 입장은 "사실상 모스크바 3상회의 결정의 완전무효를 선언한 것이었으며 유엔헌장에 대한 란폭한 유린이었다. 유엔헌장에 의하면 일국의 내정문제나 국제적 협약이 이루어진 '전후 조정문제'는 유엔총회 심의안건으로 될 수 없었으며, 따라서 조선문제는 어느 모로 보나 유엔의 론의 대상으로 될 수 없었다"(《현대조선력사》 275쪽)는 것이었다.

모스크바 3상회의와
찬탁-반탁 시위
〈한국학중앙연구원〉,
〈민플러스〉

선거안'이 채택됐다. 또 이를 감시할 '유엔 임시한국(조선)위원단'을 구성키로 하고 1948년 3월 31일까지 선거를 해 정부를 수립하는 것으로 결정했다. 소련과 북이 강하게 반발하자 미국은 한 발 더 나가 1948년 2월 26일 유엔 소총회를 소집해 유엔 임시한국(조선)위원단의 감시 아래 38선 이남 지역만의 단독선거를 결정했다.[4] 이로써 1차 공동위가 결렬된 직후인 1946년 6월 남녘만의 단독정부 수립을 주장한 이승만의 이른바 '정읍발언'이 현실화되는 건 시간문제였다.

---

[4] 북은 "당시에는 유엔이 미국의 거수기에 의하여 조종되었으므로 조선문제는 유엔에 비법적으로 상정되였고, 더우기 조선대표의 참가 없이 조선에 대한 부당한 결의들이 미국의 강요에 의하여 연이어 조작되였다"(위의 책 같은 쪽)는 입장이었다.

이에 대해 〈현대조선력사〉는 "이렇게 되어 미제의 민족분열정책은 공개적인 실현단계로 들어섰던 것이다. '유엔 림시조선위원단'은 철두철미 미제의 민족분열정책을 미화 분식하며 남조선에 정권을 조작하려는 미제의 침략도구에 지나지 않았다. 미제의 남조선 단독선거 음모로 말미암아 국토분단과 민족분열의 위기는 매우 심각화되였다"(276쪽)고 평가했다.

미국과 이승만 세력의 단선·단정 기도에 대해선 남녘에서도 반대의 목소리가 터져 나왔다. 특히 민족주의세력의 앞장엔 김구·김규식 선생이 섰다. 김구 선생은 1948년 2월 10일 유명한 '삼천만 동포에게 읍고함'이란 성명을 발표해 단선·단정에 거듭 반대한 데 이어 김규식 선생과 함께 2월 16일 이북의 김일성·김두봉 위원장[5]에게 각각 서한을 보내 남북요인회담을 열자고 제안했다. 하지만 김일성·김두봉 위원장은 아무런 반응을 보이지 않았는데 남북요인회담 제안이 북이 반대하는 '유엔 감시 하 남북 총선거'를 수용하고 있었기 때문으로 보인다.[6]

대신 한 달여가 지난 3월 25일 북조선민주주의민족통일전선이 '남조선 단독정부 수립을 반대하는 남조선 정당, 사회단체에 고함'이란 공개서한을 발표하고, 이남의 여러 정당과 인사들에게 개별 서한을 보내 1948년 4월 14일 평양에서 남북조선 정당·사회단체 대표자 연석회의를 열자고 제안하였다. 당시 김일성 위원장은 "이 련석회의에서 우리는 국내정세를 심의하고 우리 국토를 량단하려는 반동파들의 온갖 기도를 파탄시키며 조국의 통일을 촉진하며 세계의 모든 자유애호 국가들과 동등한 일원으로 될 조선민주주의통일국가의 수립을 촉진하기 위한 구체적인 계획과 방

---

[5] 이때 김일성은 '림시' 딱지를 뗀 북조선인민위원회 위원장이고, 김두봉은 북로당 위원장이었다.
[6] "(요인)회담의 기조로 우리의 일은 우리가 한다는 '자주적 입장'과 더불어 '우방의 호의'를 강조함으로써 결국 '유엔 감시하의 전국총선거'를 주장한 것"이었다(임영태, 〈북한 50년사①〉(들녘, 1999) 174쪽).

남북연석회의에 참여한 김구 선생(위 왼쪽)과 김일성 위원장(1948. 4.) 〈조선의 오늘〉, 〈통일뉴스〉, 〈백범김구선생기념사업회〉

책들을 채택하게 될 것"[7]이라고 봤다.

남북연석회의는 여러 우여곡절을 극복하고서야 성사되었다. 미군정이 이남 정당·단체들의 방북을 강하게 막아선 가운데 김규식 선생에게 수시로 정치고문을 보내 회유했다.[8] 그래선지 4월 13일 김구 선생과 경교장 회동에서 그는 보류 의사를 밝혔다가 연석회의 개최 하루 전인 18일 조건부로 내세운 이른바 '참가 5원칙'[9]을 북이 수용하자 방북을 최종 결심했다.

---

[7] 1948년 3월 28일 열린 북조선로동당 제2차 대회에서 한 중앙위원회 사업총화보고 중에서(〈김일성저작집〉 4권 203~211쪽). 〈조선전사〉 24권에선 "김일성 동지께서는 남조선에서의 단독선거를 반대 배격하며 조국통일을 다그치기 위한 투쟁에서 북과 남의 애국적 민주력량의 단결을 강화할 목적으로 1948년 3월 25일 북조선민전 중앙위원회 제26차 회의에서 남북조선 정당, 사회단체 대표자 련석회의를 1948년 4월에 평양에서 소집할 것을 제의하시였다"(152쪽)고 했다.

[8] 박병엽, 위의 책 285쪽.

[9] ①독재정치 배격 ②독점자본주의 배격하되 사유재산제 인정 ③전국 총선거로 통일중앙정부 수립 ④외국에 군사기지 제공 말 것 ⑤외국군 조속철퇴 조건·방법·기일 협정 공포('우리역사넷' 〈신편 한국사〉 52권 '대한민국의 성립' 중에서)

이남의 좌익 정당·단체들 대부분은 4월 10일 이전에 북에 들어갔고, 김구 선생이 19일에, 마지막으로 김규식 선생이 21일 38선을 넘었다. 김구 선생은 숙소인 경교장 앞에 극우익 군중들이 아침부터 진을 치고 막는 바람에 19일 오후에야 출발했다. 늦은 출발과 연락 혼선으로 그가 평양에 도착한 건 하루 뒤인 20일 오후였다. 그리고 이날 오후 늦게 북조선인민위원회 사무실을 찾아 김일성 위원장과 첫 만남을 가졌다고 한다.

연석회의는 전민족의 관심 속에 1948년 4월 19일 평양 모란봉극장에서 열렸다. 23일까지 진행된 회의에는 최종적으로 남북의 56개 정당과 사회단체 대표 695명이 참가하였다.[10]

19일엔 오전 예비회담에 이어 오후 늦게 46개 단체의 대표 545명이 참석한 가운데 1일차 본회의를 열어 주석단 등을 선출하고 단선단정 반대투쟁 대책 등 회의 안건을 채택했다. 이튿날은 하루 쉬고 2일차 회의는 21일 오전부터 진행됐는데 김일성 위원장의 '북조선 정치정세', 백남운 근로인민당 부위원장의 '남조선의 현 정치정세' 등 보고가 있었다.[11]

김구 선생은 회의 3일차인 22일 오전에 모습을 드러냈다. 이날 회의 사회를 맡은 백남운 선생이 "김구 선생 일행이 회의장에 도착했다"고 알리자 모란봉극장엔 우레 같은 박수와 환호성이 터졌다고 한다.[12] 이어 김구, 조소앙, 조완구, 홍명희 선생이 주석단에 추대됐고, 김구 선생은 축사에서 "남북의 열렬한 애국자들이 일당에 회집하여 민주·자주의 통일독립을 전취할 대계(大計)를 상토(商討)하게 된 것은 실로 우리 독립운동사의 위대한 발전이며, 이와 같은 성대한 회합에 본인이 참석하게 된 것을 큰 영광

---

10 〈현대조선력사〉 278쪽.
11 위의 '우리역사넷'
12 박병엽, 위의 책 304쪽.

남북연석회의를 기념해 세운 쑥섬 통일전선탑
〈조선의 오늘〉

으로 생각한다"며 "단선단정 분쇄를 최대의 임무로 삼자"고 호소했다.[13] 김규식 선생은 22일 새벽 평양에 도착했지만 건강을 이유로 연석회의엔 참석하지 않았다.

23일 회의는 김원봉 선생의 사회로 진행됐는데 홍명희 선생이 낭독한 '조선 정치정세에 대한 결정서'[14]를 만장일치로 채택하였다. 이어 이극로 선생이 호소문인 '전 조선동포들에게 격함'을 발표했고, '사회주의 쏘베트연방공화국정부와 북미합중국정부에 보내는 남북조선제정당사회단체대표자연석회의의 요청서'도 채택되었다. 요청서에선 "유엔조선위원단의 비법적이며 강압적인 부당한 선거술책을 즉시 정지시키고 급히 물러가게 할 것을 요구"하면서 "조선 내에서 외국군대를 철거하고 조선 인민에게 자기 손으로 자기 국내 문제를 해결할 권리를 주자는 소련 정부의 제의를 실

---

13 백범사상연구소 편, 〈백범어록〉 263~264쪽(사상사, 1973).
14 '남북조선제정당사회단체대표자연석회의' 명의 결정서의 일부를 소개한다. "우리 조국을 분열하여 남조선 인민들을 미제국주의자들에게 예속시키는 것을 용허하지 않기 위하여 우리 남북조선 제정당사회단체들은 자기의 전 역량을 총집결하여 단독선거 배격운동을 전국적으로 전개함으로써 남조선 단독선거를 파탄시켜야 할 것이며 조선에서 외국군대를 즉시 철거하고 조선 인민이 자기 손으로 통일적 민주주의 자주독립국가를 수립할 권리를 부여하자는 소련의 제안을 반드시 실현시키기 위하여 강력히 투쟁하여야 할 것이라고 인정한다."(김남식·이정식·한홍구 편 〈한국현대사자료총서〉 13권(돌베개, 1986) 297~298쪽)

천"하는 길만이 통일정부를 수립할 수 있는 방안이라고 주장하였다.[15]

25일 오전에는 평양시인민위원회 광장(현 김일성 광장)에서 30여만이 운집한 연석회의 경축 군중대회가 열렸으며 오후 늦게 김일성 위원장이 주최한 경축연회가 시인민위원회 회의실에서 열렸다. 김규식 선생도 참석한 이날 연회는 당시로선 최대 규모였는데 김일성, 김두봉 위원장이 축사를, 김구, 김규식, 조소앙 선생 등이 답사를 했다.[16]

26일엔 연석회의 호소문에서 밝힌 '남조선단독선거반대투쟁전국위원회'을 결성했다. 위원장엔 허헌 남조선노동당 위원장이 선출됐으며, 부위원장과 위원단은 백남운, 엄항섭 선생 등 연석회의에 참가한 지도급 인사 50여 명으로 구성되었다.[17]

남북연석회의에 뒤이어 이른바 '4김 회담(김구·김규식·김일성·김두봉)'과 남북의 요인 15명이 참가한 남북지도자협의회가 2회씩(4김 회담은 4월 26일과 30일, 지도자협의회는 4월 27일과 30일) 열렸다. 특히 4월 30일에는 이들 회담을 총합하는 남북조선 제 정당·사회단체 지도자협의회를 열어 ▲미·소 양군 즉각 동시 철거 ▲외국군 철거 후 내전 불가 ▲외국군 철거 후 전조선 정치회의 소집, 통일적 민주정부 수립 ▲남조선 단독선거 불인정 등을 주요 내용으로 한 '남북조선 제 정당·사회단체 공동성명서'를 채택, 발표하였다. 이렇게 지도자협의회도 마치고 5월 2일 대동강 쑥섬에서 야유회를 겸한 회동[18]을 가진 뒤 김구, 김규식 선생은 5월 5일 서울로 돌아왔

---

15 위의 '우리역사넷'
16 박병엽, 위의 책 309쪽.
17 위의 책 311쪽.
18 북은 남북연석회의를 기념해 1980년대 후반 쑥섬에 통일전선사적지를 조성하고 1990년 8월 11일 통일전선탑을 세웠다.

다. 그에 앞서 5월 3일 오후 개별적으로 김일성 위원장과 마지막 면담을 가졌는데 김구 선생이 임시정부 법통을 상징하는 인장을 김일성 위원장에게 주려고 하자 김 위원장이 정중히 사양했다는 게 바로 이때의 일화다.[19]

북에선 남북연석회의의 역사적 의의에 대해 이렇게 호평했다.

> "나라의 통일독립을 위한 투쟁에서 공산주의자들과 민족주의자들은 공통된 민족적 리념에 기초하여 얼마든지 단결할 수 있고 합작할 수 있으며 사상과 리념이 다르고 정견과 신앙에서 차이가 있는 것은 결코 조국통일을 위한 투쟁에서 공산주의자들과 민족주의자들, 각계각층 인민들이 단결하지 못할 조건으로 될 수 없다는 것을 실천적으로 보여주었다. 회의는 민족분열의 위기를 타개하고 통일적 중앙정부를 세우기 위한 하나의 투쟁 흐름 속에 남북의 모든 애국적 민주력량을 튼튼히 단합시킴으로써 통일적 중앙정부 수립과 조국의 자주적 통일을 위한 우리 인민의 투쟁 앞에 새로운 전망을 열어놓았다."[20]

---

19 위의 책 333쪽.
20 〈조선전사〉 24권 '현대편 : 민주건설사 2' 158쪽.

6. 조선민주주의인민공화국의 수립

분단이후 최초로 열린 남북연석회의의 반대에도 불구하고 미군정과 이승만 세력은 1948년 5월 10일 남녘만의 단독선거를 밀어붙였고 같은 달 31일 제헌의회를 소집하였다. 남북연석회의에 참가했던 정당·단체들이 일제히 규탄성명과 항의시위 등으로 강력히 반발했지만 남녘만의 단독정부 수립 움직임을 막기에는 역부족이었다.

특단의 대책이 필요하다고 본 북의 선택은 이른바 '통일적 중앙정부'의 건설이었다. 이에 대해 〈현대조선력사〉는 "남북조선 전체 인민의 의사를 대표하는 합법적인 통일적 중앙정부를 새워야만 미제의 민족분렬정책의 산물이며 신식민주의 정책의 도구인 괴뢰정권의 비법성을 철저히 폭로할 수 있으며 남북조선의 각계각층 애국적 인민들을 더욱 굳게 단합시키고 국제적 연대성도 일층 강화하면서 조국의 통일독립을 위한 투쟁을 주동적으로 힘 있게 밀고 나갈 수 있었다"(285쪽)고 주장한다. '통일적 중앙정부'란 남과 북을 모두 아우르는 정부를 말하는데 남북은 이미 38선으로 갈라졌고, 더욱이 남녘에선 단독선거로 제헌의회까지 만들었다. 어떻게 통일적 중앙정부를 만든다는 것이었을까?

북은 '남북조선 정당·사회단체 지도자협의회(이하 지도자협의회)' 2차 회의를 소집했다.[1] 지도자협의회는 남북연석회의 직후 열린 '4김 회담(김구·김규식·김일성·김두봉)' 참가자 등 남북 요인 15명을 중심으로 구성한 정치협의체인데 당시 미군정과 이승만 세력의 '단선단정'을 반대하는 남북의 모든 세력을 대표하는 상징성을 가졌다. 1차 회의 마지막 날인 4월 30일 ▲미·소 양군 즉각 동시 철거 ▲외국군 철거 후 전조선 정치회의 소집, 통일적 민주정부 수립 ▲남조선 단독선거 불인정 등을 담은 공동성명을 발표했는데 여기에 연석회의에 참가한 남북의 56개 정당·단체들이 모두 서명을 했다.

북이 2차 지도자협의회를 소집하려 한 것은 4.30공동성명에 있는 '통일적 민주정부' 수립 방안을 논의하기 위해서였다. 회의 의제는 '남조선 단독선거 실시와 관련하여 우리 조국에 조성된 정치정세와 조국통일을 위한 장래 투쟁대책'[2]이었다는데 구체적으로는 북에서 만든 헌법 초안[3]을 전국적으로 시행하는 문제와 최고입법기구를 구성할 총선거 실시 문제였다고 한다.[4]

2차 지도자협의회는 김구·김규식 선생이 불참한[5] 가운데 북로당 등 북의 15개 정당·사회단체 대표와 연석회의 뒤 남았거나 비밀리에 38선을 넘은 남측의 17개 정당·사회단체 대표들이 참석해 6월 29일~7월 5일 평양에서

---

1 4월 남북연석회의 이후 미군정이 38선 경계를 강화해 700명 가까운 연석회의 참가자들을 다시 소집하는 것은 사실상 불가능한 상황이었다. 앞의 '5. 남북연석회의'를 참고 바람.
2 박병엽, 위의 책 346쪽.
3 1947년 10월 2차 미·소공동위원회가 최종 결렬되고, 그해 11월 14일 유엔이 미국의 제안에 따라 임시한국(조선)위원단 구성을 결정해 사실상 단독정부 수립에 착수하자, 북은 나흘 뒤인 18일 북조선인민회의 3차 회의를 열어 '조선 림시헌법 제정 준비에 관한 결정'을 통해 림시헌법제정위원회를 구성하는 등 '통일정부' 수립을 위한 임시헌법 제정 논의에 들어갔다. 그리고 1948년 4월 29일 북조선인민회의의 특별회의에서 헌법 초안을 만장일치 의결하였다. 이때는 '림시'란 표현을 사용하지 않았다.
4 박병엽, 위의 책 343쪽.
5 박병엽 구술록 등을 보면, 북은 김구·김규선 선생을 참가시키려 공을 들였지만 두 선생은 '홍명희 선생의 직접 방남 설명' 요구가 받아들여지지 않자 결국 방북을 거부했다.

개최되었다.[6]

김일성 위원장은 첫날 회의 보고에서 이렇게 주장했다. "우리는 지체 없이 조선 인민의 의사를 대표하는 전조선 최고립법기관을 세우고 조선민주주의인민공화국 헌법을 실시하여야 하겠습니다. 그리하여 우리는 단독정부를 세울 것이 아니라 남북조선 정당, 사회단체 대표들로써 전조선 정부를 세워야 하겠습니다."[7]

결국 회의에서는 남측에서 실시된 5.10단독선거의 무효를 선언한 다음 자체로 남북을 아우르는 전국 선거를 실시해 최고주권기관인 최고인민회의를 구성하고 통일적 중앙정부를 세우기로 만장일치 결정하였다. 애초 4.30공동성명에서 남측의 단독선거를 인정하지 않고 통일적 민주정부의 수립을 요구한 만큼 예상된 결과였다.

이렇게 해서 남과 북에서 최고인민회의 대의원을 뽑기 위한 선거가 1948년 8월 25일 실시된다. 북측에서 선거는 벌써 두 번째였던 만큼 순조롭게 진행되었다.[8] 유권자의 99.97%가 투표에 참가해 무려 98.49%라는 높은 찬성률로 212명의 대의원을 선출하였다고 한다.[9]

---

6 임영태, 〈북한 50년사①〉 195쪽.
7 〈김일성저작집〉 4권 356쪽.
8 림시인민위원회를 통해 일제 잔재 청산, 토지개혁 등 반제반봉건민주주의혁명을 달성했다고 판단한 북은 곧바로 생산수단의 사회화 등 사회주의혁명을 수행할 인민정권 수립을 추진한다. 먼저 최고주권기관인 북조선인민회의 구성을 위해 1946년 11월 3일 해방 이후 첫 선거인 도·시·군 인민위원회 선거를 실시했다. 이어 1947년 2월 17일 도·시·군 인민위원회대회를 열어 237명의 최고인민회의 대의원을 선출하고 토지개혁, 산업국유화 등 림시인민위원회가 앞서 제정한 법령들을 승인하였다. 또 2월 21일 최고인민회의 1차 회의에서 '림시'자를 뗀 인민위원회를 구성하고 김일성을 위원장에 추대했다.
9 〈현대조선력사〉 285쪽.

문제는 남측이었다. 미군정과 이승만 정권은 '불법'이라며 비상경계태세를 선포하고 강력히 막아 나섰다.[10] 그래서 남측에서는 선거가 2단계로 진행된다. 1차로 비밀리에 투표자들의 서명을 받는 방식으로 선거를 치러 인민대표들을 뽑은 다음 그들이 북에 들어가 2차로 최고인민회의 대의원을 선출하는 방식이다. 그래서 먼저 전체 유권자의 77.52%(673만 2,407명)가 선거에 참가해 1,080명의 대표를 뽑았고, 이들이 8월21~26일 황해도 해주시에서 조선 최고인민회의 대의원선거를 위한 남조선인민대표자대회를 열어 360명의 대의원(남측 인구 5만 명당 1명 비율)을 선출했다고 한다.[11]

이런 선거 결과에 기초해 1948년 9월 2일 평양에서 최고인민회의 1차 회의가 열렸다. 회의에는 남북에서 선거된 대의원 572명이 참가해 조선민

최고인민회의 1차 회의에서 수상으로 선출되는 김일성 (1948. 9. 8.)
〈조선의 오늘〉

---

10 1950년 북에서 출간된 〈조선중앙연감〉은 "8월 20일 하루 동안 전 남조선에서 1,370명을 검거하였고 선거의 전 기간을 통하여 수만 명을 체포 투옥하였으며 수천 명을 살상하였다"고 주장했다.(조선중앙통신사, 1950년판, 220쪽. 위의 책에서 재인용)

11 위의 책 286쪽.

6. 조선민주주의인민공화국의 수립

주주의인민공화국 헌법을 채택하고[12] 김일성 위원장을 초대 내각 수상으로 선출하였다. 최고집행기관인 내각은 남측 정당·사회단체 인사들도 참여한 '연립내각'이었는데 부수상 3명과 국가계획위원회와 민족보위성, 국가검열성, 내무성, 외무성, 산업성, 농림성, 상업성, 교통성, 재정성, 교육성, 체신성, 사법성, 문화선전성, 로동성, 보건성, 도시경영성 등으로 구성되었다.[13]

9월 9일에는 조선민주주의인민공화국의 출범을 공식 선포하였으며 이튿날 김일성 수상은 8개항의 정부 정강을 발표했는데 주요 내용은 이렇다.

"첫째, 전체 조선 인민의 단결과 조국통일을 위한 투쟁으로의 동원, 국토 완정과 민족통일의 선결조건인 소·미 양국군대의 동시 철거의 실현, 둘째, 일제통치의 악독한 결과의 청산과 친일파, 민족반역자들의 법적 처벌, 반동분자들의 매국배족행위와 파괴책동의 폭로 분쇄, 셋째, 일제 및 남조선 괴뢰정부의 법령들의 무효 선포, 전국적 범위에서 민주개혁의 실시, 넷째, 조국의 독립과 번영을 보장할 수 있는 자주적 민족경제의 건설, 다섯째, 교육, 문화, 보건사업의 발전, 여섯째, 각급 인민정권기관들의 공고 발전과 남조선지역에서의 그 복구, 일곱째, 평등한 립장에서 우리를 대하는 여러 자유애호국가들과의 친선적 관계의 설정, 여덟째, 조국의 보위와 민주개혁의 성과를 수호하기 위한 인민군대의 강화 등을 기본내용으로 하고 있었다."[14]

북에선 '통일적 중앙정부'란 명분 아래 추진된 조선민주주의인민공화국의 출범에 각별한 의미를 부여하고 있다. 〈현대조선력사〉는 "조선민주주

---

12 "헌법은 근본원칙, 공민의 기본적 권리와 의무, 최고주권기관, 중앙집행기관, 지방주권기관, 재판소 및 검찰소, 국가예산, 민족보위, 국장, 국기 및 수도 등 10개 장, 104개 조로 구성되었다."(〈조선전사〉 24권 '현대편 : 민주건설사 2' 172쪽)
13 북의 초대 내각에서 남측 인사는 부수상 2명(박헌영, 홍명희)을 포함해 모두 10명이었다.
14 〈현대조선력사〉 286~287쪽.

조선민주주의인민공화국 수립을 축하하는 평양시민 군중대회 〈조선의 오늘〉, 〈로동신문〉, 〈조선신보〉

의인민공화국은 남북조선 전체 인민의 한결같은 지지를 받는 우리나라의 유일한 합법적 국가주권으로서 항일혁명투쟁의 영광스러운 전통을 이어받은 정권이며, 가장 민주주의적이고 애국적이며 자주적인 정권이며, 노동자, 농민을 비롯한 인민대중의 이익을 철저히 옹호하는 참다운 인민의 정권"이라며 "조선민주주의인민공화국이 창건됨으로써 조선 인민은 그 누구도 건드릴 수 없는 존엄 있는 민족으로, 주권을 자기 손에 가진 자주 독립국가의 슬기로운 인민으로 되였으며 새 생활 창조와 조국통일위업의 수행을 위한 더욱 강력한 무기를 가지게 되였다"(287쪽)고 주장했다.

당시 김일성 수상도 1948년 9월 12일 '조선민주주의인민공화국 정부 수립 경축 평양시 군중대회에서 한 연설에서 "조선민주주의인민공화국의 창건과 중앙정부의 수립은 조국의 통일과 자유 독립을 위한 남북조선 인민의 단결된 투쟁의 결실이며 우리 인민의 위대한 력사적 승리"라고 강조하고선 이렇게 밝혔다. "지금 공화국 정부와 우리 인민 앞에는 많은 난관을 극복하고 반드시 해결해야 할 거대한 력사적 과업이 제기되고 있습니다. 이미 발표한 공화국 정부의 정강에 지적된 바와 같이 우리는 조국의 통일과 자유 독립을 성취하고 해방후 우리 조국의 북반부에서 실시한 위대한 민주개혁들을 조국의 남반부에서도 실시하며 오늘 북조선 인민들이 누리고 있는 자유와 행복을 공화국 남반부에 있는 우리 동포들에게도 보장해주어야 합니다."[15] 통일과 독립이란 과제가 생겼음을 알린 것이다.

---

15 〈김일성저작집〉 4권 443~445쪽.

7 왜 '조국해방전쟁'인가

1950년 전쟁에 대한 남과 북의 판단은 극명히 갈린다. '남침'과 '북침'이란 상반된 표현이 이를 상징한다. 1950년 6월 25일 당시 분계선인 북위 38도선을 누가 먼저 침범하고 공격했는지를 두고 견해가 대립한다.

이 글은 어떤 견해가 옳고 그른지를 가리는 게 목적이 아니다. 마찬가지 1950년 6월 25일 전쟁이 어떻게 발발했는지를 둘러싼 사실관계는 논의 대상이 아니다. 이 책 서두에서 밝혔듯 남북이 현대사를 바라보는 기본 시각에서부터 큰 차이가 있고, 또 1950년 전쟁 이래 각자가 거기에 익숙해진 지 오래다. 이런 조건에서 북의 현대사를 있는 그대로 내지 객관적으로 알리면 그들이 자신의 현대사를 어떻게 인식하는지를 먼저 파악하는 게 필수이다. 그래야 북의 현대사 인식에 열린 자세로 다가설 수 있다. 때문에 여기선 북이 1950년 전쟁을 어떻게 성격을 규정하고 이해하는지를 살펴보는데 초점을 맞추려 한다.

북이 1950년 전쟁에 대해 어떻게 성격을 규정하고 이해하는지를 함축한 표현이 바로 '조국해방전쟁'이라는 개념이다. 1950년 전쟁에 대해 남측에선 '6.25전쟁'이나 '한국전쟁'이란 명명이 일반적인데 북에선 모두 '조국해방전쟁'[1]이라고 부른다. '민족해방전쟁'이라고도 하지만 조국해방전쟁이

---

1 북에서 '조국해방전쟁'이란 표현을 처음 쓴 이는 김일성 수상으로 보인다. 그는 전쟁 발발 14일째인 7월 8일 두 번째 라디오방송 연설〈미제국주의자들의 무력침공을 단호히 물리치

공인된 표현이다. 뜻을 풀자면 어떤 억압이나 침략으로부터 제 나라를 구원한 전쟁이란 건데 그럼 어떤 억압 또는 침략이 있었다는 것일까? 〈조선전사〉 25권 '현대편 : 조국해방전쟁사 1'을 보면 이에 대한 자세한 설명이 나와 있다.

먼저 북은 1950년 전쟁을 미국의 38선 이북에 대한 침략전쟁이라고 성격을 규정한다.[2] 그리고 "미제가 조선에 대한 침략전쟁에서 달성하려는 중요한 목적은 무엇보다 먼저 우리 조국을 제 놈들의 식민지로, 아세아 침략의 군사전략기지로 만들며 우리 인민을 저들의 노예로 만들려는데 있었다"고 본다. 미국이 전쟁을 일으켜 38선 이북 전체를 점령해 자신들이 세운 조선민주주의인민공화국과 사회주의를 지향하는 인민민주주의제도를 없애고 "남반부에서 지배하고 있는 반인민적인 반동통치제도를 공화국 북반부에서까지 실시하여 전 조선을 저들의 완전한 식민지로 전환시키며 조선 인민에게 식민지 노예의 운명을 들씌우려고 하였다"는 것이다.

그리고 이렇게 한반도 전체를 식민지화하려는 또 다른 목적이 아시아대륙 침략을 위한 군사기지 확보였다고 본다. 미국의 이른바 '세계 지배전략'의 일환이라는 건데 "미제는 또한 전 조선에 대한 지배를 확립한 다음 아세아대륙에까지 침략을 확대함으로써 밑뿌리로부터 뒤흔들리기 시작한 아세아에서의 식민지 통치체계의 위기를 수습하고 태평양을 '미국의

자〉에서 "적 후방에서의 당신들의 영웅적 투쟁은 인민군대의 진공 속도를 더욱 빠르게 할 것이며 조국해방전쟁의 위대한 승리의 날을 더욱 가깝게 할 것입니다"라고 말했다.(〈김일성저작집〉 6권 32~42쪽)

2 북의 1950년 전쟁 성격 규정에 관한 선행연구로는 〈한국전쟁연구〉(최장집 편, 태암, 1990)에 수록된 류상영의 논문 〈북한의 한국전쟁 인식과 성격 규정〉을 참고하기 바란다. 류상영은 논문 서론에서 "북한의 견해와 인식논리에 대한 단순한 소개조차도 있을 수 없었던 저간의 연구 환경에 비추어볼 때 한국전쟁에 대한 북한의 인식내용을 객관적으로 소개하는 것은 그것 자체만으로도 역사적인 의의를 갖는다고 생각한다"(55쪽)고 밝혔다.

호수'로 만들 데 대한 오래전부터의 야망을 실현해보려고 타산하였다"[3]고 주장한다.

더불어 미국은 1950년 전쟁을 통해 1948년 자국에 발생한 경제공황의 충격을 타개하려 했다고 본다. 즉 "미제는 조선에서 침략전쟁을 도발함으로써 저들의 경제를 더욱더 군사화하고 독점체들의 군수생산을 대대적으로 늘이는 방법으로 제2차 세계대전 후 첫 번째로 일어난 1948~1949년의 경제공황으로부터 제 놈들의 경제를 구원하며 군수독점체들에게 최대한의 리윤을 보장해줄 것을 타산"[4]했다는 것이다. 이상을 요약하면, 1950년 전쟁은 미국이 한반도 전체를 식민지화하고 군사기지로 만들어 아시아 대륙 전체로 침략을 확대하는 한편 자국 내 경제공황 문제를 타개하려고 자행한 "부정의의 전쟁"이라는 게 북의 입장이다.

반대로 이런 기도에 맞선 자신들의 행위는 "조국의 자유와 독립을 고수하기 위한 정의의 조국해방전쟁이였으며, 조국통일위업을 완수하고 전국적 범위에서 민족적 자주권을 확립하기 위한 혁명전쟁"[5]이라고 주장한다. '미제국주의의 침략'으로부터 조선민주주의인민공화국과 인민민주주의제도를 지키는 '조국 해방'을 위한 전쟁인 동시에 그를 계기로 38선 이남으로 진격해 식민통치하에 있는 남반부 인민들을 해방하고 통일을 실현하는 민족해방전쟁이었다는 것이다. 즉 "미제국주의 침략세력을 조선에서 몰아내고 남조선 괴뢰정권과 식민지통치제도를 청산하며 하나의 피줄을 이어받은 남조선 인민들을 미제의 식민지 통치에서 해방하여 조

---

[3] 사회과학원 력사연구소, 〈조선전사〉 25권 '현대편 : 조국해방전쟁사 1'(과학·백과사전출판사, 1981) 74쪽.
[4] 위의 책 75쪽.
[5] 위의 책 75쪽.

국을 통일함으로써 전국적 범위에서 민족해방의 임무를 완성"⁶하려 했다고 주장한다.

그 연장선에서 북이 1950년 전쟁의 또 한 성격으로 내세우는 게 '계급투쟁론'이다. 〈조선전사〉 25권을 보면, "조선 인민이 수행하는 혁명투쟁은 남조선에서 미제를 몰아내고 전국적 범위에서 민족적 자주권을 확립하여야 할 반제민족해방혁명인 동시에 우리나라에서 미제의 식민지 통치의 사회적 기둥으로, 계급적 지반으로 되어있는 민족반역자들, 지주, 예속자본가, 반동 관료배들을 타도하고 공화국의 기치 밑에 조국통일위업을 완수하여야 할 인민민주주의혁명이었다"⁷고 주장하고 있다. 즉 "미제

인민군 서울 입성(1950. 6. 28.)

---

6 위의 책 76쪽. 전쟁 발발시 북의 '남진(南進)' 전략은 이전부터 준비돼 온 것으로 보인다. 김일성 수상은 1950년 6월 5일 〈조선인민군 제749군부대 군인들과 한 담화〉에서 "만일 미제와 그 앞잡이들이 감히 공화국 북반부를 반대하는 침략전쟁을 일으킨다면 우리는 즉시에 단호한 반격을 가하여 적들에게 섬멸적 타격을 주어야 하며 미제를 우리 조국강토에서 몰아내고 조국을 통일하여야 할 것입니다"라고 말한 바 있다(〈김일성저작집〉 5권 497쪽).

7 위의 책 77쪽.

인민군 대전 입성
(1950. 7.)
〈국사편찬위원회
전자사료관〉

1211고지 전투
(1951. 10.)
〈조선의 오늘〉

의 식민지 통치"를 가능케 하고 그를 추종하는 "민족반역자들, 지주, 예속 자본가, 반동 관료배들"을 무력으로 제거하는 계급투쟁이었다는 것이다.

북은 이렇듯 미국의 "부정의의 전쟁"에 맞선 자기들의 행위를 두고 정의의 조국해방전쟁은 물론, 민족해방전쟁, 반제민족해방혁명, 인민민주주의혁명, 계급투쟁 등 다양한 개념[8]으로 성격을 규정하고 해설하고 있다. 북이 자기네 행위에 큰 정치적 의미를 부여하며 정당화하고 있음을 알 수 있다. 이런 다각도의 성격 규정과 의미부여, 정당화는 특히 전쟁 당시 "우리 인민들로 하여금 자기 위업의 정당성을 더욱 굳게 확신할 수 있게 하였으며 무한한 긍지와 자부심을 가지고 조국의 자유와 독립, 세계평화와

---

[8] 〈조선전사〉 25권엔 1950년 전쟁을 두고 "미제를 반대하는 투쟁인 동시에 미제에 추종하여 조선전쟁에 참가한 세계 제국주의의 련합세력을 반대하여 진행한 투쟁"(76쪽)이라며 '반제반미투쟁'이라고 성격 규정한 내용도 포함돼 있지만 여기서는 생략한다.

안전을 위한 성스러운 싸움에 힘 있게 떨쳐나서도록"[9] 하기 위한 것이었다. 자기네 전쟁행위의 정당성을 다각도로 풀이해 인민들에게 참전 명분을 주고 결의를 독려하려는 의도였던 셈이다.

그런데 1950년 전쟁은 남북의 내전 형태로 시작됐다.[10] 미군의 참전은 유엔안보리 결의를 명분 삼아 7월 초 이뤄졌는데 북은 일관되게 1950년 전쟁에 대해 "미제의 침략전쟁"이라고 주장한다. 이는 1950년 전쟁이 미국이 애초부터 계획한 '2계단(단계) 전쟁론'에 따라 진행됐다고 보기 때문이다. 즉 북에선 "미제는 전쟁도발계획을 작성할 때부터 전쟁의 첫 단계에 남조선 괴뢰군으로 하여금 북반부에 대한 침공을 개시하여 내란을 도발하게 한 다음 미제 공군과 해군의 지원 밑에 우리의 력량을 약화시키며 전쟁의 다음 단계로 가서는 미제 침략군의 지상부대를 본격적으로 들이밀어 전쟁을 결속지으려고 타산하였다"[11]고 주장하고 있다. 그리고 미국이 '2계단 전쟁'을 실행한 이유를 두 가지 꼽는데 첫째는 "식민지 예속국가들의 고용군대를 값 눅은(싼) 대포밥으로 리용함으로써 돈을 적게" 들이려는 의도였고, 둘째는 "주요하게는 조선민주주의인민공화국을 반대하는 제 놈들의 침략행위를 가리우고 세계여론을 기만하려는데 그 교활하고 음흉한 목적이 있었다"[12]고 주장한다.

---

9 위의 책 78쪽. 전쟁 발발 이튿날인 6월 26일 김일성 수상은 라디오방송 연설 〈모든 힘을 전쟁의 승리를 위하여!〉에서 "리승만 매국역도가 일으킨 내란을 반대하여 우리가 진행하는 전쟁은 조국의 통일독립과 자유와 민주주의를 위한 정의의 전쟁입니다. 전체 조선 인민은 또다시 외래 제국주의자들의 노예가 되기를 원치 않거든 리승만 매국'정권'과 그 군대를 타도 분쇄하기 위한 구국투쟁에 다같이 일어나야 합니다"라고 주장했다(〈김일성저작집〉 6권).
10 앞의 각주에서 보듯 김일성 수상은 전쟁을 "리승만 매국역도가 일으킨 내란"이라고 했다.
11 위의 책 73쪽.
12 위의 책 같은 쪽.

8 '유령' 참전국 일본

1950년 전쟁 당시 미국이 주도한 '유엔군'[1]에 참가한 국가는 모두 16개다. 그런데 이들 외에 미국을 도운 참전국이 하나 더 있었다. 바로 일본이다.

일본 정부가 지금도 참전 사실을 부인해 실제 어떤 규모로 참전하고 또 어떤 역할을 수행했는지 전모는 공식 확인되지 않는다. 하지만 일본과 남한 언론들의 탐사보도와 학술연구 등을 통해 일본의 참전은 이제 공공연한 사실로 받아들여지고 있다.

일본의 한국전 참가 사실을 처음 국제사회에 폭로한 것은 전쟁 당사자인 북이었다. 전쟁 발발 4개월여 뒤인 1950년 10월 15일 박헌영 당시 북한(조선) 외무상은 생포한 일본인 포로들을 근거로 "조선 전쟁에 일본군 부대가 참가하고 있는데 이는 국제연합(UN)법 및 일본 헌법을 위반하는 것"이라고 비난하는 성명을 발표했다. 이어 당시 소련이 유엔 안전보장이사회에서 이를 문제 삼아 국제적인 논란거리가 됐다. 영국, 프랑스 등 '유엔군' 참가국들마저 일본의 참전에 부정적 견해를 밝혔다고 한다. 그러나

---

1 '유엔군' 명칭 논란은 '유엔군' 창설의 근거인 1950년 7월 7일 채택된 '유엔안보리 결의' 84호 3항과 4항에서 비롯됐다. 3항 "(한국에)원조를 제공하는 회원국들은 이런 군대와 그밖의 원조를 미국의 통합사령부 아래 통솔되도록 허용할 것을 권고", 4항 "미국은 이런 통합군의 지휘관을 임명할 것을 요청" 어디에도 '유엔군(사령부. UNC, United Nations Command)'이란 표현이 없다. '미국 통합군(사령부. Unified Command under the US)'이다. ('시민단체 "명칭부터 기만적인 '유엔'사 해체 촉구"'〈자주시보〉 2019년 10월 24일자)

맥아더 총사령관은 같은 해 12월 "그런 일은 없다"고 일본의 참전을 전면 부인했다.[2]

하지만 진실은 결국 밝혀지는 법. 1952년 11월 13일자 일본 〈아사히신문〉에 한국전 발발 직후인 50년 8월 미군부대와 함께 한국으로 건너간 일본인 청년 1명(히라쯔카 시게하루, 당시 29세)이 서울 인근 전투에서 전사했다는 기사가 실렸다. 이에 대해 당시 유엔군측은 "승인 없이 유엔군 병사로 변장하여 밀항한 것"이라고 밝혀 유족들의 반발을 샀다.[3] 그리고 같은 해 9월 29일 미국 CBS 도쿄지국장인 조지 허먼(George Herman)은 방송에서 "8,000명으로 구성된 '유령부대'가 한국전선에서 유엔군과 함께 싸우고 있다.… 이들 '유령부대'는 미군의 제복을 입고 미국의 급여를 받고 있다. 그러나 미군사령관들은 이런 소문을 부인하고 있다. 이들이야말로 공산측이 주장하는 이른바 '한국전선의 일본의용군, 일본의 해적군대'로 보인다"고 보도하기도 했다.[4]

이에 앞서 인천상륙작전 직후인 1950년 10월 13일 일본 공산당 소속 이마노 다께오 의원이 중의원 교육위원회에서 '(1950년) 9월 5일과 12일 일본인이 배편으로 한국으로 보내진 후 인천에서의 상륙작전에 동원되었다'는 사실이 그들 본인의 증언으로 확인되었으며, '일본인을 전쟁에 참가시키는 것은 정부 스스로 일본국 헌법을 내팽개치는 것이나 다름없다. 이것이 일본 정부의 입장인가'라고 물으며 정부의 답변을 촉구했으나 의사록에선 삭제되었다고 한다.[5] 이렇듯 일본의 참전은 전쟁 초기부터 자국 내에서도 논란이 됐다.

---
2   MBC 다큐멘터리 〈이제는 말할 수 있다〉 35회 '6.25 일본 참전의 비밀'편(2001년 6월 22일 방송)
3   남기정, 〈기지국가의 탄생 : 일본이 치른 한국전쟁〉(서울대학교출판문화원, 2016) 214쪽.
4   위의 책 213~214쪽.
5   위의 책 213쪽.

요시다 시게루 총리(맨 앞줄 가운데 모자)와 한국전 참전 일본 소해부대원(1950. 10.)
〈한겨레〉

〈아사히신문〉 전사 소식,
"이제는 말할 수 있다:
6·25 일본 참전의 비밀",
〈MBC〉 2001.6. 22. 방송캡처

그렇다면 북은 일본의 참전을 어떻게 보고 있을까?

이에 관해서는 〈조선전사〉의 '조국해방전쟁사'편에 구체적으로 기록되어 있다. '조국해방전쟁사'편은 〈조선전사〉 25~27권 세 권으로 구성돼 있는데 일본의 참전 문제는 각 권에서 모두 시기적 특성 등을 중심으로 다루고 있다.

우선, 개전 직전부터 미군의 인천상륙작전에 의한 후퇴시기를 다룬 〈조선전사〉 25권에선 "일본 반동정부는 미제의 요구에 따라 온 일본 땅을 미제 침략군의 공격기지, 보급기지, 수리기지로 내여주고 침략무력을 대대적으로 동원"[6]했다고 일본 참전의 성격과 내용을 규정했다. 전쟁 기간 일본 영토 전체가 미군의 공격기지이자 보급 및 수리기지 역할을 맡았을 뿐 아니라 자국민 전투병력을 한반도에 보냈다는 것이다.

"일본 군국주의자들"이 미국의 요구에 "적극 호응"했다는 판단 근거는 이렇다. "당시 일본이 미제의 점령 밑에 있었고 일본 '천황', 일본 정부, 그리고 일본의 모든 것이 맥아더사령부의 지배 밑에 있었으며 미제의 요구가 일본 군국주의자들의 리해관계와 일치"했기 때문인데 "미제의 일본 군국주의 부활정책과 전쟁정책은 패전 후 처벌 받은 일본의 이전 군벌들과 정객들로 하여금 다시금 군대와 정계를 지배할 수 있게 하고 해체의 운명에 놓여있던 일본 독점재벌들에게 소생의 길을 열어주었다. 특히 미제의 조선 침략전쟁은 일본 군벌들과 독점재벌들이 되살아나는 데서 좋은 계기로 되였다"는 것이다. 그도 그럴 것이 일본이 전쟁 3년 동안 얻은 '특수(特需)'만 62억 달러(최근 환율로 7조 4,000억 원) 규모였다고 한다.[7]

그러면서 북은 특히 개전 초부터 일본이 전투 병력을 보냈다고 강조한다. 즉 "일본 군국주의자들은 또한 중국, 말라이(반도) 및 버마(현 미얀마)에서의 전투경력을 가진 400여 명의 '황군' 출신 장병들과 이른바 '농민청년련맹'이라는 허위간판을 가진 비밀군사조직에 들어있던 성원들로 여러 '의용소대'들을 무어 조선전쟁에 파견하였다"며 "(1950년) 7월 4일 오산전투에 참가한 일본군 장교 놈들은 미제침략군 '스미스 특공대'에서 중요한 역

---

6 〈조선전사〉 25권 '현대편 : 조국해방전쟁사 1' 199쪽. 미군이 점령한 일본은 '가라앉지 않는 항공모함'(스티븐 엔디콧·에드워드 해거먼, 〈한국전쟁과 미국의 세균전〉(중심, 2003) 146쪽)에 비유되기도 했다.

7 위의 책 200쪽. '요시다 "한반도 해역 기뢰 제거는 전투행위… 비밀로 하라"'(〈중앙선데이〉 2015년 9월 26일자)

할을 하였는데 이날 조선인민군에 의하여 죽은 일본군 장교의 수만 하여도 30명이나 되였으며 그 후 대전 해방전투에서와 대구지구에서의 전투에서도 수십 명의 일제 침략군이 죽었다"[8]고 주장했다.

인천상륙작전부터 '1.4후퇴' 직후까지[9]를 다룬 〈조선전사〉 26권에선 인천상륙작전 시기 일본의 역할을 집중적으로 다뤘는데 "일본 군국주의자들은 맥아더가 인천상륙작전 계획을 세우는 것을 도와주었으며 수많은 침략무력과 군수기재들을 운반해주었다"[10]고 주장했다. 작전계획 지원과 병력 및 군수물자 수송을 맡았다는 얘기다.

먼저 일본은 인천상륙작전 계획 수립을 도우려고 "미제 침략군에게 인천 앞바다의 해상 및 지형 조사자료와 항공측지 전문가들을 제공해주었으며 일본 간첩들을 인천 앞바다 작은 섬들에 들여보내여 여러 차례에 걸쳐 밀물과 썰물이 생길 때의 각이한 해안 벽 높이를 측정"토록 하고 "이에 기초하여 인천 앞바다의 '조석표'를 작성"[11]해줬다고 밝혔다.

그리고 병력과 군수물자 수송을 위해 "일본 반동정부는 1950년 8월 미제의 요구에 따라 여러 조선소들에서 고장난 채로 내버려두었던 70여 척의

---

8 위의 책 203쪽.
9 이 기간을 북에선 조국해방전쟁 2단계와 3단계 시기라고 부른다. 2단계 시기는 인천상륙작전 이후 '전략적 후퇴'를 했던 때이고 3단계는 중국 인민지원군의 참전으로 반격하여 1951년 1월 다시 서울을 장악했다나 38선 인근으로 물러난 그해 5월까지이다.
10 사회과학원 력사연구소, 〈조선전사〉 26권 '현대편 : 조국해방전쟁사 2'(과학·백과사전출판사, 1981) 11쪽.
11 위의 책 13쪽. 위의 〈중앙선데이〉 '요시다 "한반도 해역…"' 기사도 "일본 해군과 육군 장교 출신 3명은 인천상륙작전이 시작되기 전에 현지를 정찰하고, 인천항 수위가 가장 높아 상륙작전을 하기 좋은 시점이 9월 15일이라고 알려줬다. 상륙작전에 앞서 옛 일본군 정보장교 200~300명은 한반도 식민지배 시절의 경험을 토대로 만든 지도 등 상세한 한반도 지리 정보를 미군에 제공했다"고 전했다.

'엘에스티' 함정들을 끌어다가 수리"했으며 "일본 수송함정들은 침략무력을 싣고 9월10~11일 사이에 고베를 출발하여 미국, 영국, 카나다 함대의 호위를 받으면서 인천 앞바다에 기여들었다"고 한다. 엘에스티(LST)는 병력이나 군수물자를 상륙시키는 군용함정인데 바닷길 안내도 맡았다고 한다. "일본 반동정부는 미제의 지시에 따라 인천상륙작전을 보장하기 위하여 2,000여 명의 해상보안청 무력을 동원하여 미제침략군 무력의 수송과 수로 안내자의 역할을 맡아 하게"[12]했다는 것이다.

군수물자를 배에 싣고 내리는 작업에 일본인 노동자들도 동원됐는데 "일본 로동자들은 주로 요꼬하마, 고베를 비롯한 중요 항구들에서 수십 척의 미제의 대형 수송선들에 탄약상자, 무기, 자동차 등 군수기재와 물자를 싣고 인천 앞바다에 가서 그것을 '엘에스티' 함정들에 옮겨 싣는 작업을 반복"[13]했다고 한다.

그뿐 아니다. 이때도 일본인 전투병력의 참가를 주장했는데 "1950년 9월 중순 2,000여 명씩 3차례에 걸쳐 6,000여 명의 일본 침략군 무력이 미제침략군 7보병사단을 비롯한 10군단의 여러 사단과 련대들에 분산 배치되여 인천상륙작전에 참가"[14]했다는 것이다.

1951년 1.4후퇴 이후부터 1953년 7월 27일 정전협정 체결 때까지를 다룬

---

12 위의 책 12쪽. 남기정은 〈기지국가의 탄생…〉 198쪽에서 "'선박 대부분을 점했던 LST가 대형 군수기재의 수송과 벽지 해변의 양육 활동에 이상적 조건을 갖추었'고, '일본인 승무원이 조선 해안의 구석구석까지 정통해 있'었기 때문에 일본의 선박은 매우 유용했다고 한다. 이들 일본에서 차출된 선박들은 인천상륙작전과 같은 대규모 작전에서도 활약했다"고 밝혔다.
13 위의 책 13쪽. 일본인 노동자 동원과 관련해 〈기지국가의 탄생…〉(203쪽)에선 전쟁 당시 LST 선원이었던 산노미야 가스미의 회상을 인용해 "월미도 인천상륙작전에도 다수의 일본인 선원이 참가했다. 그 자신도 일본인 승무원이 탑승한 37척의 LST 하나에 탑승했다고 한다"고 알렸다.
14 위의 책 13쪽.

〈조선전사〉 27권에선 샌프란시스코 강화조약[15] 이후 더 강화된 일본의 참전 비중에 초점을 맞췄다. 이 조약에 대해 "미제가 국제협정을 위반하고 자기 추종국가들과 함께 일본 요시다(吉田茂) 반동정부와 1951년 9월 8일 비법적으로 체결한 강화조약"이라고 규정한 북은 "일본 군국주의자들은 '대일 단독 강화조약'과 미일'안전보장조약'(1951년 9월 8일 조인) 조작 후부터 '독립국'의 감투를 쓰고 일본의 군국화를 '합법적'으로 추진시켰으며 일본의 재무장과 미제의 조선 침략을 협조하기 위한 무기 생산을 종전과 같이 음폐된 형태로서가 아니라 공개적 형태로 본격화"[16]했다고 본다.

그래서 "일본 군국주의자들은 1952년 5월부터 벌써 684만7,000딸라 분의 박격포와 포탄, 탄약류의 주문을 받고 그것을 생산 공급하기 시작하였으며 1952년 5월부터 1953년 6월까지의 1년 동안에만 하여도 각이한 구경의 대포 약 2,000문과 바주카형 반땅크포(대전차포) 7,656문을 비롯하여 로케트탄 120만발, 각종 포탄 230만발, 수류탄 220만발을 생산하여 미제침략군에 공급"[17]했다고 주장한다. 이어 "일본 군국주의자들이 진쟁 3년간에 미제 침략군에 생산 공급해준 무기와 의료 제품 및 식료품들의 총액은 무려 24억~25억 딸라에 달하였는데 1953년에 미제 침략군에 생산 공급해준 무반충포(무반동총, 57미리), 박격포(60미리), 로케트탄발사기(35미리)만 해도 8,270문, 로케트탄을 포함함 각종 포탄은 무려 309만8,550

15　1951년 9월 8일 미국 샌프란시스코에서 체결된 일본과 연합국의 평화조약이다. 일본은 조약 체결로 미군정을 끝내고 주권을 되찾았다. 일본은 이날 미국과 군사동맹인 '안전보장조약'도 맺었다.

16　사회과학원 력사연구소, 〈조선전사〉 27권 '현대편 : 조국해방전쟁사 3'(과학·백과사전출판사, 1981) 177~178쪽.

17　위의 책 178쪽. 〈기지국가의 탄생…〉(158쪽)에선 "1952년 5월과 6월 특수(特需) 무기 발주액은 모두 합해 약 55억 엔이었으며, 이어서 1952년 7월부터 1953년 6월까지는 모두 207억 엔에 달하는 대량의 발주가 발생했다"고 밝혔다.

여발, 총탄은 1,036만발이나 되였다"[18]고 더했다.

이때도 일본인 전투 병력의 파견은 계속됐다고 한다. 즉 "일본 반동정부는 1952년 1월 규슈에 있던 '경찰예비대'의 분견대들을 조선 전선에 파견하였으며 1952년 7월에는 군마, 나가노, 지바 등지에서 1,000여 명의 '경찰예비대'를 징모하여 '한국구명의용대'라는 명목 밑에 조선전쟁 마당에 내몰았다. '경찰예비대'의 무력은 '증산의용단', '농민청년의용군' 등 여러 가지 간판을 달고 계속 조선 침략전쟁 마당에 와서 미제의 총알받이로 되였다"[19]고 주장했다.

일본의 참전에 대해 북은 "'미일 단독 강화조약' 조작 후 '독립국'의 감투를 쓴 일본 군국주의자들은 미제와 각종 군사'조약'들을 공공연히 맺고 전일본 령토를 조선 인민을 반대하는 침략전쟁의 기지로 내맡김으로써 미제의 침략전쟁을 적극 도와주었으며 조선 인민의 원쑤로서 씻을 수 없는 죄악을 또 저질렀다"[20]고 강하게 비난했다.

---

18 위의 책 179쪽.
19 위의 책 179쪽.
20 위의 책 181쪽.

일본의 '유령' 참전 사실이 공론화되기까지...

일본의 한국전쟁 참전 사실이 남측에서 공론화된 것은 2000년대 들어서다. 사안 자체가 워낙 민감해 금기의 영역에 있었지만 50년이란 시간의 흐름을 더는 막지 못하고 결국 언론의 탐사보도와 소장학자들의 연구 결과를 통해 전쟁의 숨겨진 진실을 드러낸 것이다.

대표적인 언론 탐사보도는 2001년 6월 22일 방송된 MBC 다큐멘터리 〈이제는 말할 수 있다〉 35회분 '6.25 일본 참전의 비밀'편이다. 이 다큐멘터리는 특히 1950년 10월 미군의 원산상륙작전 등 모두 4곳에서 전개된 수중 기뢰 제거작업에 일본 특별소해대 선박 52척과 대원 1004명이 동원된 사실을 밝혀내고 이때 기뢰 제거 작업에 참가한 대원들을 인터뷰했다. 또 〈아사히신문〉의 1952년 11월 13일자 '조선에서 전사한 일본인' 기사를 발굴하고 당시 연합군사령부 정보장교였던 연정씨(한국인) 증언을 통해 구 일본군의 인천상륙작전 참가 사실 등을 공개해 주목을 받았다. 〈이제는 말할 수 있다〉 '6.25 일본 참전의 비밀'편은 지금도 유튜브에서 볼 수 있다. 〈중앙선데이〉가 2015년 9월 26일 보도한 〈요시다 "한반도 해역 기뢰 제거는 전투행위... 비밀로 하라"〉 제하의 기사는 A4 용지 3쪽 분량에 〈이제는 말할 수 있다〉의 요지와 일본 사료와 국내외 연구결과 등을 종합해 "일본의 6.25전쟁 관련 행적을 재구성"해 참고할 만하다.

학계 연구로는 남기정 서울대 일본연구소 교수가 단행본으로 펴낸 〈기지국가의 탄생 : 일본이 치른 한국전쟁〉(서울대학교출판문화원, 2016)이 심층적이다. 학위논문을 확충한 450여 쪽 분량에서 일본이 한국전쟁에 어떻게 참가하게 됐는지 일본과 미국의 여러 사료와 공개된 비밀문서 등을 통해 규명하고, 그를 통해 일본이 '기지국가'로 재탄생한 과정을 추적했다. 남 교수는 책에서 "일본 정부의 유엔 협력 방침(참전을 뜻함/ 인용자)은 단기적으로는 조기 강화의 실현에 목표를 둔 것이었지만, 최종적으로는 강화 이후 국제무대에서의 발언력 획득을 노린 것이라고 할 수 있다"고 했다. '기지국가'란 "국방의 병력으로서 군대를 보유하지 않고 동맹국의 안보 요충에서 기지의 역할을 다함으로써 집단안전보장의 의무를 이행하고, 이로써 안전보장의 문제를 해결하는 국가"라고 한다.

9 "미국은 세균전을 멈춰라!"

미국의 세균전 문제는 전쟁 2년째인 1952년 초 불거졌다. 그해 2월 22일 북의 박헌영 외무상은 미군이 세균무기를 사용하고 있다고 유엔에 항의했다. 박 외무상은 세균을 지닌 다량의 곤충이 1월 28일부터 북측 지역 상공에서 미군기로 살포되었다면서 '전 세계 인민에게 간섭주의자들의 불법행위를 조사할 것'을 호소했다.[1] 이틀 뒤인 2월 24일엔 중국의 저우언라이(周恩來, 주은래) 총리가 미국에게 세균전 중단을 촉구했다. 저우 총리는 또 미군 비행기가 2월 29일 이래 중국의 화북과 동북부에서 세균전을 벌이고 있다고 3월 8일 거듭 비난성명을 발표했다.[2]

그러자 당시 소련의 야코프 말리크(Яков Малик) 대표가 유엔 총회에서 북과 중국의 입장을 지지한 반면 미국 대표인 벤자민 코헨(Benjamin Cohen) 대사는 '그들의 주장은 진실성이 없다'고 일축하면서 미국 정부는 이런 '불성실하고 경우 없는 비난을 예상하고 있었다'고 부인했다.[3]

---

1 북은 당시 세균전 상황을 이렇게 밝혔다. "1952년 1월 28일부터 3월 31일에 이르는 2개월간에 미제 공중비적들은 우리나라 북반부 400개소 이상의 지점에 700회 이상이나 세균탄과 살인용 미생물이 들어있는 각종 물체를 투하하였다. 미제 침략자들이 투하한 세균탄에는 파리, 모기, 거미, 빈대, 딱정벌레, 귀뚜라미 등 유해 곤충들이 수많이 들어있었으며 그것들에는 콜레라, 페스트, 티브스(티푸스) 등 무서운 전염병균들이 보유되여있었다."(《조선전사》 27 '현대편 : 조국해방전쟁 3' 153쪽)

2 스티븐 엔디콧·에드워드 해거먼, 〈한국전쟁과 미국의 세균전〉(중심, 2003) 23쪽; 데이비드 콩드, 〈한국전쟁, 또 하나의 시각 2〉(과학과 사상, 1988) 356쪽.

이렇게 불붙은 미국의 세균전 논란은 파문을 일으켰다. 세균(생물학)무기는 1925년 6월 체결된 제네바의정서(Geneva Protocol)[4]에서 화학무기와 함께 이미 전쟁 때 사용이 금지됐다. 그런데 2차 세계대전 당시 일본군 731부대가 만주지역에서 생체실험을 벌이고 세균전을 자행한 사실이 드러나 큰 충격을 주었다. 결국 전쟁범죄로 규정되고 관련자들이 처벌받은[5] 터인데 다시 불거진 미국의 세균전 문제는 국제사회의 이목을 집중시키기에 충분했다.

논란이 식지 않자 미국은 유엔을 통해 세계보건기구(WHO)과 국제적십자사의 현지 방문조사 등을 제안했지만 북과 중국은 이를 거부했다. 세계보건기구는 당시 북·중국과 교전 중인 유엔의 기구였고 또 국제적십자사의 경우 유력 회원인 스위스 국제적십자위원회(ICRC)가 2차 대전 당시 히틀러의 가스 수용소의 존재를 은폐한 전력이 있었다. 더욱이 당시 ICRC 위원장은 바로 문제가 된 2차 대전 당시의 적십자위원이었다.[6]

대신 북과 중국은 1952년 3월 29일 노르웨이 오슬로에서 열린 세계평화평의회[7]에 중립적인 과학자들이 참여하는 국제조사단 구성과 그를 통한 현지조사를 제안했다. 세계평화평의회 집행위원회는 이를 받아들여 영국과 프랑스, 이탈리아, 소련 등 6개 국적의 저명 과학자 7명으로 된 국

---

3 AP통신(뉴욕) 1952년 3월 15일자. 〈한국전쟁, 또 하나의 시각 2〉 357쪽 재인용.

4 1952년 당시 미국은 제네바의정서에 동의하지 않았다. 트루먼 대통령은 1949년 제네바의정서의 미 의회 상정을 중지시켰다고 한다.

5 1949년 12월 열린 (소련)하바롭스크 전범재판에서 세균무기 제조와 생체실험을 주도한 가지츠카 류지 군의부장 등 일본 관동군 9명은 10~25년의 강제노동형을 선고받았다(위키백과).

6 스티븐 엔디콧·에드워드 해거먼, 위의 책 289쪽. 여기엔 "미국방부는 벤저민 코헨 UN대사에게 '미국이 한국에서조차 생물학무기를 사용할 의도가 없었다'고 말하는 것은 불가능하다고 말했다"는 내용도 실렸다.

7 1950년 바르샤바에서 설립된 국제민간평화운동단체로 당시 75개국의 민간단체들이 참여했다.

제과학위원회(위원장 조지프 니덤(Joseph Needham)[8])를 파견했다. 국제과학위는 그해 7월부터 두 달 가까이 중국과 북에서 현지조사를 벌이고 피해자와 목격자, 그리고 미 공군 포로들을 직접 인터뷰했으며 중국과 북측 보건의료 관계자들도 만났다. 국제과학위는 현장 방문 결과와 수집 자료 등을 토대로 670쪽(요약문 64쪽과 부록 605쪽)에 이르는 '한국과 중국에서의 세균전에 관한 국제과학위원회 사실 조사보고서(Report of the International Scientific Commission for the Investigation for the Facts Concerning Bacterial Warfare in Korea and China. 약칭 '니덤 보고서'라 불린다)'를 작성해 중국에서 발간했다. 일부 내용을 소개한다.

"조사단(국제과학위원회)은 결론적으로, 미 공군은 일본군이 제2차 세계대전 중에 질병을 널리 퍼뜨리기 위하여 사용했던 그것과 정확히 같은 것은 아니더라도 거의 유사한 방법을 한국에서 사용하고 있다고 말하지 않을 수 없다.… 따라서 조사단의 의견으로는 괴질병에 걸려있는 많은 곤충들이 1952년 4월 4일부터 5일에 걸쳐 야밤을 통해 비행기로 강남지방으로 운반되었음이 분명하다. 이 비행기는 미국의 F-82 쌍발 야간 전투기였던 것으로 확인되었다."

"상기의 사실로 보아 조사단은 탄저열균을 가진 곤충과 거미는 3월 12일에 요동지방의 이 작은 도시 가까이에 적어도 1대의 미국 항공기에서 적어도 1개의 특수한 용기를 통해 투하되었다고 결론 내리지 않을 수 없다."

"북조선과 중국의 인민은 실제로 세균병기의 목표가 되었다. 이들 병기는 목적에 따라 대단히 다종다양한 방법을 구사하는 미군 부대에 의해 사용되었다. 이들 방법에는 일본군(저자 주: 731부대)이 제2차 세계대전 중에 사용했던 것을 개발한 것도 있을 것이다. 조사단은 일보일보 전진하여 이런 결론에 도달하였다. 그것은 마지못한 가운데 이루어졌다. 왜냐면 조사단원들

---

8 당시 영국 왕실학회 회원이었던 생화학자로 유네스코 자연과학국장을 지냈다고 한다.

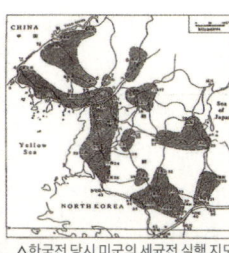

△니덤 보고서 원본 표지
한국전쟁 당시 미군의 한반도와 중국 만주에서의 세균전 사실을 조사/폭로한 니덤 보고서
▷△미군의 세균전 만행 모음
〈통일뉴스〉

△한국전 당시 미군의 세균전 실행 지도
△세균폭탄에서 나온 파리와 벼룩(역병 매개체)
△미군이 투하한 세균폭탄
△세균탄 피해로 고통을 당하는 주민들

세균전 자행한 731부대와 부대장 이시이 시로
〈위키피디아〉 공용 사진,
〈민플러스〉

은 이런 비인도적인 기술이 세계 인류의 비난을 무시하고 실시되었다는 사실을 믿고 싶지 않았기 때문이다."[9]

미국은 즉각 "공산주의자들의 음모"라고 반발했다. 메튜 리지웨이(Matthew B. Ridgway) 미극동군 사령관은 "(공산주의자들의)온갖 악의에 찬 거짓선전 중에서도 세균전 주장은 미국인들과 자유세계에 대한 가장 터무니없는 경고"라고 반박했다.[10]

---

[9] 〈한국과 중국에서의 세균전에 관한 국제과학위원회 사실 조사보고서〉 25, 29, 31, 60쪽(〈한국전쟁, 또 하나의 시각 2〉 367~368쪽에서 재인용)

[10] MBC 다큐 〈이제는 말할 수 있다〉 15회 '일급비밀! 미국의 세균전'편(2000년 7월 2일 방송) 중에서.

반면 북은 미군이 이미 1950년 겨울부터 세균전을 벌였다고 주장한다.

> "놈들은 쫓겨 가면서 일시적으로 강점하였던 공화국 북반부지역(평양시, 평안남북도, 함경남도, 강원도, 황해도)에 천연두 병균을 산포하였다. 그리하여 당시까지 천연두가 전혀 발생한 일이 없었던 이 지역들에서 천연두 환자가 급격히 늘어났다. 1951년 4월에 이르러 천연두 환자는 3,500여 명에 이르렀으며 그중 10%가 사망하였다."[11]

북은 또 미군 비행사 포로들에 대한 심문 등을 근거로 세균전이 실험단계와 작전단계로 나뉘어 진행됐다는 분석을 내놨다. "첫 단계(실험단계)에서는 주로 효과적인 세균탄 투하의 목표를 선정하며 투하방법 및 세균전 전술을 련마하는데 목적을 두었다면 둘째 단계(작전단계)에서는 오염지대를 설정하고 집중적인 투하를 일층 강화할 것을 계획"[12]했다는 것이다. 그리고 실험단계가 1951년 10월 시작됐다[13]고 하는데 이와 관련된 흥미로운 해외보도가 지난 2010년 나왔다. 그해 3월 17일 아랍권 위성채널 〈알 자지라〉가 한 다큐멘터리에서 미군이 한국전쟁 당시 북에서 세균전 실험을 명령한 문서를 발견했다며 "작전 상황에서 특정 병원체의 효과를 알아보기 위해 대규모 현장실험을 시작할 것"을 명령한 미국 합동참모본부의 1951년 9월 21일자 문서를 공개한 것이다. 이 문서는 미국 국립문서보관소에서 찾았다고 한다.[14] 미군의 세균전 실험단계가 1951년 10월 시작됐다고 밝힌 〈조선전사〉 27권이 출간된 시점이 1981년이다. 세균전에 관한 그 기록의 신빙성을 입증하는 미군의 비밀문서가 30년 만에 한

---

11 〈조선전사〉 27권 '현대편 : 조국해방전쟁 3' 151쪽.
12 위의 책 같은 쪽.
13 "미제침략자들은 1951년 10월 미합동참모본부의 지령으로 조선에서 세균전을 시험적 단계를 거쳐 점차 작전적 단계로 확대할 것을 지시하였다."(위의 책 152쪽)
14 '"미, 한국전쟁 중 세균전 현장실험 명령"'(〈연합뉴스〉 2010년 3월 19일자)

아랍계 언론의 탐사보도로 세상에 공개된 것이다.

작전단계는 1952년 5월 하순부터였다고 한다. 특히 이때엔 "조선반도 중부를 횡단하는 한 개의 '감염지대'를 설정하고 이 지대에 일상적으로 세균탄을 투하함으로써 전염병을 만연케 하여 우리의 후방공급이 이 감염지대에서 차단되어 전선에 도달되지 못하게 하려는 악랄한 목적을 추구하였다"[15]고 주장한다.

북은 세균 공격이 1953년에도 계속됐다고 했다. 북은 "1953년 1월 9일 함경남도 혜산군 장락리에는 1평방메타당 1만 마리의 파리, 거미, 개미, 딱장벌레들이 투하되였으며 3월 10일에는 북청군내 19개 리와 신창군의 8개 리, 함흥시 주변 3개 리에 파리, 벼룩, 거미, 개미 등 12종의 새균독충들이 산포"됐고, "2월 14일부터 4월 24일까지 2개월 동안에 평안북도 곽산군, 태전군, 녕변군, 정주군, 박천군, 황해도 안악군, 황주군, 옹진군, 금천군, 토산군, 재령군 등지에 20여 회에 걸쳐 거미, 파리, 모기, 딱장벌레 등 9종의 세균 독충이 산포되였다"[16]고 주장했다.

북은 이런 미군의 세균전이 "오랜 세균전의 '경험'을 가진 일본 군국주의자들의 적극적인 협력 밑에 감행"됐다고 본다. 즉 "일본 군국주의자들은 조선 침략전쟁에서 미제 침략자들에게 야만적인 세균전 계획 작성을 적극 도와주었으며 일본 령토를 세균전의 공격기지, 공급기지로 내맡기였을 뿐 아니라 세균무기 연구와 세균탄 제작, 그리고 세균전 감행방법 등의 '경험'과 그에 대한 새로운 연구성과들을 제공해주었다"[17]고 단정했다.

---

15 위의 책 155쪽.
16 위의 책 156쪽.
17 위의 책 157쪽.

북은 미군이 화학전도 벌였다고 주장했다. 주로는 "전선과 그 린접 지대들에서 화학무기"를 사용했다는데 시작은 "1951년 5월 6일 평안남도 남포시에 (미공군기가)일반 폭탄과 함께 독가스탄을 투하한 것"이라는데 이로 인해 1,370여 명의 주민이 사망했다고 한다. 같은해 7월 6일과 9월 1일엔 "원산시 풍포리와 황해도 여러 개 지구에 최루성 및 질식성 가스탄이 투하되어 수십 명의 중독자와 희생자가 발생"했고 이듬해인 1952년 1월 9일 강원도 문천군 울림면 학성리의 수십 호 농가들에 "5발의 질식성 가스탄을 투하하여 평화적 주민을 즉사시키고 83명을 중독"시켰다고 했다. 또 그해 2월 27일부터 4월 26일까지 2개월 동안엔 미군 보병부대들이 "질식성 및 최루성 가스탄을 41차에 걸쳐 아군 진지에 발사"하는 등 화학공격은 1953년에도 계속됐다고 강조했다.[18]

미국 세균전의 '숨은 그림' 찾기

한국전쟁 당시 세균전의 '숨은 그림'을 찾기 위한 국내외 언론과 학자들의 분투는 이목을 끌기에 충분하다. 선구적 역할을 한 이는 공교롭게도 미국 언론인 존 윌리엄 파월(John W. Powell)이다. 그는 1947년부터 1953년까지 중국 상하이에서 영문 〈월간 중국 리뷰(China Monthly Review)〉를 발행했는데 자신이 직접 목격한 미국의 세균전 문제를 집중보도했다. 그러자 미국 정부는 잡지의 국내 반입을 금지하고, 1956년엔 그와 2명의 편집 실무자를 반역죄와 선동죄 등 13가지 범죄 혐의로 기소했다. 파월은 미국 정부에게 비밀문서 공개를 요구하는 등 완강히 대응해 기소는 철회됐고, 미국 정부는 1961년 소송 자체를 취하했다. 이런 사실은 2000년 7월 2일 방영된 MBC 다큐멘터리 〈이제는 말할 수 있다〉 15회 '일급비밀! 미국의 세균전' 편에서 소개됐는데 파월은 제작진과 인터뷰에서 이렇게 말했다. "내가 버틸 수 있었던 것은, 그것이 진실이라고 믿었기 때문입니다." '일급비밀! 미국의 세균전' 편은 유튜브에서 볼 수 있다.

---

18 위의 책 156쪽.

파월은 세균전 문제 추적을 계속해 1980년엔 2차 대전 직후 미국 정부가 일본 세균전 전범과 거래한 증거가 담긴 맥아더 사령관 관련 비망록을 입수해 〈참여 아시아 학자 회보(Bulletin of Concerned Asian Scholars)〉에 폭로하기도 했다. 여기엔 세계에서 처음 실시된 주요 생물학전 프로그램에 대한 기록이 들어있었다. 맥아더와 비망록을 주고받은 이들은 정보 보좌관인 찰스 윌러비 소장, 법률 고문 알바 가핀터 등이었다.[19]

미국과 일본의 세균전 '커넥션'의 절정은, 미국이 1947년 '마루타(丸木)'[20]로 악명 높은 이시이 시로(石井四郎) 등 731부대 출신자들에게 생체실험 자료를 얻기 위해 그들과 직접 거래한 사실이 밝혀진 것이다. 이는 2005년 8월 14일 당시 일본 가나가와대학(神奈川大學)의 스나이시 게이이찌(常石敬一) 교수가 미국 국립문서보관소에서 발견한 2건의 기밀 해제 문서를 언론에 공개해 알려졌다. 당시 일본을 점령한 미군정은 731부대원들에게 생체실험 자료와 교환 조건으로 15만~20만 엔을 주고 전범재판 기소를 면제한 것으로 드러났다. 이 금액은 현재 2000만~4000만 엔(약 2억~4억원)에 이른다.[21] 731부대장이었던 이시이 시로는 미국에게 협조하는 대가로 "전쟁범죄에 대한 사면을 서면으로 약속해 달라"고 요구했다고 한다.[22]

미국의 세균전 문제를 심층 분석한 대표적 연구물은 캐나다 역사학자인 스티븐 엔디콧(Stephen Endicott) 교수와 에드워드 해거먼(Edward Hagerman) 교수가 1998년에 쓴 〈The United State and Biological Warfare(미국과 생물학전)〉이다. 국내에선 2003년 〈한국전쟁과 미국의 세균전〉(도서출판 중심)이란 제목으로 번역 출간됐는데 미국 생물학전의 기원에서부터 일본과의 커넥션, 세균전 프로그램 연구개발 및 작전계획 과정, 한국전쟁에서 세균전 문제 등을 비밀 해제된 미국 정부 문서자료 등을 근거로 치밀하게 추적 분석했다. 두 저자는 〈이제는 말할 수 있다〉 제작진과도 인터뷰를 했다.

국내 연구물로는 강정구 전 동국대 교수가 1996년 단행본으로 출간한 〈분단과 전쟁의 한국현대사〉(역사비평사)에서 10번째 주제로 '한국전쟁과 미국의 세균전'을 다뤄 주목받은 바 있다.

---

19 스티븐 엔디콧·에드워드 해거먼, 위의 책 74쪽.
20 마루타(丸木, まるた): 일본어로 '통나무'를 뜻하며, 731부대 전범들이 생체실험 희생자들을 은폐하려 사용한 말.
21 '미, 731부대원에 거액 제공… 일본 생체실험 자료 얻으려'(〈중앙일보〉 2005년 8월 15일자)
22 MBC 다큐멘터리 〈이제는 말할 수 있다〉 15회 '일급비밀! 미국의 세균전'편

10 폭격, 그리고 학살

38도선 이북 지역에 대한 미 공군의 폭격은 전쟁 발발 나흘 만인 1950년 6월 29일 시작되어 정전협정이 효력을 발휘한 1953년 밤 10시까지 거의 매일 계속됐다. 개전 당시 북에도 공군이 있었지만 미군의 폭격을 막기엔 역부족이었다. 미군의 압도적인 공군력에 북의 공군은 개전 초기 사실상 무력화됐다.[1]

그래서인지 〈조선전사〉 '조국해방전쟁사' 부분(25~27권)에서 공군에 관한 언급은 중국 인민지원군이 참전한 이후, 즉 북이 '전쟁 3단계'라 부르는 1950년 10월 이후에야 자주 등장한다.[2] 미군 폭격에 대해선 그것이 일상적으로 이뤄지고 있음을 수시로 환기하다가 전선이 다시 38선 인근에 고착된 51년 5월 이후(전쟁 4단계) 구체적인 피해 사실들을 알린다.

전쟁 초기 미 공군의 폭격에 대해선 2013년 출간된 〈폭격, 미공군의 공중폭격 기록으로 읽는 한국전쟁(이하 폭격,…)〉(김태우, 창비)이 구체적이고

---

[1] 전쟁 발발 당시 북은 모두 226대의 공군기를 갖고 있었다. 프로펠러가 달린 소련제 추격기(YAK-9) 84대, 습격기(IL-10) 113대, 연습기 등 29대였다.(〈한국전쟁, 문서와 자료, 1950~1953년〉 60쪽. 국사편찬위원회, 2006) 이에 비해 미군 극동공군(본토 지원병력 제외)은 B-26경폭격기 73대, B-29중폭격기 27대, 제트전투기인 F-80전투기 504대 등 총 1,172대였다. 비행기 수만 북의 5배였다.(〈6.25전쟁사 1〉 747~763쪽, 국방부 군사편찬연구소, 2005)

[2] 〈조선전사〉 26권 '현대편 : 조국해방전쟁사 2'에선 "용감한 인민군 추격기 비행사들은 (1950년)11월 1일부터 7일까지의 사이에만도 25회나 출격하여 영주, 선천, 정주 상공에서 수량상 우세한 미제 공중비적들과 과감한 공중전을" 벌렸다고 알렸다.(155쪽)

실증적인 정보들을 제공해주는데 당시 미극동공군은 평양, 원산, 흥남, 함흥, 청진, 나진, 성진 등 대도시들을 주로 폭격했다. 이유는 적의 병력과 물자가 전선으로 못 가도록 적 후방의 교통중심지와 도로·철도, 병력 이동로 및 숙소 등을 폭격하는 '차단작전'과 적의 전쟁 수행 능력과 의지를 꺾기 위해 적 후방의 핵심목표를 구조적으로 괴멸하는 '전략폭격'을 위해서였다.[3]

이런 초기 대도시 폭격의 실상을 잘 보여주는 사례가 1950년 7월 6일과 13일에 있었던 원산시 폭격이다. 특히 13일엔 당시 폭격기사령부가 보유한 B-29 폭격기 57대 가운데 56대가 동원된 대규모 작전으로 원산의 '교통 및 저장 복합단지'인 선착장과 조차장이 목표였다고 한다. 그러나 폭격의 결과를 보면 광범한 민간인 거주지역까지 파괴되고 말았다. 애초 '정밀폭격'[4]을 계획했지만 실제 양상은 상당한 인구 밀집지역에 대한 무차별폭격처럼 진행된 것이다.

북은 1950년 7월 19일 원산시를 방문 취재한 영국신문 〈데일리 워커〉 특파원의 말을 빌려 이렇게 전했다. "미군은 7월 6일과 13일 두 차례에 걸쳐 원산에 폭격을 감행했는데 그중 13일의 폭격은 가장 심한 것이었다. 미군이 그날 아침에 500톤의 폭탄을 구름 위에서 주택구역을 선택하여 투하한 결과, 1,249명이 희생되었다. 그 가운데 195명은 여성이었고, 125명은 어린이였고, 122명은 노인이었다."(〈조선인민보〉 1950년 7월 26일자)[5] 〈데

---

3 김태우, 〈폭격, 미공군의 공중폭격 기록으로 읽는 한국전쟁〉 104~105쪽.
4 특정 점표적을 조준하는 폭격(네이버 〈군사용어사전〉). 통상 '군사목표'에 대한 폭격을 말한다. "미공군은 (전쟁 초기)군사목표 정밀폭격을 정책적으로 분명히 했다. 하지만 이 정책은 사실상 실행 불가능한 목표나 다름없었다. 폭격 목표물들이 대부분 도시 인구밀집지역 부근에 위치한 반면에, 폭격을 수행할 B-29기들의 목표물 적중률은 터무니없이 낮았기 때문이다."(위의 책 146쪽)
5 위의 책 109~114쪽에서 재인용.

일리 워커〉 기자는 미공군의 폭격에 대해 "이러한 폭격들은 순전히 테러 폭격(terror bombing)이며, 항쟁하려는 조선 일반 인민의 의지를 꺾으려는 목적밖에는 없다"(〈로동신문〉 1950년 7월 23일자)고 비난하기도 했다.[6]

그런데 북의 이런 피해 집계는 신뢰할 만한 걸까? 〈폭격,…〉에서 김태우는 "북한은 최소한 자신들의 집계를 과장하지 않으려 했다는 사실에 주목할 필요가 있다"고 했다. 즉 "북한 측의 폭격 관련 신문기사나 조국통일민주주의전선의 보고서는 대부분 미군의 '만행'을 대외적으로 선전하기 위해 작성되었으나 폭격 양상을 사실 이상으로 과장하지 않았다. 물론 공중 폭격 양상을 기사화할 때는 대외적 선전뿐만 아니라 대내적 사기도 고려해 그 공격 및 피해 상황에 대한 설명 시 필요 이상의 과장은 자제했을 것"이라며 "이는 당대 북한 자료의 해석과 관련하여 빼놓아서는 안 될 역사적 사실"이라고 알렸다.[7]

한 예로, 북은 1950년 8월 7일 33대의 B-29기가 평양을 공격했다고 주장했는데 실제 미 극동공군 폭격기사령부의 출격보고를 보면 당일 평양 폭격에 참가한 B-29기의 수는 49대였다고 한다. 무려 16대나 적게 추산한 것이다. 미국 측은 자기네 공군 폭격에 대한 북의 조사가 과장됐다고 계속 주장했지만 외려 북은 실제보다 적게 발표하곤 했다고 김 교수는 부연했다.[8]

전쟁 초기 미군 폭격에 의한 민간인 피해는 38도선 이북에 국한되지 않았다. 인천상륙작전으로 서울을 수복한 뒤 대한민국 공보처 통계국이 1950

---

6 위의 책 151쪽에서 재인용.
7 위의 책 117쪽.
8 위의 책 123쪽.

B-29의 무차별 '융단폭격' 〈오마이뉴스〉 2020. 10. 21, 원본 사진 미국 국립문서기록청(NARA) 소장.

폐허가 된 평양 시내 〈조선의 오늘〉

년 6월 25일부터 9월 28일까지 서울의 지역별 사망자와 부상자 수를 공중폭격·총포격 등 원인별로 조사한 결과, 공중폭격(4,250명), 총포격(2,378명), 피살(1,721명), 화재(445명)의 순으로 집계됐다고 한다. 미공군 폭격이 전쟁 초기 서울시 인명피해의 최대 원인이었던 것이다. 또 용산구에서 사망자 수(2,706명)와 공중폭격 사망자 수(1,587명) 모두 가장 많은 것으로 나타났는데 이는 인민군 점령기였던 7월 16일 용산에 있던 서울조차장 차단폭격과 관련이 있다. 이날 B-29기 47대가 225kg짜리 파괴폭탄 1,504발을 철도공장과 차량, 철로 등에 투하했는데 인접한 주민 거주지역을 동시에 파괴한 결과라고 보겠다.[9] 다른 지역에서도 피해가 잇따랐다. 인권평화연구소 신기철 소장(금정굴인권평화재단) 에 따르면, 1950년 7~9월 38선 이남지역에선 인민군의 남하 경로에 따라 서울은 물론, 경기도와 충청, 영호남, 강원도의 46개 시·군 지역에서 미군의 폭격이 이뤄져 지역마다 적게는 수 명에서 많게는 100명 이상의 민간인 사망자가 발생했다고 한다.[10]

이후 미군의 폭격은 두 차례에 걸쳐 양상에서 큰 변화를 보였다. 첫 번째는 중국 인민지원군의 참전이 확인된 1950년 11월이고, 다음은 포로송환 문제로 정전 협상이 교착상태에 빠진 1952년 5월이었다.

먼저 30만에 이르는 중국 인민지원군의 참전이 확인되자 맥아더 사령관은 1950년 11월 5일 전쟁 방식의 급격한 변화를 뜻하는 명령을 하달했다. 요지는 "북의 모든 설비와 시설, 마을은 군사적이고 전술적인 목표물이 되었다. 유일한 예외는 만주 국경에 있는 거대한 수력발전소와 한반도 내 다른 수력발전소들뿐"이란 것이었다. 소련에 인접한 나선시를 제외한 북의 모든 시설과 지역을 군사목표로 간주해 폭격하는 '초토화 작전'에 돌입

---

9 위의 책 248~249쪽.
10 신기철, 〈전쟁범죄〉(인권평화연구소, 2015) 406~424쪽.

한 것이다. 이로써 B-29 폭격기를 동원한 악명 높은 소이탄(네이팜탄)[11] 공격이 본격화됐다. 1950년 11월 4일과 5일 한국전 최초로 B-29기 소이탄 대량폭격이 청진과 강계에서 진행됐다.[12]

초토화 작전으로 북에선 전쟁 발발 이래 1951년 5월 21일까지 330일 동안에만 미 공군기의 연 출격 대수가 무려 20만180대에 이르는데 이들 공군기가 8만9,400톤의 폭탄과 9,052만5,000발의 기관총탄, 24만7,000개의 로케트탄, 700만 갤런의 네이팜탄을 쏟아부어 11만4,000채의 건물을 파괴하고 불태웠다고 한다.[13]

북의 요청으로 1951년 5월 16일 방북해 5월 27일까지 평양·신의주·남포·원산·해주 등 도시와 농촌의 전쟁피해를 조사한 국제민주여성연맹(이하 국제여맹)[14] 대표단은 보고서에서 "신의주로부터 평양까지 여행하는 도중에서 조사단원들은 자신들이 통과한 도시와 마을이 모두 완전히 파괴되었거나 거의 완전히 파괴된 것을 보았다. 그 도시들은 남시·정주·안주·숙천·순안 등이다. 파괴된 마을들은 너무나 많기 때문에 일일이 열거할 수 없다"면서 "도시(평양)는 현재 완벽한 폐허의 상태이다. 예전의 것들 대부

---

11 "폭격기의 아랫부분에 특별히 고안하여 설치한 탱크에 들어있던 반 톤가량의 네이팜탄은 떨어지는 충격에 의해 폭발하면서 불꽃을 일으키고, 고열 젤리상태의 가솔린으로 된 몇백만 개의 작은 방울을 뿌리는데, 그 하나하나가 광폭한 지옥의 불을 사르는 것이다."(데이비드 콩드, 위의 책 166쪽) 한국전 당시 매일 평균 7만 갤런(약 27만 리터)의 네이팜탄이 투하됐다고 한다.(스티븐 엔디콧·에드워드 해거먼, 위의 책 103쪽)

12 〈폭격,…〉 284~286쪽. 김태우는 "이 같은 명령은 사실상 순수 민간지역을 향한 '사전폭격'으로 유엔군 군사작전의 비인도적 성격을 노골적으로 드러낸 것이라 볼 수 있다"고 평가했다.(289쪽)

13 남측 도서 〈한국전란 1년지〉(1951)의 집계라 한다. 〈조선전사〉 27 '조국해방전쟁 3' 171쪽 재인용.

14 국제민주여성연맹은 반파쇼투쟁 경력이 있는 각국 여성들이 1945년 11월 26일부터 12월 1일까지 파리에서 국제여성대회를 개최해 결성됐다. 1951년 10월 당시 62개국 여성단체들이 가입했고 회원수가 1억3,500만에 달했다고 한다.(김태우, 〈폭격,…〉 318쪽)

분이 완전히 파괴되어 평지화되었다. 다만 재와 돌 더미를 배경으로 부서진 집의 벽들만이 여기저기에 서 있을 뿐"이라고 알렸다.[15]

〈뉴욕타임스〉의 종군기자 배럿(G. Barrett)은 1951년 초 경기도 안양의 한 농촌 마을을 방문한 뒤 이렇게 보도했다. "중국군이 마을을 점령하기 3~4일 전에 마을에 대한 네이팜탄 공격이 진행되었다. 마을 어느 곳에서도 시체가 매장되지 않았다. 왜냐면 그곳에는 이를 행할 사람이 전혀 남아 있지 않았기 때문이다.… 주민들은 마을 전체와 들판에서 발견되고 사살되었다. 그들은 네이팜탄 공격을 당했을 때 취했던 자세를 그대로 유지하고 있었다. 한 남성은 막 자전거를 타려는 참이었고, 50여 명의 소년과 소녀들은 고아원에서 뛰놀고 있었으며, 한 가정주부는 이상하게 아무 상처도 없었다.… 약 200구의 시체들이 그 작은 마을에 놓여 있었다."(〈뉴욕타임스〉 1951년 2월 9일자)[16]

다음으로 정전 협상이 포로송환 방식의 첨예한 입장차[17]로 교착상태에 빠지자 미군은 1952년 7월 또 한 번 폭격전략을 바꿨다. 이른바 '항공압력전략'으로, 공군력에 가해진 기존의 정치적, 군사적 제한요소를 풀어 외려 공군력을 '정치적 압력수단'으로 직접 활용하는 새 개념의 전략이었다. '후방 병력과 인력'과 '도시와 마을의 건물들'을 주요 표적에 추가해 민간인들을 향한 무차별적이고 대량적인 폭격으로 적에게 정치적 압력을 가한다는 것이다. 정전 협상을 유리하게 끌어가려는 의도였음은 물론이다.[18]

---

15 김태우, 위의 책 321쪽.
16 위의 책 330쪽.
17 북은 제네바협정 원칙에 따른 모든 포로의 '자동송환'을, 미국은 인도주의를 강조하면서 포로 각자의 선택을 따르는 '자원송환'을 주장했다.(위의 책 357쪽)
18 위의 책 361~362쪽.

미극동공군은 북의 지도부와 주민들에게 심리적 압력을 가할 우선 표적으로 북의 수력발전소들을 골랐다. 첫 폭격은 1952년 6월 23일 이뤄졌다. F-84기 79대와 F-80기 45대가 수풍발전소에 145톤 이상의 폭탄을 투하했다. 수풍발전소 공격 직후 F-51기들이 부전의 제3·4호 발전소를 공격했고, 제1해병비행단은 장진의 제3·4호 발전소를 공격했다. 같은 해 9월 12일엔 다시 31대의 B-29기가 수풍댐을 폭격했다. 수력발전소 폭격은 1953년 3월까지 계속됐는데 미 공군은 발전소 인근에 특정 움직임이나 복구활동이 관찰되면 어김없이 폭격을 가했다.[19]

북도 수력발전소 폭격이 정전 협상과 관련 있음을 모르지 않았다. 〈로동신문〉은 1952년 7월 1일자 기사에서 "조선 정전 담판회의가 전쟁포로 처리문제로 인하여 엄중한 침체상태에 빠지고 있는 오늘에 와서 미국 침략군대가 무엇 때문에 공화국 북반부의 평화적 발전시설들을 야수적으로 폭격하는 만행을 감행하게 되었는가를 명백히 설명"해준다며 "만일 미제 침략자들이 북반부 발전시설들을 폭격함으로써 조선 인민을 겁내게 하여 정전 담판에 그 어떠한 영향을 줄 수 있으리라고 망상하였다면 이는 실로 가소로운 일"이라고 주장했다.[20]

미 공군은 저수지도 폭격했다. F-84기 20대가 1953년 5월 13일 보통강 상류에 있는 건룡저수지(평남 평원군)를 공격해 160m의 둑과 시설물들을 파괴했다. 이로 인해 대동군, 순안군의 70여 개 부락에 범람해 800여 호의 농가가 파괴 내지 유실됐으며 400여 농민이 사망하거나 행방불명됐다고 한다. 그리고 6,000여 정보의 농경지가 침수 또는 유실되고 5,000여 농민이 이재민이 됐다. 미 공군은 그해 5월 15일과 16일 대봉산저수지(평남

---

19 위의 책 364~366쪽.
20 위의 책 366쪽.

순천군)도 폭격했다.[21]

미군의 폭격은 정전협정이 발효되는 1953년 7월 27일 밤 10시까지 계속됐다. 전쟁 마지막 7일 동안 100여 대의 B-29기를 동원해 북의 비행장 8곳을 완벽히 파괴했다고 한다.[22]

북은 미군 폭격에 따른 인명피해 집계결과는 공개하지 않고 있다. 대신 인민경제 피해 집계는 알렸는데 8,700여 개의 공장·기업소 건물과 생산설비들이 파괴되고 37만 정보의 농토가 피해를 입었으며 농경지 9만 정보가 감소했다고 한다. 그리고 60여만 호의 주택, 5,000여 개소의 학교, 1,000여 개소의 병원과 진료소, 260여 개의 극장 및 영화관과 수천 개소의 문화후생시설들이 파괴되어 도시와 농촌 모두 잿더미가 됐다고 밝혔다.[23]

> **"미군은 조선 인민 190만을 학살했다"**
>
> AP통신이 충북 영동군 황강면 노근리 경부선 철교~쌍굴다리 일대에서 벌어진 '노근리 민간인 학살'의 진상을 폭로해 파란을 일으켰던 게 1999년 9월이었다. 그해 12월 유엔 주재 북한(조선) 상임대표는 유엔 사무총장에게 서한(S-1999 편지 42호)을 보냈다. 북은 서한에서 한국전쟁 당시 미군이 이북지역에서 190만의 주민을 학살했다고 주장했다.[24] 북이 공식문서를 통해 전쟁 당시 인명피해의 전체 규모를 밝힌 건 이때가 처음이었다.
>
> 서한엔 북이 〈조선전사〉에서 밝힌, 미군이 인천상륙작전 이후 북진하며 장악한 평양 등 34개 지역에서 17만여 명의 민간인을 학살했다는 주장도 담겼다(아래 표). 그 외 173만 피해자의 사유를 알리지 않았지만 폭격 피해자도 상당수일 것으로 추정된다.

21 〈조선전사〉 27권 '현대편 : 조국해방전쟁 3' 174쪽.
22 김태우, 위의 책 381쪽.
23 〈조선전사〉 위의 책 175쪽.
24 '북, "6.25때 미군이 북한주민 190만명 학살"'(〈연합뉴스〉 1999년 12월 23일자)

표에서 알 수 있듯 미 지상군에 의한 최대 피해지역은 황해도 신천군(현 황남 신천군)으로 3만5,000여 명이 학살됐다고 한다. 다음이 양양(2만5,000여 명), 평양(1만5,000여 명), 은률(1만3,000여 명) 순이다. 북은 특히 신천군의 피해를 두고 "그 야수성과 잔인성에서 인간의 상상을 초월하는 것"이라며 "신천 땅을 강점한 미제 침략군의 우두머리 해리슨 놈의 직접적인 지휘 밑에 계획적으로 감행되었다"[25]고 주장했다. 학살은 1950년 10월 17일부터 45일 동안 진행됐다는데 피해자 3만5,000여 명은 당시 전체 군민의 1/4에 이르는 수였고, 이들 중 절반 가까운 1만 6,234명이 어린이와 노인, 부녀자였다고 한다.[27]

북이 '일시적 강점시기' 미군이 자행했다고 주장한 양민학살 집계

지역	피해자수	지역	피해자수
평양	15,000여명	평천	3,040명
신천	35,383명	연안	2,450명
안악	19,072명	재령	1,400여명
은률	13,000여명	장연	1,199명
해주	6,000여명	락연	802명
벽성	5,998명	평산	5,290여명
송화	5,545명	토산	1,385명
온천	5,131명	봉산	1,293명
태탄	3,429명	송림	1,000여명
사리원	950여명	희천	850여명
안주	5,000여명	양양	25,300여명
강서	1,561명	철원	1,560여명
남포	1,511명	원산	630명
개천	1,342명	함주	648명
순천	1,200여명	단천	532명
박천	1,400여명	선천	1,400여명
정주	800여명	초산	900여명

(사회과학원 력사연구소 보관자료 제32111호)[26]

---

25 위의 책 130쪽.
26 〈조선전사〉 26권 '현대편 : 조국해방전쟁사 2' 129~130쪽.
27 위의 책 132쪽.

신천박물관 혁명교양 〈로동신문〉, 2014. 11. 27.

1951년 5월 전쟁 피해조사를 위해 북을 찾았던 국제여맹은 보고서에서 민간인 학살과 관련해 이렇게 전했다. "미국 군대와 리승만 군대가 림시로 점령하였던 지역들에서도 수십만의 평화적 주민들이 자기의 가족들과 함께 늙은이나 젊은이나 고문을 당하고 불에 타죽고 매 맞아 죽고 산장(생매장)을 당하였다. 수천 명의 다른 사람들은 아무 죄도 없이 하등의 근거와 재판과 판결도 없이 좁은 감옥에서 추위와 굶주림으로 죽고 있다. 이러한 대중적 학살과 대중적 고문들은 히틀러 나치스들이 림시적으로 강점하였던 구라파에서 감행한 만행보다 더 혹심한 것이다."[28]

북은 신천군 피해자들을 추모하고 학살의 잔인성을 알리기 위해 1958년 3월 현지에 '신천박물관'을 세웠다. 지난 2018년 건립 60주년을 맞는 동안 박물관엔 1,800여 만의 군인과 근로자, 학생들이 참관하고 해외동포와 외국인도 11만 2,000여 명이 다녀갔다고 한다. 특히 김정은 당시 국방위원회 제1위원장의 지시로 2015년 7월 박물관을 반제반미교양, 계급교양의 거점으로 개보수한 뒤 3년 동안 140여만 명이 참관했다고 한다.[29]

---

[28] 위의 책 134쪽에서 재인용.
[29] '북, 신천박물관 창립 60돌 보고회- 계급교양대학으로 발전'(〈자주시보〉 2018년 3월 27일자)

11. 항미원조보가위국

'조선을 도와 미국과 싸워 가정과 나라를 지키자(抗美援朝保家衛國).' 마오쩌둥(毛澤東) 중국 국가주석이 한국전 참전을 호소하며 내건 구호이다. 그럼 중국의 참전은 어떻게 이뤄졌을까?

김일성 수상이 마오쩌둥 중국 국가주석에게 '특별 원조'를 요청한 것은 1950년 10월 1일이었다고 한다.[1] 인천상륙작전 이후 서울을 탈환한 '유엔군'은 이때 한국군 병력을 선두로 38도선을 넘어 북진 채비를 서두르고 있었다. 북의 입장에선 개전 이후 최대 위기상황이었다고 하겠다.

사실 중국은 이미 참전 문제를 검토하고 있었다. 지원을 공식 요청받기 두 달 전인 1950년 8월 4일 중국공산당 정치국 회의에서 마오 주석은 "만약 미제가 (한국전에서)승리하면 득의양양하여 우리를 위협할 것이다. 조선을 도와주지 않을 수 없으며, 반드시 도와주어야 하는데 '지원군(志願軍. 자원을 뜻함/ 인용자)'의 형식으로 하되 시기는 물론 적당하게 선택해야 할 것이다. 우리는 준비를 하지 않으면 안 된다"[2]고 밝힌 바 있다. 그리고 그해 8월 17일 당시 미국의 유엔대표 워런 오스틴(Warren Austin)이 '자유·통일·독립 한국의 수립이 미국 대한정책의 기본 목적'이라며 사실상 북진을 시사하자 중국은 저우언라이(周恩來) 총리 등을 통해 미군이 38선을

---

[1] 김경일, 〈중국의 한국전쟁 참전 기원〉(논형, 2005) 400쪽.
[2] 위의 책 396쪽.

넘을 경우 참전할 것임을 거듭 경고해오던 터였다.³

그래도 최종 결정은 쉽지 않았다. 10월 2일 중국공산당 서기처 회의와 10월 4일 정치국 확대회의를 잇달아 열어 논의를 거듭했지만 참석자 다수는 국민당군과 내전을 끝낸 지 얼마 안 되고 내부 개혁을 서둘러야 한다는 등의 이유를 들어 참전에 반대하거나 우려를 표명했다. 그러자 마오 주석이 설득에 나섰다. 그는 "당신들의 말에는 모두 다 의미가 있다. 하지만 이웃 나라가 위급한 시각에 처해 있는데 우리가 곁에서 방관한다는 것은 어떻게 말해도 고통스러운 것"이라고 토로하곤 "만약 미국이 조선 전체를 점령하고 조선의 혁명역량이 근본적인 좌절을 맞이한다면 미국 침략자들의 창궐은 더욱 우심해질 것인 바, 이는 전체 동방에 불리한 것이다"⁴라고 미국의 행보를 강하게 우려했다.

중국이 참전을 결정하기까지 여러 요인들을 염두에 뒀겠지만 위의 마오 주석 발언에서 보듯 크게는 두 가지로 압축할 수 있다. 가장 중요한 것은 자국의 안보라는 국익 문제다. 북이 전쟁에서 패해 한반도 전체가 미국에 장악되면 중국은 미국과 직접 마주하게 된다. 인민지원군 사령원(사령관)을 지낸 펑더화이(彭德懷)는 자서전에서 "미국이 조선을 점령하면 강 하나를 사이에 두면서 우리의 동북을 위협하고 또 우리의 대만을 통제하고 상해와 화동지구를 위협할 것이다. 그렇게 되면 미국은 중국을 침략하기 위해 아무 때나 구실을 만들 수 있을 것"⁵이라고 우려했다.

---

3 박명림, 〈한국전쟁의 전개과정〉(최장집 편, 〈한국전쟁연구〉, 태암, 1990) 103쪽.
4 김경일, 위의 책 401~402쪽. 마오 주석은 1970년 10월 방중한 김일성 수상에게 "우리는 비록 다섯 개 군단을 압록강변에 배치했지만 정치국에서는 최종 결정을 내리지 못하였다. 결정했다가는 번복하고 결정했다가는 번복하였다. 그리고 마침내 결정을 내렸다"고 당시 고충을 전했다.(같은 책 400쪽)
5 위의 책 402쪽.

항미원조 자린자구
선전 포스터
〈艾久久资讯网〉
2020. 11. 7.

다른 하나는 중국공산당의 대북관계의 특수성이다. 중국의 한반도 전문가 진징이(金景一, 한국명 김경일. 2020년 11월 별세) 전 베이징대(北京大) 교수는 "모택동의 결정에 중국공산당과 북한의 특수한 관계가 상당한 비중을 차지하고 있었던 것으로 보인다"[6]고 분석했다. 사회주의 국가·정당끼리 서로 돕고 연대하는 프롤레타리아국제주의 원칙을 견지하는 것은 물론, "항일투쟁과 국공내전 과정에서 입은 조선인으로부터의 도움을 위기에 처한 북한을 지원함으로써 갚으려 했던 것"[7]이란 분석과 같은 맥락이다.

중국은 1950년 10월 8일 펑더화이를 인민지원군 사령원 겸 정치위원으로 임명하고 출동 준비를 본격화했다. 30만의 인민지원군이 10월 19일 저녁 랴오닝성(요녕성) 단둥(단동) 등 3개 지점에서 압록강을 건넜다. 어

---

6 위의 책 401쪽.
7 박명림, 위의 논문 105쪽.

두울 때 도로가 아닌 산을 넘고 넘어 집결지로 향했다.

당시 전선(戰線)은 10월 1일 한국군을 앞세워 38선을 돌파한 '유엔군'이 파죽지세로 북진한 결과, 20일만에 평안북도 청천강 북측(서부)과 함경남도 함흥 북측(동부)에 형성돼 있었다. 일부는 이때 벌써 압록강변에 도착해있었다. 기세충천한 유엔군은 10월 24일 '추수감사절 공세(1950년 추수감사절인 11월 23일까지 압록강과 두만강 진격)'를 시작했다. 그런데 예상치 못한 복병을 만났다. 서부전선에서 미군과 한국군이 청천강을 건너 공격을 가했으나 참전한 중국 인민지원군과 북 인민군의 완강한 저항과 반격에 부딪혀 급기야 11월 2일 퇴각해야 했다. 동부전선에서도 10월 25일부터 11월 23일까지 한국군과 미군이 여러 지역에서 공격을 계속했지만 인민지원군과 인민군의 방어를 뚫지 못했다.

한차례 물러섰던 유엔군은 전열을 정비하곤 11월 24일 '크리스마스 공세'에 나섰다. 말 그대로 크리스마스(12월 25일)까지는 압록강과 두만강에 도달하겠다는 결의였다. 이를 위해 서부전선에서는 다시 청천강 돌파를 시도하였고 동부전선에서는 장진호 이북 진출을 꾀했다. 하지만 이번엔 유인작전과 포위공격이 그들을 기다리고 있었다. 서부전선에서는 인민지원군과 인민군이 산악지형을 이용해 벌인 우회 매복과 기습에 걸려 심각한 타격을 입었다. 당황한 유엔군사령부는 11월 28일 평양-원산 계선까지 퇴각을 명령하기에 이른다. 동부전선의 장진호 전투에서도 미군은 포위를 당해 인민지원군과 인민군의 거듭된 공격만 아니라 북방의 혹한에도 시달려야 했다. 결국 미군은 큰 인명손실을 입은 채 공군의 지원을 받으며 퇴각을 거듭한 끝에 12월 13~24일 흥남부두에서 배를 타고 철수했다. 이런 전례 없는 미군의 패배가 당혹스러웠는지 미국의 트루먼 대통령은 11월 30일 기자회견에서 "군사적 상황에 대응하기 위해 필요한 모든

수단들을 사용할 것"이라며 원자폭탄 투하 가능성을 강하게 시사하기도 했다. 미국 대통령들의 '원폭 협박'이 시작된 것이다.[8]

이렇게 전세는 역전되었고 북은 12월 6일 평양을 되찾았다.[9] 이후 인민지원군과 인민군은 남하를 계속해 한 달 뒤인 1951년 1월 4일에는 서울에 재입성했으며 나흘 뒤인 1월 8일께엔 37도선 일대인 수원, 원주, 강릉까지 진출했다.[10]

중국인민지원군 〈人民画报〉 2020. 10. 23.

---

8 원폭 협박은 트루먼만이 아니었다. 후임인 아이젠하워 대통령은 정전협정이 교착상태에 빠지자 원자탄 투하를 더 적극적으로 검토했다.(위의 논문 127쪽)
9 '추수감사절 공세'와 '크리스마스 공세' 기간 전투상황에 관해선 최장집 편, 〈한국전쟁연구〉(태암, 1990) 106~107쪽; 임영태, 〈북한 50년사①〉(들녘, 1999) 253~255쪽; 사회과학원 력사연구소, 〈조선전사〉 26권 151~154, 201~208, 214~219쪽 참조.
10 사회과학원 력사연구소, 위의 책 253~261쪽.

하지만 미군도 곧 반격에 나섰다. 3월 14일 서울을 재탈환하고 5월말께 엔 38도선 이남지역을 거의 되찾았다. 그 뒤 밀고 밀리는 공방이 계속됐지만 전선은 38도선 부근에서 교착돼 갔다.

중국 인민지원군의 참전은, 북이 개전 이후 맞은 최대 위기상황을 타개하는데 결정적 요인으로 작용했다. 압록강에 근접해 1950년의 크리스마스를 가족과 함께 보낼 것을 기대했던 미군은 인민지원군과 인민군의 반격에 큰 손실을 입고 퇴각해 한때 서울을 또 잃기까지 했다. 북의 〈조선전사〉도 "우리 인민군대는 중국 인민지원군과 협동하여 적들의 공격을 완전히 좌절시키고 적에 대한 반공격에로 넘어가게 되였으며 전쟁은 새로운 단계에 들어서게 되였다."[11]고 인민지원군의 전시 역할에 대해 상당한 의미를 부여했다.

그런 한편으로 〈조선전사〉는 중국이 인민지원군을 파견한 취지와 그 의의를 북·중 협력 역사에 입각해 설명해 눈길을 끌었다. 먼저 중국이 지원군을 파견한 이유에 대해 "미제의 침략을 반대하는 조선 인민의 투쟁을 지원하며 조선과 중국을 아세아 침략의 발판으로 만들려는 미제의 침략야망을 파탄시키고 중국의 안전을 보위하기 위하여"라고 했다. 북에 대한 지원이지만 '중국의 안전'도 중요한 이유였다는 것이다.

그러면서 참전은 "력사적으로 맺어진 조·중 두 나라 인민 사이의 전통적인 우의의 발현"이지만 "항일혁명투쟁 시기 조선의 공산주의자들은 손에 무장을 들고 조국의 광복과 우리 인민의 자유와 해방을 위하여 싸웠을 뿐 아니라 형제적 중국 인민의 혁명위업을 피로써 도와줌으로써 두 나라 인민의 전투적 친선관계를 새로운 기초 우에서 발전"시킨 결과라고 했다.

---

11 위의 책 143쪽.

'조선 공산주의자들'이 먼저 도움을 줬음을 상기시킨 것이다. 그래서 참전은 "력사적으로 형성된 프로레타리아국제주의 원칙에 기초한 조·중 인민들 사이의 동지적 협조와 호상원조의 뚜렷한 표현"[12]이라고 강조했다. 상호협력이지 중국의 일방적 지원이 아니란 얘기다.

> ### '전쟁 원조', 북이 먼저 했다
>
> "나는 주보중에게 중국의 전우들이 장차 동북에서 진행하게 될 작전과 관련하여 제기하는 문제들을 죄다 해결해주고 최대한의 지원을 줄데 대해 쾌히 약속하였습니다. 솔직히 말해서 그때 우리나라의 형편은 남을 도와줄 만한 여유가 없었습니다. 그러나 우리는 그런 조건 같은 것은 아예 념두에도 두지 않았습니다. 우리 혁명의 견지에서 볼 때에도 동북 땅이 장개석의 세상으로 되는 것은 허용할 수 없는 일이었습니다.
>
> 그 당시 동북 땅에서는 항일유격대 출신의 우수한 군정간부들인 강건, 박낙권, 최광을 비롯하여 약 25만 명에 달하는 조선 청년들이 동북 해방전투에 직접 참가하고 있었습니다."
>
> 김일성 주석의 회고록(계승본) 〈세기와 더불어〉 8권의 내용(262쪽)이다. 1946년 봄 당시 저우바오중(周保中, 주보중) 동북민주연군 부총사령관이 북의 김일성 수상을 만나 장제스(蔣介石, 장개석) 국민당군과의 동북지역 내전에서 도움을 요청하던 상황을 소개한 내용이다. 마오쩌둥이 천윈(陳雲, 진운) 공산당 동북국 부서기를 평양에 보내 지원을 요청했던 것도 이즈음이라고 한다. 동북항일연군의 무장투쟁이 끝난 뒤에도 북과 중국의 공산주의자들은 끈끈하게 연대 협력해왔다. 그래도 '항미원조'와 순서를 따진다면 북이 중국공산당의 내전을 도운 게 먼저다.
>
> 이윽고 장제스가 1946년 6월 동북에서 내전을 일으키자 중국공산당 동북국은 그해 7월 북을 남만지역 작전을 지원할 후방으로 활용키로 하고 평양에 조선주재 동북국 판사처(일종의 대표부, 공식 명칭은 '평양이민공사')를 설치한다. 북이 동의했음

---

12 위의 책 같은 쪽.

은 물론이다. 판사처의 임무는 부상자 후송과 치료, 전략물자 수송, 북을 통로로 이용한 남만과 북만 연결, 인원과 물자 교류, 북의 원조물자 접수와 구입 등이었다.[13] 판사처 설립 2년 동안 북은 일본군이 남겨놓은 화차 2,000여 대분의 작전물자를 중국공산당의 동북 해방전쟁에 지원하였다. 여기에는 북 지도부가 승인한 무상 지원품과 교류물품도 포함됐다고 한다.[14]

〈세기와 더불어〉 8권(계승본)은 또 이렇게 전한다. "동북해방작전과 관련한 중국의 문헌자료에 의하면 주체36(1947)년의 첫 7개월 동안에 우리나라에서는 동북민주연군측을 위해 21만 톤의 물자를 수송해주었고 그 이듬해 한 해 동안에는 30만900톤의 물자를 수송해주었다고 한다. 조선을 통과한 인원은 주체35(1946)년 하반 년에 18개 부대에 이르렀고 주체36(1947)년 9개월 동안에 조선에 들어왔다가 동북근거지로 간 인원은 1만 명 이상이나 된다. 주체37(1948)년에 남양 교두를 통과하여 근 9천 명이 두만강을 건너갔고 신정치협상회의에 참가하기 위해 중국의 적지 않은 민주당파, 무당파와 해외교포 대표들이 조선을 경류하여 흑룡강성(헤이룽장성) 할빈(하얼빈)으로 갔다. 사업상 용무로 조선을 통과한 중국공산당 간부들의 수는 더욱 헤아릴 수 없이 많다고 한다." (265쪽)

중국공산당이 1948년 11월 동북지역에서 국민당을 물리쳤다. 2년여에 걸친 내전이 끝났다. 진징이 전 베이징대 교수는 "동북 해방은 중국공산당의 전국 해방에 튼튼한 근거지를 마련하였다. 동북 해방에서 북한이 보내준 원조는 매우 큰 의의를 가지고 있는 것이다. 이것은 향후 양자(북중)관계의 튼튼한 토대가 되었고, 북한으로서는 북측으로부터의 위협이 해소됨으로써 내정에 주력할 수 있는 환경을 갖게 되었다고 할 수 있다"고 평가했다.[15]

---

13 김경일, 위의 책 208쪽.
14 위의 책 212쪽.
15 위의 책 217~218쪽.

12 박헌영·리승엽 '간첩' 사건

북에서 이 사건의 공식 명칭은 '박헌영의 조선민주주의인민공화국 정권 전복 음모와 미제국주의자들을 위한 간첩행위 사건'과 '리승엽, 조일명, 림화, 박승원, 리강국, 배철, 윤순달, 리원조, 백형복, 조용복, 맹종호, 설정식 들의 조선민주주의인민공화국 정권 전복 음모와 반국가적 간첩 테로 및 선전선동 행위에 대한 사건'이다.[1]

대부분이 남조선노동당(남로당) 출신으로 당시 북에서 고위급이었던 이들이 어느 날 갑자기 미국을 위한 간첩, 남반부 민주역량 파괴·약화, 북 정권 전복 음모라는 놀라운 혐의로 체포된 것이다.[2] 리승엽 등 12명이 1953년 3월 5일 먼저 체포됐는데 이날은 공교롭게도 스탈린(Иосиф Сталин)이 운명한 날이기도 했다. 박헌영은 엿새 뒤인 3월 11일 체포됐다.[3]

---

1 체포 전 이들의 직책은 이랬다. 박헌영 부수상 겸 외무상, 리승엽 당 비서 겸 인민검열위원장, 조일명 문화선전성 부장, 림화 조·소문화협회 부위원장, 박승원 당 연락부 부부장, 리강국 조선 수입상사 사장, 배철 연락부 부장, 윤순달 연락부 부부장, 리원조 당 선전선동부 부부장, 백형복 (남측)치안국 사찰과 중앙분실장, 조용복 인민검열위 상급검열원, 맹종호 유격대 제10지대장, 설정식 인민군 총정치국 부원(김남식, 〈남로당 연구〉(돌베개, 1984) 583~584쪽).

2 북의 기록을 보면, 박헌영은 간첩 외 혐의에서 리승엽 등과 차이가 있다. 박은 남반부 민주역량 '파괴·약화'와 북 정권 전복 '음모' 혐의인데 리승엽 등은 남반부 역량 파괴·약화를 위한 '음모와 테러, 학살'과 정권 전복용 '무장폭동' 혐의다. 리승엽 등이 실행자란 것이다(위의 책 480쪽, 506쪽).

3 박병엽 구술, 〈김일성과 박헌영 그리고 여운형〉(선인, 2010) 286쪽.

재판은 리승엽 등 12명이 5개월 뒤인 그해 8월3~6일 먼저 받았고 박헌영은 2년여 뒤인 1955년 12월15~16일 받았는데 리승엽 등은 최고재판소 군사재판부(재판장 김익선 최고재판소장)가, 박헌영은 최고재판소 특별재판부(재판장 최용건 공화국 차수)가 맡았다. 박헌영의 재판이 늦어진 데 대해 이 사건 조사과정에 참여했던 박병엽 선생(1998년 별세)은 "첫째, 박헌영이 끝까지 국가전복을 위한 폭동음모에 가담하지 않았다고 주장했기 때문이다. 둘째로, 그의 행위가 객관적으로 간첩행위였다는 것을 시인하게 해야 했기 때문이다. 셋째는 남조선 혁명역량 파괴에 대해서는 그가 혁명을 잘 하려고 했지만 뜻대로 안 되어 결과적으로 역량이 파괴된 것이라는 주장을 폈기 때문"이었다는데 "박헌영 재판은 단순히 박헌영 개인에 대한 것이 아니라 일제 강점기의 (국내)공산주의운동 전반에 대한 결산을 의미하였다. 그만큼 검토해야 할 사안이 많았고, 박헌영 스스로를 이해시킬 필요가 있었다"고 한다.[4]

재판 결과는 윤순달(징역 15년)과 리원조(징역 12년)를 제외한 박헌영과 리승엽 등 11명 전원에게 사형이 선고된다. 기소된 13명은 모두 자기 혐의를 순순히 인정했으며 선고 결과에 아무런 이의를 제기하지 않았다. 이것이 북의 재판기록에 담긴 사건의 개괄이다. 여기서는 박헌영의 간첩혐의를 중심으로 다룬다.

북에서는 이 사건을 처음엔 당내 알력 등으로 나타난 종파주의[5] 문제로 봤던 것 같다. 그럴 만한 게 문제가 촉발된 시점이 남북의 노동당이 통합한 지 3년여밖에 안 된 때였다. 일제하 투쟁경험이나 노선 상의 차이가 커

---

4 위의 책 353~354쪽.

5 북에서 '종파주의'란 "개인이나 분파의 리익만을 노리면서 당과 혁명운동을 분렬 파괴하는 반당 반혁명적 사상조류"라고 규정한다(사회과학출판사 편, 〈정치사전〉, 1973).

리승엽 〈KBS〉

박헌영 〈부산일보〉

구성원들이 '화학적' 결합을 이루기엔 시간이 부족한 터였다. 게다가 전시 상황이었다. 또 종파주의는 1949년 6월 30일 두 당이 통합할 때도 김일성 당위원장이 우려를 표했을 정도로 뿌리가 깊은 골칫거리였다.[6]

그래서 당 조직부쪽으로 일부 남로당 출신 인사들에 관한 심상찮은 보고들이 있었지만, 전쟁 와중이었고 또 당내 분열을 막는 게 우선이라고 판단해 고질적 문제는 공개 비판하고 일부를 처벌하되 당원들을 정치적으로 교양하는데 더 무게를 뒀던 것으로 보인다. 다만 문제를 다루기 위해 애초 1953년 2월 열려던 당중앙위원회 5차 전원회의를 3개월 앞당겨 52년 12월 15일 개최한 건 사안의 심각성을 반영한 조치로 보인다.[7]

---

[6] 김일성 위원장은 이날 〈남북조선로동당 중앙위원회 연합전원회의〉 결론에서 "아직도 우리 당 내에는 협애한 지방주의적 경향과 그루빠적 경향, 영웅주의적 경향이 남아 있습니다.… 우리는 종파를 형성할 수 있는 요소들에 대하여서는 비록 사소한 것이라 하더라도 그것을 반대하여 강력한 투쟁을 전개하여야 합니다"라고 강조했다(〈김일성저작집〉 5권 132~139쪽).

[7] 박병엽, 위의 책 328~329쪽.

5차 전원회의에서 김일성 위원장은 〈당의 조직적 사상적 강화는 우리 승리의 기초〉란 보고를 하면서 특히 "당원들의 당성을 강화하며 자유주의적 경향과 종파주의 잔재를 반대하여 견결히 투쟁"할 것을 강조했는데 방점은 종파주의에 찍혀있었다. 주목할 대목은 다음과 같다.

"종파주의 잔재의 또 하나의 표현으로서 당의 로선과 당중앙을 겉으로는 받들고 뒤돌아서서는 배반하며 입으로는 다 좋다고 하면서도 속으로는 딴 꿈을 꾸며 대면해서는 의리를 지키는 척하고도 뒤에서는 딴 장난을 하는 현상이 있는데 우리는 이러한 량면주의 분자들과 단호한 투쟁을 전개하여야 하겠습니다.

종파분자들의 이와 같은 행동들을 그냥 내버려 둔다면 그것이 자라서 분파적인 행동으로 발전할 수 있습니다. 우리는 오늘 이러한 요소들을 더는 묵과할 수 없습니다. 이런 분자들은 당 앞에서 솔직히 고백하고 자기의 비당적 행동을 그만두는 것이 좋을 것 같습니다.… 특히 미제국주의 무력침범자들과 가렬한 전쟁을 하고 있는 오늘 우리는 이러한 종파적 행동을 추호도 허용할 수 없습니다.

모든 혁명적 당들의 경험이 보여주는 바와 같이 만일 종파분자들을 그냥 내버려 둔다면 그들이 결국은 적의 정탐배로 되고 만다는 것을 우리는 깊이 명심하여야 하겠습니다."[8]

김 위원장의 발언은 '최후통첩'이라 할 만했다. '정탐배(간첩)' 전략 가능성까지 경고하며 먼저 자기비판하길 권했지만 남로당 출신 인사들에선 아무런 반응이 없었다.

조선로동당은 1953년 1월 중순부터 전당적인 5차 중앙위 전원회의 문헌토의사업에 착수했다. 문헌토의사업이란 모든 당원들이 당문헌에 입각

---

8 〈김일성저작집〉 7권 412~415쪽.

해 각자의 당생활과 당성을 세포단위로 총화토록 하는 것이다. 당시엔 김일성 위원장의 보고와 결정서, 그리고 '전 당원에게 보내는 붉은 편지' 3개 문헌이 제시됐는데 특히 결정서엔 남로당 출신 인사들의 문제 행동들이 구체적으로 언급됐다고 한다. 문헌토의사업은 두 차례(1차: 1953년 1~9월, 2차: 53년 11월~ 54년 5월) 진행됐는데 이 과정에 박헌영과 리승엽의 문제점들이 하나둘 드러났다고 한다.[9]

특히 극적이었던 게 '경기도 민주여성동맹(여맹) 위원장 사건'이다. 북의 최고검찰소 검사로 일하다가 박헌영 사건 재판을 직접 방청했다는 김중종 선생(2000년 송환, 2009년 별세)이 1991년 〈월간 말〉과 인터뷰에서 공개한 것인데, 당중앙위 5차 전원회의 이후 당시 경기도 여맹위원장이 중앙당사로 급히 와선 살려달라고 애원한 사건이 있었다고 한다.

> "당시 대남사업 관계는 개성에서 남로당이 취급했는데 그 내부에서 사건이 들통 났던 것입니다. 해주에서 대남 연락부 인쇄소 사장으로 있었던 림화[10]가 자신들의 죄과를 거론하는 경기도 여맹위원장 김경애를 죽이려 하자 중앙당에 긴급히 피신해 구명을 호소했었지요. 그러자 중앙당에서 왜 무고한 사람을 죽이려 했는지 임화를 불러 조사하니 이승엽, 이강국, 배철, 임화 등이 간첩활동을 했다는 사실을 김경애가 알고 있었기 때문임이 발각됐어요."

여맹위원장이 알게 된 해주 대남사업담당 남로당 출신들의 간첩행위는, 남파되는 유격대와 공작원의 통로, 접선지, 명단 등을 미국 정보기관에

---

9 박병엽, 위의 책 329~330쪽.
10 리승엽 사건 혐의자인 임화와 리강국이 1949년 미군방첩대(CIC) 스파이로 활동한 사실은 지난 2001년 9월 미육군 정보국 문서와 미국립문서보관소에 소장된 '베어드 조사보고서' 공개로 보도된 바 있다.("남로당 핵심 이강국·임화 미군방첩대 스파이였다" 〈중앙일보〉 2001년 9월 5일자)

넘겨준 것이라고 한다. 이 일로 당 지도부가 발칵 뒤집혔다고 한다.[11]

앞서 언급했지만 심상찮은 사건들은 이전에도 있었다. 박헌영·리승엽 사건의 검사총장 리송운(북로당 출신. 1937년 갑산공작위원회 구속)이 직전 당 연락부 부부장 시절인 1951년 말 연락부 부장·부부장인 배철·윤순달·박승원(모두 혐의자)에게 배제돼 몰랐던 사실을 알아내 당 정치위원인 박정애에게 보고했다. 유격지도처(연락부 배속)가 황해도 상원군 등에서 임의로 새 유격대를 편성하고, 이남으로 공작원을 파견하면서 초대소에서 준비 없이 보내 다 붙잡히게 한다는 것, 그리고 백형복[12]그루빠(소조)가 엉뚱한 사람을 잡아 고문한 사실 등이 그것이었다.

1952년 들어선 이남 출신 만담가 신불출이 림화와 조일명을 사회안전성에 고발한 일이 있었다. 림화가 술자리에서 자기에게 "당신은 만담가이지만 예술가 아닌가. 내 밑으로 들어와라.… 우리는 남로당이니까 박헌영·이승엽 동지에게 의지해야 한다. 정부를 엎어버려야 한다. 박헌영을 밀어야 한다"고 말했다는 것이다. 사회안전성이 림화와 조일명을 주목하게 됐다고 한다.

또 그해 10월 말엔 연락부 책임지도원 조옥래가 연락부원 윤병삼(윤순달 부하)과 술을 마시다 싸웠는데 윤병삼이 취해 "이까짓 것 뒤집어 버려야지. 또 밀고 들어오면 가만 놔주지 않겠다"고 했다고 한다. 조옥래가 "그럼, 미군 놈들이 밀고 오면 다시 쳐야지"라고 호응하자 윤이 "미국놈이 아니라 딴 놈 치자는 소리야"라고 했다. 깜짝 놀란 조가 "무슨 소리냐. 당신,

---

[11] '"박헌영은 미국의 간첩이었다"'(《월간 말》 1991년 5월호 184~190쪽). '경기도 여맹위원장 사건'은 리승엽 등의 재판기록엔 나오지 않는다.

[12] 북의 재판기록을 보면, 일제 순사부장 출신으로 이승만 정권 내무부 치안국 사찰과 중앙분실장 시절 조선로동당 정치위원 김삼룡을 체포했다. 미군정 사령관 존 하지의 정치고문 해럴드 노블의 지시에 따라 1950년 5월 '의거입북' 형식으로 월북했다.

반혁명 반당분자 아니냐"라고 나무라자 윤이 "네가 당에 충실하면 얼마나 충실하냐"며 조를 때린 것이다. 이튿날 조가 윤의 발언 내용을 상급인 리송운에게 전하고 리는 이를 다시 박정애와 방학세 사회안전상(남측 경찰청장에 해당)에게 보고했다. 사회안전성은 이때부터 관련자들을 미행하고 그들 자택의 운전사나 가정부를 정보원으로 비밀리에 교체했다고 한다.[13]

상황이 여기에 이르러 뭔가 심상치 않다 싶어 전쟁 발발 전후 적발한 미국 정보원 사건들을 재검토해보니 박헌영·이승엽 등이 관련되어 있었다는 사실이 드러났다.

대표 사례가 현앨리스와 리사민 사건이다. 미국 시민권자인 두 사람은 1950년 중반 북에서 체포됐는데 해방후 남측에서 2년 정도 머물며 미군정의 정보계통에서 일했다고 한다. 그 뒤 1949년 1월 미국을 거쳐 체코슬로바키아 프라하에서 북으로 정치적 망명을 요구했는데 체코 정부도 북 내무성도 이들의 정체가 불분명해 수용 거부를 통보했다. 부모 고향이 북측이라는데 확인 결과 아니었다. 그런데 당시 박헌영 외무상이 내무성의 판단을 무시하고 입국사증을 내줬다고 한다. 또 두 사람이 들어오자 외무성쪽이 환영행사까지 열었다는 것. 현앨리스는 조선중앙통신사 번역부장에서 1949년 11월 외무성 조사보도국으로 자리를 옮겼고, 리사민은 조국통일민주주의전선 조사연구부 부부장을 맡았다는데 당시로선 파격 대우였다고 한다.

그런데 이들이 1949년 말부터 '이상행동'을 보였다. 두 사람이 인적 드문 곳에서 비밀리에 만나는 게 내무성에 잡혔다. 또 유럽에 편지를 자주 띄웠는데 답장은 한 번도 온 적이 없었다는 것이다. 이들이 단파라디오를

---

13 박병엽, 위의 책 324~327쪽.

들는 사실도 포착됐다. 1950년에 들어 감시와 편지검열을 강화했는데 이들이 그해 3월 당국에 유럽 여행을 요청했다. 내무성이 불허했지만 박헌영의 외무성 측이 4월에 출국사증을 내줬다. 내무성 안전국이 이들을 계속 미행하다가 모스크바공항에서 붙잡아 몸과 가방을 수색해보니 군(軍) 관련 비밀을 포함해 그동안 수집한 자료들이 쏟아져 나왔다고 한다. 이들은 강제 귀환됐고, 조사 결과 미국 정보기관의 임무를 띠고 침투한 요원임이 드러났다. 적발 당시엔 박헌영과의 연관성이 잘 드러나지 않았다가 본격 사건이 터지자 재검토된 것이다.[14]

박헌영은 체포된 뒤 조사에서 "1948년 6월 서울에 갔다 오는 서득은[15]편을 통하여 하지(John R. Hadge)[16]가 주는 지시를 전달받았는 바, 그 내용은 현앨리스를 비롯한 몇 사람의 미국 정보원을 구라파를 통하여 북조선에 파견하였으니 그들의 입국을 보장하여 주며 입국 후 당 및 정권기관의 중요 기밀을 수집할 수 있는 제반 조건을 보장하라는 것이였습니다. 그후 나는 현앨리스와 그에 따르는 미국 정보원들을 하지의 지령대로 입국시켰습니다"라고 진술했고 재판에서도 인정했다.[17]

박병엽 선생에 따르면, 현앨리스와 리사민의 정체가 빨리 밝혀진 배경엔 '조창영 부부 사건'이 있었다. 재일조선인연맹(재일총련의 전신)에서 활동했다는 조창영이란 사람이 1949년 11월 부인과 함께 중국을 거쳐 북에 들어왔는데 박헌영과 리승엽을 만나게 해달라고 요구했다고 한다. 조창영은 박헌영과 리승엽을 만났고 대외문화연락위원회에 배치됐다가 조국보

---

14 위의 책 331~333쪽.
15 1946년 10월 월북할 때 길 안내를 맡았던 박헌영의 측근.
16 존 R. 하지(John R. Hodge) 당시 미군정 사령관이다.
17 김남식, 〈박헌영노선 비판〉(세계, 1986) 470쪽.

위후원회로 옮겨 일했다. 그런데 부부가 북에서 살며 심리적 갈등을 겪었는지 1950년 3월 미국 정보원임을 자수한 것이다. 조사에서 조창영이 입북 뒤 현앨리스와 리사민을 2~3차례 접촉한 사실이 확인됐는데 "이러저러한 사람이 먼저 들어갔으니까 만나서 협력을 구하라"는 지시를 받았다고 자백했다. 조창영은 박헌영과도 여러 번 만났고 리승엽과는 수시로 접촉했음이 확인되었다.[18]

김중종 선생은 〈월간 말〉 인터뷰에서 박헌영의 간첩혐의과 관련해 결정적 증거는 그의 집 지하실에 있던 무전시설이었다고 전했다.

> "전파탐지기를 설치하기 전에도 대남사업과 관련된 모든 무전은 내무성에 보고된 무전이 전부인 것으로만 알았는데 비밀리에 전파탐지기를 설치하고 나니 승인되지 않은 무전이 계속 나가고 있음을 잡아냈지요. 그게 결정적인 증거가 됐습니다. 당시 박헌영이 거주하던 대성산 가옥 무전수는 나중에 조사해보니 49년 서울에서 치안국 대공 중앙분실장을 지냈던 백형복(각주12 참고)이라는 사람이었어요."[19]

백형복과 관련해 박헌영은 조사에서 "나는 1950년 4월에 평양 남산리 나의 집에서 안영달[20]을 통하여 백형복을 처음 만나게 되었습니다. 백형복은 안영달과 같이 정탐기관의 간첩으로 활동한 자이며 그가 리승만 경찰에 있으면서 남조선 지하당을 파괴하는 일련의 중요한 활동을 감행하였음을 알고 나는 리승엽에게 그의 신변 보호를 맡기여주었습니다"[21]라고 진술했다.

---

18 박병엽, 위의 책 333~334쪽. '조창영 부부 사건'은 박헌영·리승엽 사건 재판기록에 나오지 않는다.
19 '"박헌영은 미국의 간첩이었다"'(〈월간 말〉 1991년 5월호 184~190쪽).
20 남로당 특수부 출신으로 김삼룡을 밀고했다. 전쟁 발발 직후 안영달의 밀고 사실이 서대문형무소 출소자들에 의해 폭로될 것 같자 박헌영이 리승엽에게 살해를 지시했다(김남식, 위의 책 479쪽).
21 김남식, 위의 책 473쪽.

박헌영의 혐의는 남반부 민주역량 파괴·약화행위와 공화국 정권 전복 음모행위가 있지만 구체적인 내용은 앞서 인용한 김남식·박병엽 선생의 저작을 참고하기 바란다.

박헌영은 1955년 12월 15일 재판 초반 검찰의 기소 내용 가운데 "'새 정부'와 '새 당'의 조직에 관한 것과 무장폭동 음모에 직접 참가하거나 그러한 범행을 조직, 지도한 사실이 없기 때문에 이 부분에 대한 책임을 지기 곤란합니다. 기타는 전부 승인합니다"라고 일부를 부인했지만 최후진술에선 이를 번복해 혐의 모두를 인정했다. 그리고 이렇게 진술을 끝냈다.

> "제가 미국 간첩들의 두목이고 그들을 나 자신이 희망하는 범죄를 감행하게끔 모든 것을 비호 보장하여 온 장본인인 까닭에 전적으로 저에게 책임이 있습니다. 끝으로 제가 과거에 감행하여 온 추악한 반국가적·반당적·반인민적 매국역적 죄악이 오늘 공판에서 낱낱이 폭로된 바이지만 여기 오신 방청인들뿐만 아니라 더 널리 인민들 속에 알리어 매국역적의 말로를 경고하여 주기 바랍니다."[22]

그런데 재판을 직접 본 김중종 선생은 〈월간 말〉 인터뷰에서 재판기록엔 없는 박헌영의 최후진술 내용을 소개했다. "내가 왜 일제 경찰의 앞잡이가 됐는가. 하도 가혹한 고문에 못 이겨서였다. 해방이 되고는 그것으로 그칠 줄 알았는데 미국이 계속 따라다니며 괴롭혔다. 그것을 뿌리치지 못한 것이 지금에 와서 뼈저리게 후회된다." 생의 회한이 느껴진다.

그럼 왜 그는 결국 후회할 길을 간 걸까? 김중종 선생의 추론은 이랬다.

> "해방이 되어 과거를 털어버리고 공산주의자의 길로 나아가려던 박헌영 앞에 가로놓인 장벽은 미국 CIA가 일본 총독부로부터 입수한 바로 그 비밀

---

22 위의 책 491쪽.

일제 첩보선 명단이었지요. 공산당 당수직을 버리고 공개적인 자기비판을 거쳐 백의종군하느냐, 미국과 타협하느냐 갈림길에서 그는 뒷길을 택했던 셈입니다."[23]

북의 〈조선전사〉는 '박헌영·리승엽 사건'을 적발, 종결한 데서 긍정점을 강조했다. 즉 "박헌영 도당이 적발 숙청됨으로써 해방 전부터 오래동안 우리나라 혁명운동에 큰 해독을 끼쳐온 화요파 계열의 악질적인 종파분자, 혁명의 배신자들이 기본적으로 청산되였으며 우리 당과 혁명대오의 통일단결은 한층 더 강화되였다. 반면에 이 자들과 내통하고 있던 미제 침략자들은 심대한 타격을 받게 되였다"고 평가하곤 "박헌영 도당을 적발 숙청한 우리 당의 투쟁경험은 당원들의 당성 단련을 강화하고 당을 조직사상적으로 튼튼히 꾸릴 때 그 어떤 종파, 암해분자들도 당 안에 배겨있을 수 없다는 것을 똑똑히 보여주었다"고 교훈을 찾았다.[24]

---

[23] 김중종 선생은 인터뷰에서 박헌영의 일제 당시 문제 행적 등을 이렇게 알렸다. "결정적인 계기는 박헌영이 일제 때부터 정보원 역할을 했었다는 것입니다. 1925년 두 번째 투옥됐던 신의주형무소에서 그는 7년을 선고받았지만 만 2년을 살고 정신병자 행세를 해서 병보석으로 출감한 것으로 되어있습니다. 그러나 당시 신의주형무소에서 같이 징역을 살았던 황태성씨에게 제가 나중에 들은 바로는 '그같은 일은 공산주의자에게 있을 수 없는 일이다. 일제 경찰과 짜고 벌인 연극이다'라는 것이었어요. 게다가 세 번째 징역을 살았던 대전형무소에서는 불가사의하게도 박헌영만 풀려납니다.… 박헌영은 이때 총독부 사법국과 밀약해 겉으로는 전향하지 않은 것으로 하고 정보원으로서 일경에 도장을 찍어준 뒤 아무 일 없다는 듯이 석방된 것입니다."('박헌영은 미국의 간첩이었다'")

[24] 〈조선전사〉 27권 '현대편 : 조국해방전쟁사 3' 283쪽. .

13 │ 정전협정의 체결과 '전승 열병식'

중국 인민지원군의 참전 이후 37도선까지 퇴각했던 유엔군은 1951년 3월 중순에 이르러서야 서울을 되찾고 5월 말께 38선 이남지역을 탈환했다. 이후 북의 인민군-인민지원군과 남의 유엔군은 공방전을 계속했으나 전황에 큰 변화 없이 전선은 교착상태를 맞았다. 북은 51년 6월 교착된 전선지대에서 갱도를 이용한 진지 방어전을 본격화했다.[1]

유엔군 입장에선, 북의 인민군과 중국 인민지원군의 남하를 저지하는데 성공했지만 이후 전쟁을 어떻게 벌여나갈지가 문제였다. 다시 38선을 돌파해 북진하기는 인민지원군에 밀려 패퇴한 게 불과 반년 전 일이어서 부담이 클 수밖에 없었다. 게다가 소련의 지원으로 북 공군력이 증강됐다.[2]

물론 맥아더(Duglas MacArthur) 사령관과 미 국방성 등은 계속 확전을 주장했다. 미 합동참모본부도 만일 중국군이 증파되거나 미군을 향해 폭격

---

1 "전쟁 제4계단의 전략적 방침은 적극적인 진지 방어전을 벌려 이미 차지한 계선을 견지하고 적을 끊임없이 타격 소멸하는 한편 시간을 쟁취하여 인민군대의 전투력을 일층 강화하고 후방을 더욱 공고히 함으로써 전쟁의 종국적 승리를 위한 모든 조건을 마련하는 것이었다."(《조선전사》 27권 '현대편 : 조국해방전쟁사 3' 14쪽)
2 "지상부대들이 청천강 일대에서 적의 주력집단을 포위 섬멸하는 시기(1950년 11월 말)에 아군 비행대들은 신의주, 강계, 안주, 평양 상공에 오만하게 덤벼드는 적 비행대와 치렬한 공중전을 벌려 미제 공중비적들에게 심대한 타격을 주었다."(《조선전사》 26권 '현대편 : 조국해방전쟁사 2' 209쪽)

정전협정 체결 장면 (1953. 7. 27) 〈민플러스〉

할 경우 원자탄을 사용해 만주기지에 즉각 보복을 가하라는 명령까지 하달했다. 하지만 트루먼(Harry S. Truman) 대통령이 1951년 4월 11일 맥아더 사령관를 전격 해임함으로써 원자탄 사용 문제는 다시 수면 아래로 가라앉았다.[3]

미국은 맥아더의 해임을 계기로 국방성과 군부 중심의 전면적 북진론보다는 국무성의 휴전론으로 기울기 시작해 그해 5월 17일 국가안전보장회의 논의(NSC48/5) 끝에 '군사와 정치의 병행'이란 제한전쟁 정책, 즉 휴전정책을 최종 확정했다. 미국의 휴전정책은, 정치적 방법을 통한 통일·독립·민주적 한국정부 수립을 궁극의 목적으로 하면서 한국전 마무리를 위한 대책을 네 가지로 정리했다. 첫째, 적절한 휴전협정 아래 전투행위 종

---

[3] 브루스 커밍스·존 할리데이, 〈한국전쟁의 전개과정〉(태암, 1989) 157쪽. 커밍스와 할리데이는 트루먼의 맥아더 해임 이유를 "맥아더가 자신의 고집대로 처리하는 불복종 태도" 때문이라고 봤다.

식, 둘째, 어떤 경우든 행정과 국방에 용이한 38선 이북까지 한국정부의 관할권 확장, 셋째, 적당한 시기에 비한국군 철수, 넷째, 북의 재침을 방지하고 격퇴하기 위한 한국군 전력 강화이다. 그리고 이를 성취할 때까지 적에 대한 반격과 무력화를 계속 추구한다는 것이었다. 확전은 않지만 점령지를 넓히기('관할권 확장'이라 부른다) 위해 정치(협상)와 군사를 병행한 작전을 계속하겠다는 얘기다.[4]

이후 미국의 전 주소련대사 조지 케넌(George Kennan)이 주유엔 소련대표 야코프 말리크(Яков Малик)에게 협상을 제의, 5~6월 비밀회담을 거쳐 6월 23일 말리크가 '평화의 가치'란 제목의 유엔 라디오방송을 통해 교전국들에게 38선상에서의 군대 철수와 휴전협상을 제안했다. 그러자 맥아더의 후임인 리지웨이(Matthew B. Ridgway) 사령관이 6월 30일 정전회담을 제의했고, 7월 1일 북의 김일성 수상과 중국 인민지원군 펑더화이(彭德懷) 사령원이 공동명의로 이를 수락해 정전협상의 막이 올랐다.[5]

첫 정전회담은 1951년 7월 10일 개성에서 열렸다. 북에선 인민군 총참모장인 남일 단장 등 5명이, 미국에선 극동군 해군사령관 터너 조이(C. Turner Joy) 단장 등 5명이 참가했다. 이를 현장에서 지켜본 헝가리 종군기자 티보 머레이(Tibor Meray)는 "당신은 남일이 어떻게 협상 텐트 안으로 들어갔으며, 공산측 대표들이 어떻게 움직이고 어떻게 앉았는가를 보아야만 했다. 그들은 이전에는 무시당하였다. 그러나 이 회담은 그들에 대한 인정이었다"고 전했다. 커밍스와 할리데이도 "이러한 일련의 협상들은 북한과 중국에게는 커다란 외교적 성공이었다. 미국은 외교적으로, 심지어 정치적으로도 그들을 인정하기를 거부해 왔었다"고 했다.[6]

---

4 박명림, '한국전쟁의 전개과정'(최장집 편, 〈한국전쟁연구〉) 117~118쪽.
5 박명림, 위의 논문 119쪽.

협상은 보름여 논란을 거듭한 끝에 7월 26일 다섯 개 의제(① 협상 의제의 채택, ② 군사분계선 설정 문제, ③ 휴전 감시방법 및 그 기구의 구성 문제, ④ 전쟁포로에 관한 문제, ⑤ 관련 각국 정부에 대한 권고사항 문제) 선정에 합의했다. 하지만 이후 협상은 '난산'의 연속이었다.

7월 27일 둘째 의제인 '군사분계선 설정' 협상에서 북은 38선을 분계선으로 쌍방이 10km씩의 비무장지대 설치를 제시했으나 미국은 자기네 해·공군의 작전범위가 압록강에 이르므로 군사분계선은 이를 고려해 설정해야 한다고 주장했다.[7] 협상은 결국 8월 23일 중단됐다.

협상 중에도 미군은 가공할 '북폭'을 계속했다. 1951년 7월 13일 리지웨이는 "교섭기간 중 한국에 와있는 적에게 타격을 가할 수 있도록 모든 공군력을 동원하여 최대한의 이익을 얻어내라"고 명령했다.[8] 7~8월 미군 폭격기들은 평양 등 북의 주요 도시에 네이팜탄 등 수천 톤의 폭탄을 퍼부었다. 8월부터는 통신망과 보급선을 차단할 목적으로 대규모 폭격작전인 교살작전(Operation Strangle)을 감행, 북 전역을 초토화하려 했다.

회담은 2개월 뒤인 10월 25일 장소를 판문점으로 옮겨 재개됐다. 그리고 진통 끝에 군사분계선을 현재의 전선을 중심으로 설정(비무장지대는 2km씩)하기로 11월 27일 합의했다.[9]

---

6 브루스 커밍스·존 할리데이, 위의 책 162쪽.
7 박명림은 "미군의 이러한 요구는 전혀 타당하지 않은 주장임에도 불구하고 공군력의 우세를 이용해 협상을 유리하게 이끌려는 전술이었다"고 했다.(위의 논문 121쪽)
8 김태우, 〈폭격…〉 355쪽.
9 박명림, 위의 논문 122쪽. 박명림은 분계선 합의에 대해 "이제부터 전쟁에서 군사적 승리는 불가능하다는 것을 상호 인정한 가운데 다만 정치적·심리적·선전적 승리만이 남아 있음을 의미한다"고 봤다.

이어 협상에선 '휴전 감시방법 및 그 기구의 구성'과 '관련 각국 정부에 대한 권고사항' 문제를 함께 다뤘는데 후자는 쌍방 간의 이해 충돌이 적어 쉽게 합의한 반면 전자의 휴전 감시대상과 감시기구 참가국(중립국) 선정 문제로 해를 넘기며 논란을 벌였다. 결국 1952년 5월 2일 중립국 감시위원회를 체코, 폴란드, 스위스, 스웨덴 4개국으로 구성하기로 합의했다.[10]

이제 남은 건 '포로교환' 문제뿐이었다. 이는 사실 '전쟁포로에 관한 제네바협약'(118조. 포로는 전쟁행위 종료 후 지체 없이 석방해 본국으로 송환해야 한다)을 따르면 논란이 될 게 없었다. 하지만 무려 18개월이나 질질 끈 협상의 최대 쟁점이 됐다. 미국의 입장이 문제였다. 미국은 제네바협약에 서명했으면서도 인도주의를 내세워 협약의 '강제(자동)' 송환을 거부하고 '자유(자원)' 송환을 주장했다. 트루먼 대통령은 "미국은 포로를 송환하기 위하여 강제력을 사용하거나, 포로의 생명이 위태롭게 될 어떠한 협정도 수락하지 않을 것"[11]이라고 강변했다. 북과 중국이 반발하리란 건 불 보듯 뻔한 일. 거부의사를 분명히 밝히고 물러서지 않았다.

그럼 미국은 왜 자유 송환을 고집한 걸까? 박명림은 "본질적인 이유는 공산포로들이 모국 송환을 거부할 때, 또 그렇게 하게 함으로써 얻는 반사적 이익, 즉 체제간 대결에서의 심리적·도덕적·선전적 승리를 (미국이)집요하게 추구했기 때문"이라며 "미국에게 포로문제는 단순히 전쟁을 종결짓기 위해 전쟁포로 얼마를 교환하는 문제가 아니라 자유세계와 공산세계의 이념성을 다투는 이념전쟁 자체였고 그것에서의 승리야말로 미국

---

10 박명림, 위의 논문 123쪽.
11 김태우, 위의 책 357쪽에서 재인용. 김태우는 "'인도주의적' 관점을 부각시킨 미국측의 자원 송환원칙은 이후 무수한 '비인도적' 결과를 양산하기 시작했다.… 공산측과 유엔측의 논쟁은 1년 이상 지속되었고, 그 과정에서 수많은 군인과 민간인이 고통받고 희생되었다"고 했다.(같은 쪽)

에게는 위신과 명분, 그리고 이데올로기 싸움에서의 승리로 보였던 것"[12]이라고 분석했다.

미국의 '자유송환' 원칙도 그렇지만 포로의 '자유의사'를 확인하는 방법도 문제였다. 포로수용소에서 '자유의사' 확인과정에 강압적으로 반공교육이 이뤄졌고 고문과 협박이 자행됐다. 포로들은 자신들을 송환치 않으려는 미군의 압력에 강하게 저항했다. 그러자 사살 지시도 내렸다. 리지웨이 사령관은 "만약 친공포로들이 어떤 반항을 하거나 우리의 명령을 수행하는데 있어 어떤 지연작전을 기도할 때에는 발포할 것을 결심했다"고 8군 사령관 밴 플리트에게 명령했다. 당시 포로들의 처지에 대해 정전회담 미군 측 첫 대표단장인 터너 조이는 일기에 이렇게 남겼다. "송환을 원한다고 표명한 포로들은 모두 실컷 얻어맞아 골병이 들거나 살해되었다.… 대부분의 포로들은 공포에 질려 자신의 선택을 정직하게 표현할 수 없었다."[13]

이러던 중 1952년 5월 7일 거제도 포로수용소 프랜시스 돗드(Francis Dodd) 소장이 포로들에게 인질로 붙잡힌 사건이 발생했다. 포도들이 ① 야만적인 고문·감금·학살 등과 독가스·세균무기 및 원자탄 실험무기 사용 중지 ② 포로 자유송환 중지 ③ 포로 강제심사 중지에 대한 서면답변을 요구하자 후임 소장인 챨스 콜슨(Charles Colson)은 정점협상 의제인 ②를 뺀 ①과 ③을 시인, 수용하는 서한을 작성, 공개해 미국을 궁지에 몰아넣기도 했다.[14] 타협점을 찾지 못한 협상은 그해 10월 다시 중단됐다.

---

12 박명림, 위의 논문 124쪽.
13 브루스 커밍스·존 할리데이, 위의 책 180~181쪽.
14 데이비드 콩드, 〈한국전쟁… 2〉 396~397쪽. 물론 돗드가 풀려나자 모든 것이 파기됐다.

그런 한편 폭격은 계속돼 같은 해 6월 23일 미군 폭격기들은 수풍댐 등 10여 개의 발전소를 폭격했고 7월11~12일 평양 폭격으로 7,000여 명이 사망했다. '살아 움직이는 것들'을 목표로 1만여 톤의 네이팜탄, 6만2천 발의 탄약, 그리고 697톤의 폭탄이 북 주민들의 머리 위로 떨어졌다. 미국은 북의 78개 도시와 읍, 그리고 주요 군사시설을 '지도 위에서 영원히 지워버리기 위한' 작전까지 수립했다. 그해 여름 프레셔펌프 작전(Operation Pressure Pump) 첫날 무려 1,254회의 폭격과 2만3,000갤런의 네이팜탄이 평양 등 도시 지역에 투하됐다. 8월 29일엔 전쟁 중 최대 폭격으로 하루 동안 평양은 1,403회의 폭격, 700톤의 폭탄세례를 받았다. 이에 대해 박명림은 "포로 문제에 있어 미국 측이 일관되게 주장했던 인도주의 원칙은 폭격과 고문과 살상이라는 가장 비인도적인 모습으로 나타났던 것"이라고 꼬집었다.[15]

정전협상은 해를 넘겨 1953년 4월 26일에야 재개됐다. 한 달가량 전인 3월 30일 중국 저우언라이(周恩來) 수상이 발표한 포로 문제에 관한 새 제안이 계기가 됐다.[16]

그리고 6월 8일 '포로교환' 의제가 대표단 협상에서 타결됐다. 희망하는 모든 포로를 60일 이내에 본국으로 송환하고, 이를 거부하는 자는 중립국 송환위원회(스웨덴, 스위스, 인도, 폴란드, 체코슬로바키아 5개국)에 의해 중립지대에 남고, 본국으로 귀환을 희망하지 않으면 정치 망명의 권리를 보장하기로 한 것이다.[17] 이에 반발한 이승만 대통령이 6월 17~18일 부산,

---

15 박명림, 위의 논문 126쪽.
16 귀환을 바라는 포로는 정전과 동시에 인도하고 나머지 포로는 중립국에 인도하자는 내용으로 사실상의 양보안이었다. 이튿날인 3월 31일 북의 김일성 수상은 중국의 제안을 지지하는 성명을 발표했다.

고지 위에서 만세를 외치는 인민군 〈조선의 오늘〉

마산 등 수용소 4곳에서 '반공'포로 2만5,000명을 일방적으로 석방해 파문을 일으켰지만 합의를 돌이킬 수는 없었다.

1953년 7월 27일 오전 10시 판문점에서 5조63항(부칙 10조26항)의 정전협정이 체결됐다. 북측 남일 대표와 미국측 윌리엄 해리슨 대표가 각각 서명했는데 두 사람은 악수는 고사하고 아무런 말도 하지 않았다. 협정 체결에는 고작 12분이 걸렸다고 한다. 협정문 최종 서명은 유엔군 마크 클라크(Mark W. Clark) 총사령관이 이날 오후 경기도 파주군 문산(현 남측 경기도 파주시 문산읍)에서, 그리고 조선인민군 최고사령관인 김일성 수상과 중국 인민지원군 펑더화이 사령원이 그 뒤에 각자 한 것으로 알려졌다. 협정은 27일 밤 10시에 발효됐다. 미군의 폭격이 마침내 멈췄고 분계선상에서 포성이 완전히 그쳤다.

북은 이튿날 평양 김일성광장에서 김일성 수상 등이 참석한 가운데 '전승 열병식'을 가졌다. 김 수상은 이날 〈정전협정 체결에 즈음하여〉란 제목으로 라디오연설도 했다. 그는 연설에서 "정전의 실현은 외래 제국주의 련

---

17 데이비드 콩드, 위의 책 434쪽. 그래도 처리 안 되거나 120일 이내에 갈 곳을 정하지 못한 모든 포로에 대해선 그 뒤 소집되는 정치회담에 넘기기로 했다. 그러나 정치회담은 열리지 않았다.

합세력과 미제의 앞잡이 리승만 매국도당을 반대하며 조국의 자유와 독립을 수호하기 위한 우리 인민의 3년간에 걸친 영웅적 투쟁의 결과이며 우리 인민이 쟁취한 역사적 승리"라면서 "미제 무력침범자들은 현대기술로 무장한 륙해공군과 추종 국가 병력까지 동원하였지만 자기들의 음흉한 목적을 달성하지 못하였으며 막대한 인적 및 물적 손실을 입고 패배하고 말았습니다"[18]라고 주장했다.

정전협정 기념 열병식의 '전승'이란 이름과 김 수상의 연설 내용에서 알 수 있듯 북은 정전협정 체결 자체를 '승리'로 보고 있다. 그 연유를 김 수상은 라디오연설에서 이렇게 밝혔다.

"조선 인민과 인민군대는 자기의 희생적 투쟁으로 현대 제국주의의 원흉인 미제 무력침략군을 우두머리로 한 제국주의 련합세력의 침해로부터 우리 조국 북반부에 수립된 인민민주주의제도를 수호하였으며 민주개혁의 성과들과 민주기지를 수호하였습니다. 그리하여 조선 인민은 공화국 북반부에서 혁명력량을 정치, 경제, 군사, 문화적으로 계속 강화할 수 있는 조건들을 가지게 되고 미제의 식민지 노예의 운명을 면할 수 있게 되였을 뿐 아니라 전민족의 최대의 숙망인 조국의 완전 통일독립을 쟁취할 수 있는 조건들을 갖출 수 있게 되었습니다."

앞서 북이 1950~53년 전쟁을 어떻게 성격 규정하는지를 다룰 때 봤듯 북의 기본인식은 미국의 침략전쟁이란 것이었다. 그리고 그에 맞선 자신들의 대응은 '조국해방전쟁'이었다.

---

18 〈김일성저작집〉 7권 525쪽.

정전협정 체결을 대하는, 180도 달랐던 모습

정전협정이 체결되자 북이 열병식을 열어 '승리'를 자축한 반면 미국의 반응은 침울했다. 전쟁기념관 블로그('7월 27일 정전협정, 그날의 이야기 : 정전협정의 배경 & 비하인드 스토리' 2019년 7월 27일자)를 보면, 미국 아이젠하워(Dwight Eisenhower) 대통령은 정전협정에 대해 '승리'라는 말을 쓰지 않았고, 다만 정전협정을 기도와 감사로 받아들인다고 했다. 유엔군 마크 클라크 사령관은 자신을 '미국 역사상 최초로 미국이 승리하지 못한 정전협정에 조인한 최초의 미국 사령관'이라고 칭하며 우울해했다고 한다. 정전 협상에 참가했던 백선엽은 회고록에 당시 분위기를 이렇게 담았다.

"이승만 대통령은 이를 담담하게 받아들였고, 클라크 장군은 비감한 표정이었고, 국군 장병들은 더더 침통한 표정이었으나, 이미 이것을 불가항력의 현실로 받아들였다.... 얻는 것 없이, 잃기만 한 허망한 전쟁이었다."

북은 7월 27일을 '전승절'로 정하고 특별한 일이 없는 한 5년 단위('정주년'이라고 한다)로 축하 열병식을 열며 기념해왔다. 반면 이날을 '조용히' 보내오던 미국은 오바마(Barack Obama) 대통령 때인 2009년부터 7월 27일을 '6.25참전용사 휴전 기념일'로 정하고 성조기를 조기 게양하고 있다.[19]

---

[19] 전쟁기념관 블로그 '7월 27일 정전협정, 그날의 이야기 : 정전협정의 배경&비하인드 스토리'(2019년 7월 27일자).

2

전후복구와
사회주의 건설기

1954~1979

안광획

1　전후복구와 사회주의 개조

3년 전쟁은 1953년 7월 27일 정전협정이 체결되면서 중단됐다. 전쟁 과정에서 평양을 비롯한 북의 주요 도시와 8,700여 개의 산업시설은 미군의 폭격으로 파괴되었고, 37만여 정보의 농지가 폐허가 되었다. 공업생산의 경우 전쟁 전인 1949년과 비교하면 64%에 지나지 않았고, 전력생산은 26%, 철강 생산은 10%, 농업 생산은 76%로 급감했다. 미국은 전쟁 중 폭격으로 파괴한 38도선 이북의 산하를 가리키며 "조선은 100년이 걸려도 다시 일어서지 못한다"[1]고 공언할 정도였다.[2] 또한 전후복구를 위한 자재와 식량 역시 턱없이 부족하였다.

하지만 이런 폐허 속에서도 조선로동당과 북의 인민들은 전후복구 건설에 박차를 가했다. 정전협정 체결 다음날인 7월 28일 김일성 수상은 라디오연설에서 '모든 것을 민주기지 강화를 위한 전후 인민경제 복구 발전에로!'란 구호를 전후복구의 원칙으로 제시하였다. 이어 1953년 8월에는 조선로동당 중앙위원회 6차 전원회의가 개최되어 '인민경제 복구와 건설을 위한 3단계 방안'(전후복구 준비(6개월)-전후복구 3개년 계획-사회주의 개조 5개년 계획)을 채택하였다.

1　원문: "It will take them 100 years to recover from the devastation."(더글러스 맥아더)
2　사회과학원 력사연구소, 〈조선전사〉 28권 '현대편 : 사회주의건설사 1'(과학백과사전출판사, 1981) 17쪽.

복구 중인 평양 시내(아래)와 복구건설에 참여한 인민군 장병들(1953. 8.) 〈조선의 오늘〉

"전후 우리나라의 인민경제를 급속히 복구·발전시켜 공화국의 민주기지를 더욱 튼튼히 다지는 것은 국토완정과 조국통일위업을 촉진시키기 위한 전 인민적인 애국적 과업입니다. 전체 인민은 '모든 것을 민주기지 강화를 위한 전후 인민경제 복구 발전에로!' 구호 밑에 총궐기하여야 하겠습니다."[3]

'모든 것을 민주기지 강화를 위한 전후 인민경제 복구 발전에로!' 구호와 전후복구 3개년 계획(1954~1956)에 따라 인민대중은 북 전역에서 복구사

---

3 김일성, 〈김일성저작집〉 7권(조선로동당출판사, 1986) 540쪽; 사회과학원 력사연구소, 위의 책 18쪽 재인용.

1. 전후복구와 사회주의 개조   135

업에 온 힘을 쏟았다. 공업부문에서는 대중적 증산경쟁운동이 전개되어 경공업·중공업 기지가 새로 꾸려지고 인민경제 향상의 기반이 마련되었으며 농업부문에서는 농경지 및 관개시설의 복구와 영농 기계화 및 화학비료 생산이 이뤄지면서 농업생산 성장의 기반을 마련하였다. 이밖에도 파괴된 도시와 공단, 교통·체신시설에 대한 복구 역시 빠르게 전개되었다.

전후 복구사업의 결과, 2년 8개월 만에 공업 총생산액은 1953년에 비해 2.8배, 생산수단 생산은 4배, 소비재 생산은 2.1배로 성장하였다고 한다. 농업 생산량 역시 전후복구 3개년 계획에 따라 전쟁 전인 1949년에 비해 108%로 성장했다고 전한다. 또 평양 등 주요 도시 역시 폐허에서 빠르게 복구되었고 인민생활 역시 안정되어 갔다. 이처럼 전후복구가 빨리 이뤄진 것은 중국·소련·동구권 등 사회주의 국가들의 연대와 원조도 있었지만, 북에선 전후복구를 서둘러야 한다는 수령과 당의 강한 의지와 호소, 이에 적극 호응해 나선 인민대중의 열정과 헌신을 결정적 요인으로 꼽는다.

> "우리 혁명은 한편으로는 반제국주의민족해방의 과업을 수행하며 다른 편으로는 남반부에서 아직 지주의 압박과 착취를 받는 광범한 농민을 해방할 반봉건 과업을 수행하여야 한다.… 우리 당과 인민정권과 사회단체들을 더욱 강화하여 남북반부 인민들의 모든 애국적, 민주주의적 력량을 우리 당 주위에 더욱 튼튼히 단결시켜 그들을 미제와 리승만 도당을 반대하는 전민족적 혁명투쟁에로 궐기시켜야 하며, 우리 혁명의 원천지인 북반부의 민주기지를 비단 제국주의와 그 주구들의 침략을 반대하며 공화국 북반부를 보위할 강력한 력량으로 되게 할 뿐만 아니라 우리나라의 통일독립을 쟁취할 결정적 력량으로 전변시켜야 할 것이다. 그러기 위하여서는 북반부에서 혁명을 더욱 전진시켜 사회주의 기초건설을 위한 과업을 철저히 수행하여야 한다."[4]

---

[4] 김일성, 〈모든 힘을 조국의 통일독립과 공화국 북반부에서의 사회주의 건설을 위하여〉(《김일성저작집》 8권 231쪽)

농업협동화 〈조선의 오늘〉, 국가기록원 소장 사진자료

3년여의 전후복구를 통하여 북은 생산수단의 사회주의적 개조의 발판을 마련한 것으로 보인다. 1955년 4월 조선로동당 중앙위원회에서 김일성 수상은 '4월 테제'라 불리는 〈모든 힘을 조국의 통일독립과 공화국 북반부에서의 사회주의 건설을 위하여〉를 발표하여 사회주의혁명에서의 반제민족해방, 남반부 반봉건과업 수행, 북반부 사회주의 개조의 원칙을 제시하였다. 특히 북에서 사회주의적 개조를 중심으로 한 '민주기지론'은 생산수단의 집단적 소유를 중심으로 추진되었다. 농업 협동화, 사회주의 공업화, 개인상공업의 협동화가 본격화되었다.

먼저 농업 협동화에 대해 살펴보면 다음과 같다. 이미 전쟁 전부터 김한주·안석필·한광우 등 학계를 중심으로 '인민민주주의론'이 제기되며 농업 협동화에 대한 이론적 발판을 마련하였는데,[5] 전쟁으로 농지가 파괴되고 대다수 농민이 빈농화되어 농업 협동화의 필요성이 크게 대두되었다. 이에 1953년부터 빈농과 열성 당원들을 중심으로 농가 15~20호 규모의 소규모 농업협동조합을 시범 조직, 운영하여 농업 협동화의 경험을 쌓아갔다. 그리고 1954년 11월 조선로동당 전원회의에서 본격적으로 농업 협동화 운동을 천명해 북 전역의 농장들은 크게 3개 유형으로 협동화

---

[5] 김성보, 〈남북한 경제구조의 기원과 전개 : 북한 농업체제의 형성을 중심으로〉(역사비평사, 2000) 277~282쪽)

가 진행돼 갔다.

제1유형은 농촌 노력 협조반으로, 두레·품앗이 등 전통적 농업협동에서 유래하였으며 영농 작업만을 공동으로 전개하고 토지와 농기구는 개인이 소유하였다. 제2유형은 과도기적인 반(半) 사회주의 농업협동조합으로, 농민 개인이 토지소유권을 가지되 공동으로 토지를 출자하여 협동조합을 구성하고 작업을 공동으로 하는 방식이다. 제3유형은 토지, 농기구, 비료 등의 모든 생산수단을 통합하고 노동력에 따라 생산물을 분배하는 유형으로, 소련의 콜호스(Колхоз)에 해당하는 완전한 사회주의 농업협동조합이라 할 수 있다.[6]

이 과정에서 일부 '신해방지구'[7]의 부농층이 농업 협동화에 반발해 '배천바람'[8]이라 불리는 집단행동을 벌이기도 했지만 대다수 빈·중농층의 적극적인 호응과 지지에 힘입어 농업 협동화는 빠르게 진행되었다.[9] 그런 결과, 1956년 말까지는 북 농가의 80.9%가 협동조합에 가입했으며, 1958

---

6 북의 농업협동조합은 정확히는 소련의 아르쩰리(Артель, 협동조합)에 해당하는 콜호스라 할 수 있다. 김성보는 세 가지 유형의 농업 협동화에 대하여 북이 중국과 동구권 사회주의 국가들의 농업 협동화 방식을 채택했다고 보았다.(김성보, 위의 책 308~309쪽).

7 38도선 이남지역으로 남한에 속했다가 정전협정 이후 북의 영역이 된 곳. 개성과 연안·배천·옹진·청단·강령 등 황해남도 남부지역이 신해방지구에 속한다.

8 1956~1957년 황해남도 배천군(38선 이남지역이었다가 전후 북측 지역이 된 '신해방지구')에서 일부 부농출신 조합원이 수확물 배분 이후 농업협동조합에서 일제히 탈퇴한 사건. 당시 황해남도 당위원장이던 고봉기는 협동조합 탈퇴를 방임한 책임으로 해임되었다. 김성보, 〈북한의 역사 1 : 건국과 인민민주주의의 경험 1945~1960〉(역사비평사, 2011) 187쪽.

9 〈현대조선력사〉는 당시 일부 세력의 농업 협동화 거부에 대해 "극소수의 반동분자들은 협동조합에 농민들이 들어가는 것을 막아보려고 악랄하게 책동하면서 조합의 공동재산을 해치고 생산을 저애하기 위한 각종 해독행위를 감행하였다. 그러나 농촌에서 정치사업을 강화하고 농민들의 계급의식을 높이면서 반혁명과의 투쟁을 전군중적 운동으로 전개함으로써 농업 협동화 운동을 파괴하려던 원쑤들의 간악한 책동은 제때에 폭로 분쇄되었다"(441~442쪽)고 한다.

년 8월에는 모든 농촌에서 협동화가 완료된 것으로 보고되었다. 그리고 10~12월에는 농업협동조합들의 리(里) 단위로의 통폐합을 통해 북 전역에 총 3,843개의 농업협동조합(평균 300호 농가, 500정보)이 조성되었다고 알렸다.

개인상공업의 협동화 역시 1949년부터 영세 수공업자를 중심으로 생산협동조합이 조직되었고, 1956년 이후로는 자본주의적 기업소들도 협동화(1953년 33.7% → 1957년 77.2%)돼 1958년 8월에는 생산수단의 사회주의 협동화가 완성되었다. 생산수단의 사회주의화(소유의 집단화)가 빠르게 이뤄진 것은 해방후 반제반봉건 민주개혁과 전쟁을 거치면서 개혁에 반대하는 친일매국노, 지주와 자본가들이 대부분 숙청되거나 월남하여 사회주의화에 반대할 세력이 없어진 상황을 환경적 요인으로 꼽을 수 있다. 하지만 그보다는 전시 상황에서 파괴된 농업·산업 시설들의 복구를 위한 당과 국가의 적극적인 지원과 인민대중의 협동화 필요성에 대한 공감과 협력이 상승작용을 일으킨 게 더 주된 요인이라고 보겠다.

이처럼 전후복구와 생산수단의 사회주의적 개조를 빠르게 마무리하고, 북은 1956년 4월 조선로동당 제3차 대회에서 '인민경제 발전 5개년 계획'(1957~1961)을 채택, 발표하였다. 5개년 계획은 중공업의 우선적 성장과 경공업·농업의 병진 성장을 기본노선으로 하였고, 자립적 민족경제의 기초건설을 위한 자력갱생의 원칙과 기초건설 과정에서 군중노선의 관철을 강조하였다.[10] 5개년 계획에 따른 사회주의 기초건설이 추진되던 바로 이 시기에 북이 군중노선으로 강조하는 천리마운동이 창안되었다.

---

10 당 제3차 대회에선 조국통일 문제와 관련해 조국통일민주주의전선의 강화가 과제로 제시되고, 북 사회주의 건설에 있어 인민정권기관 기능의 강화, 당 내부의 통일단결과 사상사업의 강화 등이 과제로 제시되었다.(김일성, 〈조선로동당 제3차 대회 중앙위원회 사업총화 보고〉 참조)

2 천리마를 탄 기세로
천리마운동

5개년 계획에 따른 사회주의 기초건설 과정에서 가장 두드러지는 것은 '천리마운동'이다.

천리마운동은 사회주의 건설과정에서 인민대중의 정치사상적 각성 및 조직 동원의 중요성을 강조하였고, 인민대중의 참여를 이끌어내기 위하여 당 일꾼의 현장에서의 헌신과 지도를 주문하였다. 천리마운동 당시 '동무는 천리마를 탔는가? 보수주의 소극성을 불사르라!'는 구호는 인민대중에게 운동에 적극 나설 것을 독려하는 가운데 당 일꾼의 적극성과 헌신을 강조하고 있음을 보여준다.

천리마운동은 1956년 12월 13일 전원회의[1]에서 김일성 수상이 사회주의 경제건설에서 인민대중의 혁명적 열의를 조직동원하여 새로운 양양을 일으킬 것을 강조한 보고〈사회주의 건설에서 혁명적 대고조를 일으키기 위하여〉를 발표한 데 기반하고 있다. 전원회의 당시 5개년 계획 수행 첫해의 경제계획을 잘 짜고 사회주의 건설을 강력히 추진해 나가는 것이 중

---

[1] 당시 전원회의에선 5개년 계획 수행 첫해인 1957년도 인민경제 계획을 어떻게 입안할지를 중심으로 토의했다. 〈조선전사〉 29권 '현대편 : 사회주의건설사 2'에선 전원회의 당시 정전 이후 남한에서 미국이 추진하던 군비 확충과 이승만 정권의 '북진통일' 소동, 사회주의권에서 흐루쇼프 등 수정주의 강화와 북 내부적으론 5개년 계획 추진의 어려운 여건 등을 상세히 설명하고 있다(18~19쪽).

천리마 동상
〈조선의 오늘〉

요하게 다뤄졌는데, 김일성 수상은 이를 위하여 당 간부가 직접 현장에 나서서 인민대중의 혁명적 열의와 창조적 힘을 조직 동원하여 사회주의 건설 문제를 해결할 것을 강조했다.

> "우리는 혁명력량의 강철같은 통일과 단결을 이룩하고 반혁명세력과의 투쟁을 강화하는 기초 우에서 다음해 인민경제 계획을 수행하는 데 인민대중의 혁명적 열의를 조직동원하여 사회주의 경제건설에서 새로운 양양을 일으켜야 하겠습니다."[2]

이어 김일성 수상은 그해 12월 28일 강선제강소에 현지지도를 나가 지도 일꾼과 모범 노동자들이 참여하는 협의회를 소집했다. 협의회에서 김 수상은 연설〈내부예비를 최대한으로 동원하여 더 많은 강재를 생산하자〉을 통해 강선제강소 노동자들에게 대내외적으로 어려운 환경, 혁명의 요구, 당의 의도를 알려주고 경제계획에서 제시된 1만톤 강재 생산과제를 초과달성할 데 대한 과업을 주고, 그 실행 방안으로 제강소의 내부예비를

---

2 김일성,〈사회주의 건설에서 혁명적 대고조를 일으키기 위하여〉(《김일성저작집》10권 432쪽)

탐구 동원하기를 강조했다. 또 내부예비를 탐구 동원하는 데서는 사상교양사업을 통하여 강선제강소 노동계급의 창조성과 애국적 열성을 이끌어 내고 보수주의와 소극성, 기술신비주의를 극복하는 방법을 제시하였다.

김일성 수상의 현지지도를 계기로 강선제강소 당 일꾼과 노동자들은 강재 9만 톤 생산을 결의하였다. 그리고 이를 실행하기 위해 사상교양사업을 꾸준히 전개하고 공장 내 증산·절약 예비를 꾸준히 발굴하여 생산기술과 생산성을 높여 나갔다. 그런 결과, 기존 6만 톤 생산능력을 보였던 강선제강소에서 1957년도 목표를 훨씬 초과한 12만 톤 강재를 생산하는 성과를 냈다고 한다.[3]

강선제강소에서 현지지도와 사상교양사업을 통한 근로대중의 정치사상적 각성과 조직동원, 이를 토대로 기술혁신과 생산력 증대를 일으킨 일화는 '모범사례'가 되어 북 전역의 공장과 기업소, 농업협동조합에 전파되었다.[4] 사람과의 사업을 통해 인민대중의 창조성과 혁명적 열의를 각성시켜 사회주의 건설에 조직동원하는 대중운동인 천리마운동이 본격화된 것이다.

천리마운동은 당과 정부의 간부들이 북 전역의 공장과 협동농장, 기업소에 파견되어 인민대중과 함께 일하고 교양하여 사회주의 건설과 생산력 증대를 실현하는 방식으로 전개되었다. 1958년 들어 천리마운동은 북 전역에 확대되었다. 그해 9월 김일성 수상은 전국 생산자 혁신대회에서 한 연설 〈사회주의 건설에서 소극성과 보수주의를 반대하여〉을 통해 북 전

---

[3] 사회과학원 력사연구소, 〈조선전사〉 29권 '현대편 : 사회주의건설사 2' 21~24쪽.
[4] 〈현대조선력사〉에 따르면, 천리마운동의 시작으로 5개년 계획 추진 첫해인 1957년에 공업생산량은 44% 성장하였고, 농업에서도 대풍작을 이뤄 식량 생산계획을 초과달성했다고 한다(456쪽).

'동무는
천리마를 탔는가?
보수주의 소극성을
불사르라!' 포스터
〈통일뉴스〉

반의 사회주의 건설에서 소극성과 보수주의를 배격하고 집단적 혁신운동을 확대할 것을 강조했다.

> "혁신이 일어날 때에는 뒤떨어진 것이 반드시 방해합니다. 그러므로 혁신 그 자체가 벌써 뒤떨어진 것과의 투쟁을 동반하는 것입니다. 뒤떨어진 것, 보수주의적인 것과 투쟁하지 않고는 혁신이 일어날 수 없습니다. 이것은 생활의 법칙입니다. 그렇기 때문에 혁신운동에서는 뒤떨어지고 보수적인 것을 때려 부셔야 합니다. 사회주의 건설의 고조를 더욱 높이기 위해서는 보수주의자들의 방해를 물리치는 것이 중요합니다."[5]

그리고 9월 26~27일 열린 전원회의에서는 위의 연설과 천리마운동의 보급·확대를 통하여 인민대중의 혁명적 열의와 창조성을 발양시키고 조직동원하여 사회주의 건설을 고조시킬 데 대한 방안이 논의·결정되었다. 이는 북의 사회주의 건설 과정 전반에 그대로 적용되었다. 천리마운동의 확대보급에 힘입어 1958년 10월 기양농기계공장(현 금성뜨락또르공장)에서

---

5 김일성, 〈사회주의 건설에서 소극성과 보수주의를 반대하여〉《김일성저작집》 12권) 520쪽.

뜨락또르(트랙터) 국산화에 성공하고[6], 같은 해 11월 15일엔 덕천자동차공장(현 승리자동차련합기업소)은 북 최초로 화물자동차 '승리 58'형 국산화에 성공하였다고 한다.

천리마운동 당시 북의 사회주의 건설 모습을 보여주는 일화 하나를 소개한다.

"주체47(1958)년 6월 어느 날 위대한 주석님께서는 락원기계공장(당시)을 찾으시였다. 천리마를 탄 기세로 사회주의 건설이 도처에서 힘있게 벌어지고 있던 그 시기 어디서나 요구되는 것이 굴착기였다.… 주석님께서는 로동자 동무들이 일하다 앉아 쉬군 하는 여기(나무 그늘/ 인용자)가 좋다고 하시면서 수수한 걸상에 앉으시여 이야기를 나누시였다. 위대한 주석님께서는

---

6 '거꾸로 가는 뜨락또르'란 일화를 소개한다.
1958년 11월 5일, 김일성 수상은 기양기계공장에서 트랙터 시제품 조립이 끝났다는 보고를 받자마자 기양기계공장으로 전화를 걸었다. 기양기계공장은 원래 간단한 농기계를 생산하던 농기계제작소였지만… 1956년부터 기계공장으로 확장하면서 트랙터를 자체적으로 생산하려고 노력하던 곳이다. 김일성 수상의 전화에 기양기계공장 기사장이 응답했다. 그는 희천공작기계공장 기술부장으로 있다가 트랙터 생산 책임을 맡으면서 기양기계공장으로 부임한 사람이었다.
"기사장 동무, 드디어 뜨락또르 조립이 끝났다고 들었습니다. 시운전은 해봤습니까?"
"예! 그런데 민망하게 앞으로 말고 뒤로 갔습니다."
"예? 뒤로 갔단 말입니까? 하하하, 그래도 가긴 가니 됐습니다! 일단 뒤로라도 갔으니 앞으로 가게 하는 것은 어렵지 않겠습니다. 그렇지 않습니까?"
"예. 그렇습니다. 시운전 후 분해해서 살펴보았는데 전진과 후진을 갈라주는 부품 하나가 반대로 되어 돌려 맞추었습니다. 이제 다시 조립해서 시운전하려고 합니다."
"그래요, 수고 많았습니다. 이제는 성공한 셈입니다. 그래, 앓는 동무들은 없습니까?"
"없습니다. 모두 사기충천해서 일하고 있습니다."
"동무들은 기술신비주의와 보수주의를 물리쳤기 때문에 자체의 힘으로 뜨락또르를 만들 수 있었던 겁니다. 뜨락또르가 다 되면 나한테 직접 몰고 오시오."
"수상님! 저희들은 누가 먼저 첫 뜨락또르를 몰고 수상님께 달려가겠는가 하는 구호를 내걸고 투쟁했습니다."
"좋습니다. 전체 노동자들에게 나의 인사를 대신 전해주시오."
(출처) 강호제, '북 과학사 : 거꾸로 가는 트랙터'(《민족21》 2009년 6월호) 74~75쪽.

지금 우리나라에서 굴착기 문제가 아주 중요한 문제로 제기되고 있다고 하시면서 동무들이 만들기만 하면 당중앙위원회가 안타까와 하는 굴착기 문제는 해결된다고 교시하시였다. 나라의 형편을 기탄없이 터놓으시며 락원의 로동계급에게 절절히 호소하신 위대한 주석님. 이때 락원 로동계급의 심정을 대변하여 한 일군이 일어나서 만들 수 있다고 힘있게 대답 올렸다.

그 대답이 너무 기쁘시여 위대한 주석님께서는 대담하게 만들어보아야 하겠다고 하시면서 인민경제 모든 부문에서 천리마를 타면 기계공업부문에서는 만리마를 타고 나가야 한다고, 천리마의 대고조를 한 번 더 일으켜야 하겠다고 크나큰 믿음을 안겨주시였다.

위대한 주석님께서 다녀가신 후 락원의 로동계급은 굴착기를 생산하기 위한 투쟁에 달라붙었다. 기술적 난관과 애로가 적지 않았지만 그들은 끝끝내 자체의 힘으로 '천리마'호 굴착기를 만들어내고야 말았다."[7]

이밖에도 공업 현장에서는 '공작기계 새끼치기운동', 건설현장에선 '평양속도' 같은 혁신이 강조되었다. 공작기계 새끼치기운동은 김일성 수상이 1959년 3월 룡성기계공장을 현지지도하는 과정에서 노동자들이 낡은 선반으로 새로운 공작기계를 만들어낸 데 감탄하며 공작기계가 있는 모든 곳에서 공작기계를 만들어내는 대중운동을 제시한 게 발단이다. 공작기계 새끼치기운동을 통해 1959년 한 해 동안 1만3000여 대의 공작기계가 추가 생산되었다고 한다.

'평양속도'는 평양시 주택 건설과정에서 14~16분 만에 주택을 한 채씩 조립한 데서 유래된 표현이다. 천리마운동 당시 건설자재 생산의 공업화 및 건설 기계화에 힘입어 평양의 주택 건설노동자들은 조립식 건설방식을 도입하였다. 그러자 한 작업반에선 교대 당 작업능률이 5~6배로 증가했

---

7 '인민들 속으로 들어가라!'(〈류경〉 2021년 4월 10일자)

고 다른 작업반은 자재 생산 소요시간을 2~3분으로 단축하는 등 혁신을 일으켰다. 그 결과, 주택 1채당 건설 소요시간을 평균 14~16분으로 대폭 줄일 수 있었다고 한다.

1959년에는 '천리마작업반운동'이 시작되었다. 천리마작업반운동은 '전체는 하나를 위하여, 하나는 전체를 위하여'란 구호 아래에 협동농장·공장·기업소 등지에서 근로자들이 작업반을 꾸려 공동으로 일하며 교육·문화생활 등 교양사업을 벌인 운동이다. 천리마운동이 농업·산업 현장뿐 아니라 문화·사상·도덕 등 생활 전 분야로 퍼져나갔고, 경제발전에서 혁신을 위한 작업반 사이의 경쟁이 활발히 일어났다. 또한 천리마운동은 다음 장에서 다룰 반종파투쟁 과정에서 인민들 사이에 형성된 불신과 불안감을 해소하는 한 방편이기도 하였다. 이후 천리마작업반운동은 1970년대에 확대 발전하여 '3대 혁명 붉은기쟁취운동'으로 계승되었다.

천리마운동을 통해 5개년 계획에 따른 사회주의 기초건설은 목표를 초과 달성하며 크게 성공했다고 한다. 공업 총생산은 1957~1960년 기간에 3.5배(목표 2.6배, 1957년 기준)로 증가하였고, 경공업 역시 방직·식료품과 생필품·문화용품, 가정용품 생산이 크게 늘어 인민생활을 비약적으로 향상시켰다고 한다. 농업부문도 식량 생산에서 1956년 대비 32% 증가하였고, 1959년 농업 총생산이 140%로 확대된 것으로 알렸다.[8] 이로써 1953년 정전협정 이래로 전후복구와 사회주의 개조를 거쳐 1960년 사회주의 기초건설까지 완성하면서, 북은 '사회주의적 공업·농업국가'로 탈바꿈하게 되었다.[9]

---

8 〈조선전사〉 29권 '현대편 : 사회주의건설사 2' 226~228쪽.
9 위의 책 234쪽.

3 8월 종파사건[1]과 반종파투쟁

전후복구 시기 북에는 사회주의 개조 외에도 올바른 정치노선과 사상의 주체를 확립하고 당-국가-인민대중의 일치단결을 실현하는 일이 중요한 과제로 대두되었다. 북의 입장에서 보면 이는 대외적으로는 냉전 대결의 격화와 전쟁 이래 고착화되던 분단체제 및 미국의 전쟁위협에 맞서야 하고, 대내적으로는 당의 통일단결을 강화하여 사회주의 개조의 정치사상적 기반을 마련하는데 필요충분조건이었다고 하겠다.

1950년대 중후반 북에서는 사회주의 건설 방향과 방식을 두고 치열한 내부투쟁이 전개되었다. 그런데 문제의 심각성은 일부가 소련·중국 등 '큰 나라'에 지나치게 의존하거나 사회주의 건설 방향에서 교조적·종파적 행태[2]를 보인 것이다.

가령 윤공흠·최창익 등 연안파의 경우 중국의 사회주의 혁명노선을 교조

---

[1] 남측 학계에선 1956년 8월 조선로동당 중앙위원회 전원회의에 대해 '다양한 분파간 상호 견제가 이뤄지던 다양성 및 역동성'이나 '김일성 유일체계 구축과정에서 초래된 역동성 및 다양성 상실'에 초점을 맞춰 주로 '8월 전원회의 사건'이라 칭한다. 김성보, 〈북한의 역사 1 : 건국과 인민민주주의의 경험 1945~1960〉(역사비평사, 2011); 백준기, 〈정전 후 1950년대 북한의 정치변동과 권력재편〉, 경남대학교 북한대학원 편, 〈북한현대사 1〉(한울아카데미, 2004); 와다 하루키 저, 서동만·남기정 편, 〈북조선〉(돌베개, 2002) 등 참조. 하지만 여기선 종파의 교조주의·사대주의적 행태와 이를 배격한 북의 반종파투쟁 입장을 반영하여 '8월 종파사건'이라 표현한다.

[2] 북에선 이들의 교조적·종파주의적 행태에 대해 '반당종파분자'라 비판한다.

적으로 따랐고, 박창옥·박의완 등 소련파는 소련식 볼셰비키 혁명과정을 추종했다. 이들 종파의 해악성에 대해 북에선 다음과 같이 비판한다. 최창익의 경우 일제강점기였던 1920년대부터 화요파·서울파·ML파 등에 가담해 종파투쟁을 벌여 초기 공산주의운동을 와해시킨 바 있고,[3] 1930년대에는 일제의 탄압을 피해 안전한 곳만 찾아 종파 기반을 다지는 보신주의적 행태를 보였다고 한다. 또 해방 직후에도 당시 신민당의 지도적 지위를 이용해 종파투쟁에 골몰하여 남한 노동운동에도 악영향을 미쳤다는 것이다.[4] 그리고 북에서 민주개혁, 사회주의 건설 과정에서도 이들 종파는 조선로동당의 지도와 혁명적 원칙을 거부해 각종 정책과 노선에서 분열을 야기했다고 주장한다.[5] 여기에다 당시 사회주의 주도권을 두고 격렬한 노선갈등을 빚고 있던 소련과 중국이 연안파와 소련파 인사들을 매개로 북에 개입해 자기 영향권에 넣으려 했다고 한다.

김일성 수상을 중심으로 한 항일빨치산 계열은 연안파·소련파의 교조·사대·종파주의적 성향을 비판하고 북의 자주적인 사회주의 건설을 주장했다. 1955년 12월 김 수상은 〈사상사업에서 교조주의와 형식주의를 퇴치하고 주체를 확립할 데 대하여〉란 연설을 했다. 여기서 김 수상은 사대주의와 교조주의를 비판하고 조선민족의 투쟁 역사와 문화유산의 중요성

---

[3] 김한길, 〈현대조선력사〉(사회과학출판사, 1983) 20~21쪽.
[4] 사회과학원 력사연구소, 〈조선전사〉 28권 '현대편 : 사회주의건설사 1' 290쪽.
[5] 〈조선전사〉에서 알린 연안파·소련파의 종파행위는 다음과 같다. 이들은 당과 인민정권 '동격론(同格論)'을 주장해 당의 인민정권에 대한 지도를 거부하고, 직업동맹의 인원이 로동당 당원보다 많으니 외려 당이 직맹의 지도를 받아야 한다고 주장했다고 한다. 인민군대에 대해서도 당의 지도를 거부하고, 프롤레타리아독재 원칙에 따른 민주적 중앙집권제(민주집중제) 원칙을 반대하며 종파활동의 자유를 주장했다는 것이다. 그리고 항일빨치산 전통이 아닌 의열단-조선의용군이나 길주·명천 농민운동의 전통을 내세워 조선로동당의 혁명적 전통을 끊고 혼란케 하려 했다는 혐의다. 〈조선전사〉는 이들의 종파행동이 단순한 노선갈등이 아닌, 미국과 결탁해 당과 북 정부를 전복시키고 친미적 자본주의국가를 세우려는데 궁극적 목표가 있었다고 주장한다(위의 책 291~292쪽).

1948년 조선민주주의인민공화국 초대 내각 국립중앙도서관 소장 사진자료

(위에서부터 아래로) **박문규**(농업상) **리극로**(무임소상) **리용**(도시행정상) **김정주**(체신상) **리승엽**(사법상) **허성택**(로동상)
리영남(보건상) **김원봉**(국가검열상) **백남운**(교육상) **주녕하**(교통상) **정시우**(상업상) **최창익**(재정상) **박일후**(내무상)
정준택(국가계획위) **김책**(부수상/산업상) **홍명희**(부수상) **김일성**(수상) **박헌영**(부수상/외무상) **최용건**(민족보위상) **허정숙**(문화선전상)

을 강조하였으며, 주체적 사회주의 건설노선을 천명하였다.

"우리 당 사상사업에서 주체는 무엇입니까? 우리는 무엇을 하고 있습니까? 우리는 어떤 다른 나라의 혁명도 아니고 바로 조선혁명을 하고 있는 것입니다. 이 조선혁명이야말로 우리 당 사상사업의 주체입니다. 그러므로 모든 사상사업을 반드시 조선혁명의 리익에 복종시켜야 합니다."[6]

이후 사회주의 건설을 둘러싼 노선투쟁은 급기야 조선로동당 내 종파·권력투쟁으로 번지게 되어 1956년 8월 30일 개최된 조선로동당 6차 전원회의에서 폭발하였다. 1956년 6~7월 김일성 수상이 동유럽 사회주의국가들을 순방하는 때를 기회 삼아 연안파·소련파 인사들이 중국과 소련의 지

---

[6] 김일성, 〈사상사업에서 교조주의와 형식주의를 퇴치하고 주체를 확립할 데 대하여〉《김일성저작집》 9권 468쪽)

원을 받아 당에서 항일빨치산 계열을 비판, 축출하려 한 것이다. 그러나 김 수상과 항일빨치산 계열은 이들의 계획을 이미 파악하고 있었다. 김 수상은 8월 2일 예정됐던 전원회의를 8월 30일로 연기하고 순방 기간 이들에 대한 대비책을 마련해 나갔다.[7]

이윽고 김일성 수상이 순방을 마치고 귀국해 8월 30일 전원회의가 열렸다. 김일성 수상이 동유럽 순방 결과를 보고하는 자리에서 연안파·소련파 인사들이 김 수상의 농업 협동화정책과 5개년 계획의 중공업 중심-농업·경공업 병진 건설노선을 비판하였다. 중공업 중심-농업·경공업 병진 건설노선에 대해서는 "인민생활이 어려운데 중공업 건설에 치우친다", "기계에서는 밥이 나오지 않는다" 등의 주장으로 비판했으며, 농업 협동화에 대해선 영농 기계화가 진척되지 않은 조건에서 협동화는 불가능하다는 식이었다.[8] 또 경제건설에서 자립적 민족경제 건설노선은 민족주의에 편향되고 폐쇄적인 경제노선이며, 사회주의권 국가의 원조가 필수불가결하다고 주장했다.

얼핏 이들의 주장은 당시 북의 사회경제적 상황을 잘 반영하여 지적한 것처럼 보인다. 하지만 사회주의 건설과정에서 무분별하게 외부 원조를 확대하거나 사회주의권 통합경제(COMECON. 경제상호원조회의)에 참가할 경우 자칫 경제적 자립성을 상실하고 외세에 휘둘리는 결과를 낳을 수 있었다. 특히 당시 사회주의 진영에서 수정주의 경향이 퍼지고 있던 터여서 북의 입장에선 매우 위험한 주장으로 받아들여질 수 있었다.[9] 소련을 중심으로 한 사회주의권 통합경제에 포섭되어 자립성을 상실하고 사실상 위성

---

7 백준기, 〈정전 후 1950년대 북한의 정치변동과 권력재편〉(경남대학교 북한대학원 편, 〈북한현대사 1〉(한울아카데미, 2004) 251~252쪽)
8 사회과학원 력사연구소, 위의 책 292쪽.

국으로 전락하던 당시 동유럽 사회주의국가들의 모습은 반면교사였다.

연안파·소련파는 또 김일성 수상의 당 운영방식을 개인숭배 및 독재로 몰아 실각시키려 했다. 그러나 이들의 시도는 실패로 끝났다. 일찍이 김 수상을 중심으로 한 항일빨치산 계열과 이들의 사회주의 건설노선은 당시 인민대중에게 절대적인 지지와 신임을 받던 상황이어서 연안파·소련파들의 시도는 인정받기 어려웠다.

게다가 전원회의에 참석한 대다수 중앙위원이 김일성 수상의 노선을 적극 옹호하였고, 연안파·소련파의 주장을 반당종파행위로 규정하며 반박하였다. 결국 전원회의에서 내부투쟁에 패한 윤공흠·최창익·서휘 등 연안파·소련파 세력은 당과 정부에서 맡았던 지위를 박탈당하고, 중국·소련 등지로 망명하여 완전히 몰락하였다.

> "우리 당은 당조직들과 당원 대중을 발동하여 반당종파분자들의 음모활동을 폭로·분쇄하여 종파주의를 뿌리 빼기 위한 힘찬 사상투쟁을 벌리였습니다."[10]

8월 종파사건을 계기로 김 수상은 당과 정부에서 사상투쟁을 통해 반당종파세력을 숙청하고 당의 통일단결을 강화할 것을 천명하였다. 이에 따라 조선로동당과 정부뿐 아니라 인민대중 전반에서 강력한 반종파·사상투쟁이 적극 전개되었다. 비록 중국인민지원군 사령원 출신인 펑더화이(彭德懷)와 소련 부수상 미코얀(Анастас И. Микоян)이 망명한 연안파·소련파 인사들의 요청에 따라 방북하여 연안파·소련파 인사들을 복권시키면서 반종파투쟁이 일시 주춤하긴 했으나 이후에도 북 사회에서 반종파

---

9 조선로동당 중앙위원회 당력사연구소, 〈조선로동당력사 1〉(조선로동당출판사, 2017) 304~305쪽.
10 김일성, 〈김일성저작선집〉 4권(조선로동당출판사, 1968) 294쪽.

투쟁은 꾸준히 전개되었다.

1956년 말부터 당내 종파주의자들에 대한 숙청과 당증 교환사업이 실시되었고, 이듬해인 1957년 1월에는 당중앙위원회의 집중 지도사업이 진행되었다. 이어 그해 5월엔 당중앙위원회 상무위원회가 '반혁명분자들과의 투쟁을 강화할 데 대하여'를 채택하고, 사회 전반과 인민군대에서도 교양사업과 반종파투쟁이 강력하게 전개되었다.

반종파투쟁 결과, 연안파·소련파 등 종파세력은 대부분 몰락하였고, 조선로동당과 북 정부, 인민군대와 인민대중은 김일성 수상을 중심으로 단결할 수 있었다.[11] 또 당-국가-인민군대-인민대중이 일치단결하게 되면서 사회주의 경제건설 역시 박차를 가할 수 있게 되었다.

이후 북은 정치·경제·군사 분야에서 '자주·자립·자위' 노선을 천명하였으며 1958년에는 전쟁 이후에도 북에 주둔하던 중국인민지원군을 철수시키고 중국 지도부에게서 내정간섭에 대한 사과를 받았다. 더불어 소련의 원조 중단을 감수하면서 사회주의권 통합경제 가입을 거부하는 등 외세가 경제원조나 군사원조 등을 매개로 북에 개입할 여지를 모두 차단하였다. 이런 반종파투쟁을 통해 북은 자신만의 독자적인 사회주의 건설노선을 구축하게 되었으며 대내외적으로 자주노선을 강하게 견지하였다.

---

11 당시 북의 인민대중이 김일성 수상을 중심으로 단결한 사례로 〈조선전사〉에선 김 수상이 1957년 8월 평남 강서군 태성리(현 남포특별시 강서구역 태성리)에서 만난 '태성 할머니' 일화를 소개한다. "수상님! 얼굴이 많이 축간 것 같은데 너무 근심하지 마십시오. 종파 놈들이 인민생활이 어쩌고 어쩌고 떠들어도 이제는 다 잘살게 되었으니 일 없습니다. 그래도 우리가 이기지, 종파 놈들이 이기겠습니까? 념려 마십시오. 우리는 수상님을 지지합니다."(조선로동당출판사, 〈인민들 속에서〉 17권(1979) 136~137쪽; 사회과학원 력사연구소, 〈조선전사〉 28권 '현대편 : 사회주의건설사 1' 296~297쪽 재인용.

4 조선로동당 제4차 대회와 7개년 계획

1961년 9월 조선로동당 제4차 대회가 평양에서 열렸다. 4차 당대회에서는 이전 시기 생산수단의 사회주의적 개조(농업 협동화, 공업 및 상공업의 국유화 등)와 5개년 계획에 따른 사회주의 기초건설을 성공적으로 평가하였다. 그리고 이전 시기의 사회주의 개조 및 기초건설을 바탕으로 북 전반의 사회주의 건설을 본격 추진할 데 대한 여러 과제를 중앙위원회에서 제출하였다.

경제부문에선 7개년 계획(1961~1968)을 통한 사회주의 경제건설과 인민생활의 향상을 과제로 삼았다. 대남관계에선 남측 자체 역량의 통일단결(혁명적 당 건설)을 통한 민주주의혁명 및 주한미군 철수 실현, 외세 불간섭·민주주의 원칙에 의거한 자유선거를 통한 평화통일을 과제로 내놨다. 또 사회주의 건설에서 당의 지위와 역할을 확고히 하고 당의 지도 아래 사회 전반을 통일단결시킬 것을 강조한 데 따라 초급 당단체의 강화, 정권기관 및 근로단체 역할 제고, 혁명전통 교양 등을 제기했다. 대외부문에서는 수정주의 및 교조주의를 배격하고 국제공산주의운동의 통일단결을 강화하는 한편, 제3세계 신생 독립국가들과 친선협력 관계를 맺고 세계 반제민족해방에 적극 연대·지원하기로 하였다.[1]

---

1 김일성, 〈조선로동당 제4차 대회 중앙위원회 사업총화보고〉(1961년 9월) 참조

조선로동당 제4차 대회에서
연설하는 김일성 수상
(1961. 9. 11) 〈조선의 오늘〉

여기서는 4차 당대회에서 제시된 여러 과제 가운데 경제부문의 7개년 계획과 그에 따른 사회주의 건설을 중심으로 살펴보겠다. 7개년 계획에서는 사회주의 공업화의 기반을 다지기 위하여 중공업부문을 집중적으로 성장시키고자 하였으며, 이를 바탕으로 경공업과 농업의 동시 성장을 꾀하였다. 즉 중공업의 집중 성장(1961년 기준 공업 총생산 3.2배 성장 목표)을 통해 경공업 및 농업 생산의 현대화 및 기계화를 실현하고, 이를 토대로 경공업 및 농업 생산을 획기적으로 증대시키자는 것이다.

농업부문에서도 중공업 성장을 바탕으로 농업의 기계화를 달성하여 7개년 계획 기간에 알곡 600만 톤 생산을 목표로 삼았다.[2] 또 7개년 계획 수행에서 인민대중의 자주성과 창조성을 발양시키고 당과 인민대중의 이해관계를 일치시켜 사회주의 건설에 자발적으로 동원시키고자 정치사업이 강조되었으며, 이는 다음에 서술할 청산리방법과 대안의 사업체계로 나타나게 되었다. 그리고 1961년에는 군협동농장경영위원회를 설치하여 군 단위로 예하 협동농장들을 관리하게 하고, 상부기관으로 농업위원회-도농촌경리위원회를 두어 농촌에서의 기술·문화·사상혁명, 농업경영

---

[2] 사회과학원 력사연구소, 〈조선전사〉 30권 '현대편 : 사회주의건설사 3'(과학백과사전출판사, 1981) 22~23쪽.

지도와 공업과의 연계, 그리고 도-농간 협력 강화, 농지의 전인민적·협동적 소유 연계 강화를 꾀하였다.[3]

7개년 계획을 통한 사회주의 건설 과정에서 크게 강조된 원칙은 '자립적 민족경제 건설'이다. '자력갱생(自力更生)'이라 표현되기도 하는 자립적 민족경제는 외부의 지원이나 의존을 최소화하고 국가 내부의 자주적 역량(자원, 에너지, 인민대중 등)으로 경제건설을 추진하는 것을 의미한다. 이를 통해 자국의 정치적 자주성을 확보하는 한편, 국가 내수경제를 활성화시켜 인민대중의 경제·문화생활을 보장하고 발전한 국가와 경제적 격차를 극복하려 한다.[4]

자립적 민족경제 건설 원칙은 항일무장투쟁 시기 발표된 '조국광복회 10대 강령'(1936년 5월 5일)에 뿌리를 두고 있다. 강령의 경제부문에선 민족해방과 반봉건민주주의혁명을 통해 일제 식민지배와 계급적 착취체제를 일소하고 생산수단(토지, 공장, 상업)을 국유화, 협동화하는 동시에 민족경제의 순차적 건설을 천명하였다.[5] 그리고 해방 후에는 앞의 1장에서 다룬

---

[3] "사회주의화에서의 농민문제와 농업문제를 성과적으로 해결하기 위하여서는 농촌사업에서 반드시 세 개의 기본원칙을 확고히 견지하여야 한다.
  첫째로 농촌에서 기술혁명과 문화혁명, 사상혁명을 철저히 수행하여야 하며, 둘째로 농민에 대한 로동계급의 지도, 농업에 대한 공업의 방조(傍助), 농촌에 대한 도시의 지원을 백방으로 강화하여야 하며, 셋째로 농촌경리에 대한 지도와 관리를 공업의 선진적인 기업관리 수준에 끊임없이 접근시키며 전인민적 소유와 협동적 소유의 련계를 강화하고 협동적 소유를 전인민적 소유에 부단히 접근시켜야 한다."(김일성, 〈우리나라 사회주의 농촌문제에 관한 테제〉(1964년 2월 25일) 참조)
[4] 리기성·박성철·서영수·장명호·리은희, 〈위대한 령도자 김정일 동지의 주체의 사회주의 경제사상과 리론〉(사회과학출판사, 2015) 112~113쪽.
[5] 4. 일본국가 및 일본인 소유의 모든 기업소, 철도, 은행, 선박, 농장, 수리기관 및 매국적 친일분자의 전체 기관과 토지를 몰수하여 독립운동의 경비에 충당하며 일부분으로는 빈곤한 인민을 구제할 것.
  5. 일본 및 그 주구들의 인민에 대한 채권, 각종 세금, 전매제도를 취소하고 대중생활을 개선하며 민족적 공·농·상업을 장애 없이 발전시킬 것.(김일성, 〈조국광복회 10대 강령〉 참조)

북조선 림시인민위원회의 민주개혁 조치로 이어지고 전후복구와 사회주의 개조과정에선 생산수단의 국유화 및 협동화로 실행되었다.

항일무장투쟁 과정에 원칙이 마련되고, 인민민주주의 단계에 이어 전후복구 및 사회주의 개조에서 실천된 자립적 민족경제 건설노선은 사회주의 건설을 전면화한 1950년대 말~60년대 초에도 계속 견지된다. 정확히는 '사회주의 자립적 민족경제 건설노선'으로 발전하였다고 보겠다. 이는 당시 국제정치 상황과도 깊은 관련이 있다. 1950년대 말~60년대 초는 중소갈등으로 인한 사회주의권의 분열과 소련 및 동유럽 국가들의 수정주의화, 중국의 좌경 교조주의 경향이 심화되던 때다.

당시 수정주의 노선을 걷던 소련은 사회주의권에 '국제분업'과 '통합경제'를 추진하였다.[6] 이에 소련은 동유럽 국가들은 물론 전 세계 사회주의국가들을 하나의 경제권으로 통합하고 각 국이 경제분야를 분업하는 경제상호원조회의[7]를 구성하였다.

이때 수정주의에 반대해 자주노선을 천명한 북은 자립적 민족경제 건설이 사회주의 건설의 합법칙적 요구이고 경제건설에서 주체를 세우기 위한 근본 요구임을 강조하였다. 이에 따라 북은 당시 소련이 제안한 경제상호원조회의 가입을 거부하고 북 자체의 역량을 중심으로 사회주의를 건설하고자 하였다.

---

6 60년대 초 소련의 '통합경제' 계획과 '국제분업' 발상에 대해 북에서는 "기회주의적이며 수정주의적인 궤변을 사회주의국가들에 강요하여 사회주의 경제건설에 악영향을 미쳤다"고 비판한다(리기성 등 5인, 위의 책, 111쪽).

7 경제상호원조회의(Совéт экономи́ческой взаимопóмощи, 쎄브(Сэв) 또는 코메콘(Concil for Mutual Economic Assistance, COMECON)) : 1949년 소련 주도로 결성된 사회주의권 국가의 경제협력기구. 2차 대전 종전 후 미국이 서유럽 국가들에 전후복구를 명목으로 시행한 경제원조 정책인 마샬플랜(Marshall Plan)에 대항할 목적으로 결성되었고, 단일 경제권 안에서 국제분업이 핵심이다. 1991년 소련 붕괴로 해체되었다('경제호상원조리사회(쎄브)', 〈경제사전〉 참조).

황해제철련합기업소를 현지지도하는 김일성(1965. 1.)과 황해제철련합기업소 전경 〈조선의 오늘〉, 〈로동신문〉

자립적 민족경제 건설 원칙을 바탕으로 한 7개년 계획에 따라 1960년대 북 전역에서 사회주의 경제건설이 추진되었다. 김일성 수상이 1962년 신년사에서 7개년 계획 성공을 위한 6개 '고지'(과업)로 알곡 500만 톤, 직물 2억5천만m, 수산물 80만 톤, 주택 20만 세대, 강철 120만 톤, 석탄 1,500만 톤 생산 달성을 제시하자 북 전역의 공장, 기업소, 협동농장, 제철소, 탄광들이 목표 달성을 위해 '60일 전투', '120일 전투' 같은 증산운동을 활발히 벌였다. 그 결과, 1962년 가을 최고인민회의 제3기 1차 회의에서 6개 고지를 성공적으로 달성하였다고 공식 선언하고, "7개년 계획 수행의 물질·기술적 토대와 인민경제 향상의 기반을 마련하였다"고 평가하였다.[8]

또 중공업 성장과업 수행과 관련해 '중공업의 골간(뼈대)에 살을 붙이는' 사업이 적극 전개되어 각 공장의 생산 설비 및 공정이 공작기계 새끼치기운동, 설비관리사업의 개선, 기술혁신운동, 부대시설 공사 등을 통해 기계화·현대화되었다고 한다. 그리고 이에 맞춰 전기·광업·운수부문도 강화되었다. 7개년 계획 기간에 강계청년발전소(1964년 준공), 평양화력발전소(1961년 준공) 등을 건설하고 송전·배전시설을 확충하였다. 광업에선 전국 각지에서 신규 탄광·광산의 개발과 기존 탄광·광산의 개건확장을 통해 중

---

8 사회과학원 력사연구소, 위의 책, 33~46쪽.

공업의 원자재인 석탄(무연탄) 및 광석 생산을 크게 늘렸고[9], 철도운수부문은 주요 간선의 전철화(850km 규모)와 신설 노선 부설사업을 통해 공업 원료 및 연료 수송을 지원하였다. 그런 한편 중공업에 필요한 원자재 및 동력의 절약과 국산화를 꾀해 각 공장 및 기업소에서 전기·연료(휘발유, 코크스 등) 절약운동이 전개되고, 재생 철, 재생 벽돌 등 재생 원자재와 무연탄 가스화, 목탄 및 신목(薪木: 땔나무) 등 대체연료 개발을 꾸준히 해 전력 소비와 해외 수입원료 소비를 최소화하고 원료 자립화를 이뤘다고 한다.[10]

경공업(방직, 식료품, 일용품 등) 부문에서는 지방공업 생산 강화와 원료기지 조성사업[11]이 전개되어 1962~64년 북 전역에 9,000여 정보의 원료기지가 조성되고, 경공업 생산에 필요한 원료의 절반 이상을 해당 지역에서 자체로 해결할 수 있게 되었다고 한다. 이로써 지방의 경공업 공장·기업소들은 원료 조달의 자립을 꾀할 수 있었고, 경공업 생산 확대와 더불어 1960~70년대 인민경제 향상을 이끌었다. 7개년 계획 수행 결과, 산업(농·공업) 총생산액에서 공업생산이 차지하는 비율이 1969년에 74%에 이르러 북은 사회주의 공업국으로 자리 잡았다.[12]

북의 자립적 민족경제 건설 원칙과 관련해 남측 학계에선 '외부 지원을 최소화하고 자체적 역량에 의거한 경제성장은 한계가 명확하였고, 결국 차

---

[9] 탄광의 경우 1963년 신창, 룡등, 고원, 안주, 고건원, 조양 탄광 등 기존 탄광을 개건확장하고 13개의 신규 탄광을 개발하였으며, 광산(철광석, 아연, 구리, 마그네사이트, 기타 금속)의 경우 1963~1964년 기간 18개의 광산이 새로 개발되었다(사회과학원 력사연구소, 위의 책, 86~88쪽).

[10] 이세영, 〈북한 '사회주의' 노동자의 형성과 생산현장의 변화(1945~1960)〉(연세대 대학원 사학과 박사학위논문, 2020) 188~200쪽.

[11] 1961년 3월 당중앙위원회 전원회의와 1962년 8월 지방당 및 경제일꾼 창성연석회의에서 지방공업의 활성화를 위해 제시된 사업. 공장 및 기업소 규모에 따라 큰 규모의 기관 및 기업소는 100정보, 중소규모 기관·기업소는 30~50정보의 원료기지를 조성하고 제품생산에서 지방원료 비중을 50~60% 이상 높이는 게 핵심이다(사회과학원 력사연구소, 위의 책, 126쪽).

[12] 조선로동당 당력사편찬연구소, 〈조선로동당력사 1〉(조선로동당출판사, 2017) 411쪽.

질을 빚을 수밖에 없었다'고 비판한다. 특히 다음에 서술한 '경제-국방 건설 병진로선'으로 국방비 지출이 늘면서 경제성장 속도가 더뎌지고, 결국 같은 시기 미국의 원조를 바탕으로 경제개발 5개년 계획을 시행하던 남측의 경제개발 속도에 추월당했다는 견해가 지배적이다.[13]

그러나 북에선 자립적 민족경제 건설 원칙에 따라 경제의 대외의존도를 최소화한 결과, 대내외적 경제위기에 효과적으로 대처할 수 있었다고 반박한다. 1970년대 두 차례(1973년, 1978년)에 걸쳐 세계경제를 강타한 석유파동(Oil Shock) 당시 서아시아에서 원유를 수입해 경제성장을 이끌던 서방 자본주의국가들은 큰 경제침체를 겪어 복지국가 노선을 중단하고 신자유주의 체제로 전환해야 했다. 외부 원조에 근거해 경제성장을 추진하던 남한도 석유파동으로 대외의존도 문제를 적나라하게 드러냈다. 1970년대 후반 남한 경제는 물가폭등과 심각한 경제침체를 겪었는데, 1970년대 말 노동운동의 성장과 맞물려 1979년 YH무역 사건-부마항쟁으로 이어진 결과 10.26사건으로 박정희 정권의 몰락을 가져왔다. 반면 자립적 민족경제 노선을 견지하여 대외의존도를 최소화하고 대체연료를 개발한 북은 두 차례의 석유파동에 별 영향을 받지 않고 안정적으로 사회주의를 건설할 수 있었다고 주장한다.[14]

또 북은 1980년대 말~90년대 초 사회주의권 붕괴와 '고난의 행군' 당시에도 자립적 민족경제 건설 원칙이 위기 극복의 동력이 됐다고 한다. 냉전 시기 소련 주도로 사회주의권 국가를 하나의 경제권으로 통합했던 경제상호원조회의는 1991년 소련과 함께 해체되었다. 이로 인해 사실상 소련

---

13 김성보·기광서·이신철, 〈사진과 그림으로 보는 북한 현대사〉(웅진지식하우스, 2009) 166~167쪽.
14 김재서, 〈세계적인 경제적 동란과 압력에도 끄떡없는 자립경제의 위력〉(〈과학연구〉, 김일성종합대학, 2019년 4월 6일)

경제에 대부분을 의존하던 동유럽 사회주의국가들은 심각한 경제침체를 겪으며 사회주의 체제가 허물어져 자본주의로 회귀했다. 그 여파는 지금도 동유럽 국가들에 사회경제적 악영향을 미치고 있다.

북 역시 사회주의권 붕괴 여파로 1990년대 초~중반 고난의 행군으로 상징되는 경제난을 겪었다. 하지만 사회주의 자체를 중단한 동유럽 국가들과 달리 북은 경제난 와중에도 자립적 민족경제 건설 원칙을 고수하여 사회주의 체제를 유지하고, 고난의 행군 역시 극복해 현재는 1980년대 이전 수준을 거의 회복했다고 한다. 또 정부수립 이래 미국 등 제국주의 국가들의 경제제재 속에서도 북은 오늘날도 자립적 민족경제 원칙을 앞세워 대응하고 있다.[15]

1960~70년대 자립적 민족경제 건설의 상징, 비날론

1960~70년대 7개년 계획과 자립적 민족경제 건설의 상징으로는 비날론(Vinalon)을 꼽을 수 있겠다. '주체섬유'라고도 불리는 비날론은 이남 출신 공학자 리승기(1905~1996)[16] 박사가 일제강점기였던 1939년에 개발한 합성섬유로, 한반도에서 풍부한 석탄(무연탄)과 석회석을 원료로 만드는데 질감은 면(⊠)과 비슷하고 면·인견·아세테이트 못지않게 튼튼하며 보온성과 흡습성이 뛰어난 장점을 지녔다. 반면 제작 과정에 전기 소모가 많은 게 단점으로 작용한다.

김일성 수상은 이런 비날론의 특성에 주목했다.[17] 비날론의 원료가 되는 무연탄과 석회석은 북 전역에 풍부해 자급자족이 가능했고, 7개년 계획에서 주요 과제로 선정한 중공업 성장에도 중요한 자원이었기에 비날론 개발을 통해 중공업 개발(광공업·제철 등)과 경공업(섬유·방직 등)을 연계할 수 있었기 때문이다. 또 비날론의 특성상 면직물을 대체할 생활의복은 물론 그물·천막·방수포·벨트·밧줄 등 공업용 섬유의 원료로도 활용 가능하고, 생산과정에 나오는 각종 부산물과 이를 바탕으로 한 원재료(폴리염화비닐·아세트알데히드·아세트산·생석회·수산화칼슘 등) 역시 경공업 생산

---

15 김재서, 위의 논문.

리승기 박사와 비날론 〈민족21〉, 〈조선의 오늘〉

의 주원료로 쓸 수 있었다.

김일성 수상은 함남 흥남시에 2.8비날론련합기업소[18]를 세우고 비날론의 전면적인 공업화와 경공업 확대를 적극 추진하였고, 리승기 박사를 1962년에 과학원 함흥분원 원장에 임명하면서 북 과학기술 발전을 이끌게 했다. 또 비날론을 '주체섬유'라 이름해 자립적 민족경제의 상징으로 널리 홍보하였다. 2.8비날론련합기업소에선 7개년 계획 수행 기간 매년 5만 톤 이상의 합성섬유와 합성수지, 기타 화학제품을 대량 생산하며 북 화학공업의 기반을 마련하였다. 비록 1990년대 고난의 행군 때 전력난 등으로 비날론 생산을 중단했으나 2010년에 재가동돼 현재 북 경공업의 중추를 맡고 있다.

[16] 리승기(1905~1996) 박사 : 전남 함평 출신의 공학자. 일본 교토제국대학 화학공학과를 졸업하고 교토제대 부설 일본화학섬유연구소에서 비날론을 개발하였다. 해방 후엔 서울대학교 공과대학장을 지내며 미군정의 국립대학안에 맞서 싸운 바 있으며, 한국전쟁 당시 월북하여 1962년에 과학원 함흥분원 원장을 맡는 등 북 '과학기술의 아버지'가 되었다. 1991년 노환으로 별세해 평양 신미리 애국렬사릉에 안장되었고, 손녀인 리옥 역시 공학박사로 북 과학계를 이끌고 있다.

[17] 김 수상은 "비날론 공업은 완전한 우리의 주체적 공업입니다. 그것은 첫째로 비날론을 발명한 것도 조선 사람이고 그것을 생산하는 공장을 설계하고 건설한 것도 조선 사람이기 때문이며, 둘째로 우리나라의 풍부한 원료에 의거하고 있기 때문"이라고 호평한 바 있다.('비날론공장 현대화의 경제적 효과', 〈조선신보〉 2010년 2월 24일자)

[18] 2.8비날론련합기업소 건설엔 8.28돌격대, 백두산돌격대 등 200여 개 돌격대가 동원됐다. 이들은 김일성 수상이 내건 "모든 것을 비날론공장 건설에로!" 구호 아래 빠른 속도와 자체 기술, 설비, 설계, 인력으로 1년 남짓한 기간에 50만㎢ 면적에 1만5,000여 개 생산설비를 갖춘 대규모 비날론 공업단지를 완성해 1961년 5월 7일 준공식을 가졌다. 돌격대가 보인 혁신과 건설속도는 '비날론속도'라 불리며 7개년 계획 수행 기간에 좋은 모범사례로 홍보되었다(사회과학원 력사연구소, 앞의 책, 15~18쪽).

5 경제건설에서 '사람'을 중심에 세우다
청산리방법과 대안의 사업체계

1950년대에 전후복구와 사회주의 개조를 마무리하고, 1960년대에 북은 전면적인 사회주의 경제건설 단계로 들어섰다. 앞에서 본 1961년 9월 조선로동당 4차 대회에서 마련한 7개년 계획(1961~1967)에는 공업생산에서 기술혁신과 자립적 공업체계 입안, 농업생산에서 영농 기계화를 통한 생산력 증대, 과학기술의 발전과 근로자들의 9년제 기술 의무교육 등이 세부 목표로 제시되었다.[1]

이런 7개년 계획은 천리마운동을 통해 이룬 빠른 사회주의 개조와 인민 대중의 정치 교양을 긍정 평가하고 계승하는 한편, 사회주의 전면적 건설에서 새로운 사업체계와 방법, 이른바 '새로운 사회주의적 경제관리체계'을 필요로 했다. 일찍이 전후복구 및 사회주의 기초건설 과정에 자원 낭비 문제나 관료주의, 주관주의, 형식주의 같은 문제가 적잖게 발생한 바 있다. 기존의 (농·공업 부문)경제관리체계와 거기서 파생된 문제를 방치한 채 7개년 계획의 성공적 수행과 사회주의의 안정적 건설은 불가능했다.

그래서 1961년 11월 27~12월 1일 진행된 조선로동당 중앙위원회 4기 2

---

[1] 좀 더 자세히 보면 다음과 같다. 농업부문에서는 알곡(곡물)의 100만 톤 증산이 주요 과제로 제시되었고, 경공업에선 방직공업(120% 성장), 식료 및 기호품 공업(125%), 일용품 공업(124%) 등의 성장이 과제였다. 중공업은 광물 생산의 확대, 경제건설(농촌경리·경공업·수산업 등)에 필수인 기계의 대량생산을 과제로 삼았다(사회과학원 력사연구소, 〈조선전사 30권 '현대편 : 사회주의 건설사 3'(과학백과사전출판사, 1982) 10~11쪽).

청산리협동농장을 현지지도하는 김일성 수상(1958. 10.)과 청산리협동농장 〈우리민족끼리〉, 〈DPRK 360〉

차 전원회의에선 경제에 대한 지도관리에서 당의 지도 아래 혁명적 군중노선을 관철하는 사회주의적 경제관리체계의 원칙이 제시되었다.[2] 이를 바탕으로 마련된 경제관리체계로는 농업부문에선 일찍이 1960년에 제시된 '청산리방법'이, 그리고 공업부문에선 1961년에 제시된 '대안의 사업체계'가 대표적이다. 청산리방법과 대안의 사업체계는 기본적으로 당·국가 기관이 협동농장·공장·기업소 등의 사업을 주도적으로 지휘하고, 사업과정에서 발생한 문제해결을 도와주는 형태의 사업방식이다.

먼저 청산리방법은 김일성 수상이 1960년 2월 평남 강서군 청산리 소재 협동농장을 현지지도한 데서 유래한다. 김 수상은 청산리 협동농장을 현지지도하면서 농민들과 함께 취식하고 일하였고, 청산리 일대의 각종 실태와 애로사항을 파악해 해결책을 적극 제안하였다. 여기서 상위 기관이 하위 기관을 도와주고 윗사람이 아랫사람을 도우며 현지에 내려가 실정을 알아보고 문제해결의 옳은 방도를 제시하고, 당 간부가 현지 근로자들 대상으로 정치사업(사람사업)을 잘해 근로자의 혁명적·창조적 적극성을 고양시키는 등을 내용으로 한 청산리방법이 탄생했다. 북은 청산리방법

---

[2] "사회주의 사회에서는 당의 령도 밑에 군중로선을 관철하여 모든 근로자들이 주인답게 일하여야만 경제를 성과적으로 관리·운영할 수 있습니다." 김일성, 〈사회주의 경제관리 문제에 대하여 3〉(조선로동당출판사, 1970) 41쪽; 사회과학원 력사연구소, 위의 책, 51쪽 재인용.

을 구현해 사업상 나타났던 관료주의·주관주의 등을 해소하고 상하의 일치단결을 이루어 사회주의 건설에 박차를 가하고자 했다.

> "청산리방법의 기본은 웃 기관이 아래 기관을 도와주고 웃 사람이 아래 사람을 도와주며 늘 현지에 내려가 실정을 깊이 알아보고 문제해결의 옳바른 방도를 세우며 모든 사업에서 정치사업, 사람과의 사업을 앞세우고 대중의 자각적인 열성과 창발성을 동원하여 혁명과업을 수행하도록 하는 데 있습니다. 이 방법은 목전의 혁명과업을 성과적으로, 깊이 있게 수행할 수 있는 힘 있는 사업방법일 뿐만 아니라 일군들의 사상·정치수준과 실무수준을 높이며 군중을 혁명화하는 힘 있는 교양방법입니다."[3]

이에 따라 군인민위원회에서 농촌 경영지도 기능을 독립시켜 군협동농장경영위원회를 신설하고, 산하에 농업기술자들과 농촌 경영담당 국가기업소를 두었다. 또 도농촌경리위원회를 신설하고 내각의 농업성을 농업위원회로 개편하여 당·국가에서 지방 소재 농업협동조합의 농업경영을 지도, 지원하는 형태의 농업지도체계를 완성하였다. 청산리방법을 통해 북은 농업부문에서 농민들의 열성과 창의성을 효율적으로 조직동원하게 되었고, 이로써 1960년대에 토지개간과 농업생산을 크게 확대할 수 있었다고 한다.[4]

대안의 사업체계는 청산리방법을 공장과 기업소에 적용한 것이다. 1961년 11월 당중앙위원회 전원회의에서 김일성 수상이 경제 지도관리 및 운영의 전면적 개선과업을 제기하고, 평남 강서군(현 남포특별시) 소재 대안전기공장을 12월6~16일 열흘간 직접 현지지도하면서 해결책을 제시한 데서 유래했다. 김 수상은 대안전기공장을 현지지도하면서 관리운영체

---

[3] 김일성, 〈김일성저작선집〉 4권(조선로동당출판사, 1971) 298~299쪽.

[4] 1960년엔 토지개간이 활발히 이뤄져 10만3,000정보의 경지가 확장됐고, 토지이용률은 1958년의 145%에서 174%로 확대돼 농업생산량이 크게 늘었다(사회과학원 력사연구소, 위의 책, 206쪽).

대안전기공장을 현지지도하는 김일성 수상(1961. 12.)과 대안련합기업소 전경 〈조선의 오늘〉, 〈로동신문〉

계와 관리기구의 조직 정형, 관리일꾼의 활동과 생산지도 정형, 노동자들의 생활형편 등 공장의 관리운영사업 전반 문제를 파악한 다음 새로운 경제관리체계를 구상하였다. 그런 김 수상은 12월 15일 당중앙위원회 정치위원회 확대회의에서 〈새로운 경제관리체계를 내올 데 대하여〉란 연설에서 새로운 경제관리체계로서 '대안의 사업체계'의 세부 방도와 체계를 제안하였다.

"기업관리에 대중을 널리 참가시키며 생산에 대한 행정기술적 지도와 당적, 정치적 지도를 옳게 결합시키는 오직 한가지 방도는 지배인 유일관리제로부터 공장 당위원회의 집체적 령도체계로 넘어가는 것입니다.

공장·기업소에서는 기사장이 참모장의 역할을 하여야 합니다. 그러므로 공장에서 생산지도부와 계획부, 기술부들은 기사장이 통일적으로 지도하도록 하여야 할 것입니다. 공업생산은 기술공정이므로 기술을 잘 아는 기사장이 생산을 통일적으로 지도하여야 합니다. 기사장은 계획부, 생산지도부, 기술부를 틀어쥐고 생산계획을 짜고 거기에 따라 기술 준비도 시키며 직장들에서의 계획수행 정형을 늘 알고 생산조직에서 바로잡을 것은 바로잡으면서 생산을 지도하도록 하여야 합니다. 공장에서 생산을 지도하는 체계를 이와 같이 참모부의 형태로 만들어야 군대에서 전투지휘를 유일적으로 하듯이 생산을 통일적으로 지도할 수 있습니다."[5]

5　김일성, 〈새로운 경제관리체계를 내올 데 대하여〉(1961년 12월 15일).

대안의 사업체계는 청산리방법과 동일하게 당·국가가 현장의 공장·기업소 사업을 돕고, 정치사업·사람사업을 강화해 '위가 책임지고 아래를 실질적으로 도와주는' 형태이다. 특히 기존에 공장·기업소 지배인·관리인이 단독으로 사업을 진행하던 것을 공장·기업소의 당(黨)위원회[6]가 집체적으로 사업을 추진토록 하고, 중앙에서 이를 지휘하고 지원·격려하는 형태로 바꿨다. 자세히 보면, 대안의 사업체계는 크게 공장·기업소 당위원회의 집체적 지도체계-공장 참모부의 통일적·집중적 생산지도체계-중앙집권적 자재공급체계 및 후방지원체계 3개의 체계로 구성된다. 공장·기업소 당위원회는 공장·기업소 운영 전반을 당 정책에 따라 집체적으로 총괄하고, 근로자들에 대한 조직사업과 사상사업을 담당한다. 공장 참모부는 기사장을 참모장으로 하고 휘하에 계획부, 기술부, 생산지도부를 둬 생산활동 전반을 총괄 지도한다.[7] 중앙집권적 자재공급체계 및 후방지원체계는 상급기관(지배인)이 책임져 하급기관은 자재공급 및 후방사업에 몰두할 수 있게 한다. 즉 대안의 사업체계는 경제관리 실천에서 정치사업을 앞세워 근로대중을 조직동원하고, 생산 및 기업관리에선 상하가 단결하여 통일성을 이루고 생산 효율성을 높이는 게 핵심이다.

대안전기공장을 시작으로 김일성 수상은 안주탄광, 평양방직공장을 잇달아 현지지도하며 산업 전반에 대안의 사업체계를 적용하려 했다. 그 결과, 1964년엔 대안의 사업체계를 기초로 한 사회주의 경제관리체계가 완성되어 협동농장·공장·기업소 등 북의 인민경제 모든 생산 부문과 단위들이 사회주의 경제관리체계에 지도와 지원을 받게 되었다. 이런 대안의 사업체계 아래서 북의 공업생산은 1961~62년 기간에 1.2배로 크게 성장하

---

6 공장·기업소 당위원회는 당 간부, 행정 간부, 기사장, 기술자, 생산 핵심당원 등으로 구성된다.
7 김일성, 위의 연설.

였다고 한다.[8]

청산리방법과 대안의 사업체계는 공통적으로 당·국가가 지방의 협동농장·공장·기업소를 지도할 뿐만 아니라 중앙의 간부가 현지에 직접 나가 인민대중과 협력하는 방식의 군중노선을 구현하였다. 그를 통해 사업과정에서 관료주의·주관주의와 상하 간 괴리를 해소하고 일치와 균형을 이루는데 목표를 두었다. 또 사회 전반의 이익을 고려해 계획의 일원화뿐 아니라 세부화를 이끌어내려 했다.[9] 상부기관과 윗사람이 직접 내려가 하부기관과 아랫사람을 성심껏 돕고 지도하는 구조, 사업에서 정치사업과 사람사업을 앞세울 것을 강조한 청산리방법과 대안의 사업체계는 중앙에서 일관된 하향식 명령체계인 소련 계획명령체계와는 구별되는 북의 독특한 사회주의 경제관리체계라고 하겠다. 또 청산리방법과 대안의 사업체계에서 형성된 정치사업과 사람사업 우선의 원칙은 사람의 자주성과 창조성, 의식성을 끌어올리는 주체의 사업방법의 기본원리가 되었다.[10]

---

[8] 대안전기공장은 전년 대비 103.7%로 생산량을 늘렸는데, 특히 전기기계 생산량을 190.4%로 증대해 1962년 계획을 조기 달성했다. 또 안주탄광은 1963년 석탄 생산량을 1961년 대비 123.2%로 늘렸다(사회과학원 력사연구소, 위의 책, 60~61쪽).

[9] 김일성, 〈당사업을 강화하며 나라의 살림살이를 알뜰하게 꾸릴 데에 대하여 : 당중앙위원회 4기 12차 전원회의 결론(1965.11.15.~17.)〉《김일성전집》 35권(조선로동당출판사, 2001) 참조》

[10] 이진규, 〈새시대 정치학원론〉(조국, 1990)(원본 李珍珪, 〈主體的 政治論〉(東京 未來社, 1987) 76~77쪽.

6 '한 손에는 총을, 다른 한 손에는 마치를'
경제·국방건설 병진노선

1960년대 제1차 7개년 계획 수행에서 경제건설과 더불어 중요과업으로 선정된 게 국방력 강화이다. 1962년 12월 10일 열린 당중앙위원회 4기 5차 전원회의에서 김일성 수상은 당시 내외 정세 변화를 반영해 경제와 국방건설의 병진방침을 제시하였다. '한 손에는 총을, 다른 한 손에는 마치(망치)를!'[1]이란 구호는 그 신호탄이었다.

북이 사회주의 건설과정에서 경제-국방건설 병진노선을 채택하게 된 배경은 다음과 같다. 기본적으로는 1953년 7월 이래 지속되는 정전체제이다. 협정을 체결해 전쟁은 표면상 가라앉았지만 북미(그리고 남북)간 군사대치는 지속되고 있다. 정전체제와 군사대결의 지속은 필연적으로 자위적 국방력 강화(이른바 '분단 비용')로 귀결된다.

그리고 1960년대의 국제정치적 환경이다. 1960년대 초 쿠바 미사일 위기(1962년 10월)를 기점으로 냉전 대립은 격화일로로 치달았다. 쿠바 미사일 위기는 이른바 '평화적 공존'을 내세운 흐루쇼프가 쿠바에 배치한 소

---

[1] "오늘 우리의 혁명투쟁과 건설사업에서 가장 중요한 것은 조성된 정세의 요구에 맞게 사회주의 건설의 전반적 사업을 개편하며, 특히 원쑤들의 침략책동에 대비하여 국방력을 더욱 강화할 수 있도록 경제건설과 국방건설을 병진시키는 것입니다. 이것은 정세의 변화와 관련하여 벌써 몇 해 전부터 집행하여 온 우리 당의 기본적인 전략방침입니다. 우리는 앞으로도 당의 이 방침을 확고히 견지하여야 하며 그에 립각하여 모든 사업을 전개하여야 할 것입니다."(김일성, 〈김일성전집〉 20권(조선로동당출판사, 1998) 415쪽)

경제·국방건설 병진노선 〈로동신문〉, 〈조선의 오늘〉

련 미사일을 철수하면서 일단락되었지만 세계 곳곳에서 미국의 제국주의적 침략은 계속되었다. 1964년 8월에는 베트남민주공화국 통킹만 일대에서 피격사건을 조작해 베트남을 침략하였다. (제2차 인도차이나전쟁, 또는 베트남전쟁)

또 동북아에서 미국은 소련과 중국을 견제하고자 이른바 한·미·일 삼각 안보체제를 형성하여 영향력을 확대해갔으며[2] 한반도에선 박정희 군사정권을 지원하며 주한미군 주둔 병력을 늘리고 전술핵을 배치하고 있었다. 그런 한편 중소갈등 격화로 사회주의권 분열이 심화되어 미국을 위시한 제국주의 세력의 침략과 군사위협에 제대로 대응하지 못하고 있었다.

이런·안팎의 상황을 반영해 북은 경제-국방건설 병진노선을 내세워 경제발전과 국방력 강화를 동시에 추진한 것이다. 병진노선의 국방력 강화 역

---

[2] 이런 미국의 동북아전략에 따라 1960년대 박정희 정권은 굴욕적인 한일수교를 졸속 체결했다. (서중석, 〈사진과 그림으로 보는 한국현대사〉(웅진지식하우스, 2009) 225~226쪽)

시 자주노선의 '국방에서의 자위' 원칙에 따라 시행되었다.

이런 북의 경제-국방건설 병진노선에 대해 남측 학계에선 경제개발 와중에 국방력 강화로 인해 국방비 부담이 늘어 결과적으로 경제발전에 일정 부분 차질을 빚은 점을 강조한다. 실제 당초 1961년부터 1967년까지 예정된 7개년 계획은 3년 뒤인 1970년에 목표를 달성해 마무리할 수 있었다.

전민 무장화 전국 요새화 기념우표

하지만 북의 입장에서 경제-국방건설 병진노선은 불가피했다고 하겠다. 북이 천명한 자주노선에서 이미 '경제에서의 자립과 국방에서의 자위'를 명시하고 있다. 또 김일성 수상은 경제-국방건설 병진노선 제시에 앞서 경제건설과 국방력 강화 어느 하나 중요하지 않은 게 없고 자립경제와 자위국방은 연계되어 있다고 꾸준히 강조하였다.

> "만일 제국주의의 침략적 본성을 보려고 하지 않고 경제건설에만 치우치면서 국방력을 강화하지 않는다면 전쟁의 위험을 증대시키게 되어 사회주의, 공산주의 건설은 고사하고 제국주의 침략으로부터 혁명의 전취물도 지켜낼 수 없으며 조국과 인민을 보위할 수 없게 된다. 반대로… 필요한 경제건설을 하지 않는다면 결국 나라를 부강하게 할 수 없고 인민생활도 높일 수 없으며 도대체 제국주의가 멸망하기 전에는 사회주의도 공산주의도 건설할 수 없게 될 것이다."[3]

더군다나 주한미군과 전술 핵우산으로 나라의 국방력을 사실상 미국에 의존하고 경제성장에 모든 힘을 집중한 남측과 달리[4], 자주노선을 천명한

---

3 사회과학원 력사연구소, 앞의 책, 47쪽.

조선인민군 〈로동신문〉, 〈조선의 오늘〉, 〈우리민족끼리〉

북은 전쟁 이래 지속된 미국의 군사위협에 대비해 국방력 강화와 군 현대화를 자주적으로 달성해야 했다.

경제-국방건설 병진노선에 따른 국방력 강화는 다음과 같이 구성된다. 먼저, 모든 사업에서 정치사상사업을 앞세우는 주체의 사업방법[5]에 따라

---

4 박정희 정권도 베트남전 참전을 계기로 자주국방을 강조하고 군(軍) 현대화를 꾀했다. 또 1.21 청와대 습격을 계기로 1968년에 향토예비군을 창설하고 학생들에게 교련수업을 강제하는 등 안보의식을 고취하였다(서중석, 앞의 책, 230~234쪽). 하지만 한국전쟁 이래로 전시작전권이 미국에 있는 조건에서 남측의 자주국방은 제한적일 수밖에 없었고, 무엇보다 박정희 정권의 국방력 강화는 군사정권의 영향력 증대를 통한 국민통제적 성격이 강했다.

5 "인민군대를 강화하기 위하여서는 무엇보다도 먼저 전체 군인들을 우리 당의 혁명정신으로 철저하게 무장시킴으로써 우리 군대를 진정한 혁명의 군대, 당의 군대, 로동계급의 군대로 만들어야 합니다. 동무들에게 있어서 군사훈련도 중요하고 방어공사도 중요하지만, 가장 중요한 것은 군인들 속에서 정치사업을 강화하는 것입니다."(김일성, 〈우리의 인민군대는 로동계급의 군대, 혁명의 군대이다. 계급적 정치교양사업을 계속 강화하여야 한다.〉 1963년 2월 8일)

인민군대 전반을 '일당백의 혁명무력'[6]으로 강화하는 정치사상교양사업과 계급교양사업이 강조되었다. 이를 통해 군인들에게 주체사상과 사회주의적 애국주의, 반수정주의, 반제국주의, 상하일치와 군민(軍民)일치의 원칙과 군사규율을 확립시켜 정치사상적으로 무장된 인민군대를 형성하고자 했다. 또한 군사훈련과 무장력 강화에도 힘써 인민군대의 정예화와 현대화를 꾀하였다.

둘째로 '4대 군사노선'(전민 무장화, 전군 간부화, 전군 현대화, 전국 요새화)을 확립하여 나라의 국방력을 크게 강화하려 했다. 전민 무장화 방침에 따라 준군사조직인 로농적위대(勞農赤衛隊, 현 로농적위군)[7]·붉은청년근위대[8]·교도대(敎徒隊)[9] 등이 창설 및 강화되어 '사회주의 건설을 다그치는 한편 전쟁에 언제나 대비하여 적을 소멸할 대비태세를 갖추게' 하였다.

또한 전군 현대화 방침에 따라 1963년 3월 19일 '군수공업의 자립적 토대를 더욱 강화하여 무기 및 전투기술기재의 생산과 수리사업을 확대발전시킬 데 대하여', '군수공업의 원료기지를 더욱 강화할 데 대하여'란 내각

---

[6] "인민군대에서 들고 나가야 할 구호는 '일당백'입니다. 옛날부터 싸움 잘하는 장수를 '일당백'이라고 말하였는데 이것은 하나가 백을 당한다는 말입니다. 군인들이 정치사상적으로 튼튼히 무장하고 전투훈련과 방어훈련을 잘 하면 일당백이 될 수 있습니다."(김일성, 〈김일성전집〉 30권(조선로동당출판사, 1998) 228쪽; 조선로동당 당력사편찬연구소, 〈조선로동당력사 1〉(조선로동당출판사, 2017) 372쪽 재인용)

[7] 로농적위대(勞農赤衛隊) : 북의 예비군 성격의 군사조직. 1959년 1월 14일 창설되었고 1962년에 전민 무장화 방침에 따라 규모가 확대되었다. 각 공장·기업소·협동농장에 편제되어 18~45세 남성과 18~35세의 비혼여성을 편성하고 일정 기간 군사훈련을 받게 한다.

[8] 붉은청년근위대 : 1970년 9월 창설된 북의 학생 및 청소년 군사조직. 북 전역의 고등중학교에 편제해 만14~16세 취학 청소년을 편성하며, 일정 기간 교내 군사훈련과 7일간의 야영훈련과 비상소집훈련을 받게 한다.

[9] 교도대(敎徒隊) : 북의 학생예비군 성격의 군사조직. 각 대학별로 편제되어 대학생들에게 군사훈련을 받게 한다. 유사시엔 인민군대에서 초급 군관 임무를 수행케 한다.

결정문을 채택하였다. 이에 따라 국방력 강화에 필요한 군수공업을 확충해 생산기지와 원료기지를 강화하는 한편, 군수공장을 후방(량강도~자강도 일대 산악지역)에 배치하고, 자립적 민족경제 원칙에 따라 무기의 국산화와 자립화를 꾀하였다.[10] 그리고 전국 요새화의 방침에 따라 북 전역에 방위시설(방공호, 대공포대, 해안포대, 지하갱도 및 군수공장)을 구축하고 전시 대비 예비물자를 비축하였다. 그리고 경제체제를 전시체제로 전환하는 데 대비하여 전시에도 생산을 원활히 하기 위한 준비태세를 갖추었다.

이런 경제-국방건설 병진노선에 따라 북의 국방력은 확충되었으며 미국을 위시한 적대세력의 공격에 대비할 준비태세를 갖추게 되었다. 이는 나라의 자주권과 자립적 민족경제를 지키는 힘으로 작용하였을 뿐 아니라 1960~70년대 미국과 대결에서 승리하는 기반으로 작용했다고 북은 주장한다. 그리고 경제-국방건설 병진노선의 원칙은 계승되어 2013년의 경제-핵무력건설 병진노선으로 등장하였다고 보겠다.

---

10 무기 국산화 및 현대화의 사례는 천마호 전차, 주체 자행포(자주포), 각종 방사포(MLRS)와 개인화기(AK 소총과 분대 지원화기 등)의 자체생산이 있다.

7 조선로동당 제5차 대회와 사회주의헌법 제정

1970년 11월 2~13일 평양에서는 조선로동당 제5차 대회가 개최되었다. 5차 당대회에서는 이전 7개년 계획으로 경제발전을 이뤄 사회주의 공업국가로 성장하였다고 평가하였다. 또 사상교양사업을 통해 당과 사회 전반의 정치사상적 통일을 공고히 하였고 '온 사회의 혁명화, 로동계급화' 역시 성과적으로 진척시켰다고 봤다. 더불어 경제-국방건설 병진노선을 통해 전인민적, 전국가적 방위체계가 수립되었고, 청산리방법과 대안의 사업체계로 대표되는 사회주의 경제관리체계가 훌륭히 확립되었다고 자평했다.

이런 7개년 계획 수행의 성과를 총화한 다음 5차 당대회에서는 1970년대에 사회주의 건설을 더 심화·발전시킬 계획을 마련하였다. 김일성 수상은 5차 당대회 보고에서 사상, 기술, 문화의 '3대 혁명'을 강하게 추진할 것을 주문하였으며, 국방력 강화, 인민생활 향상 등을 주요 과제로 제시하였다. 이어 새로운 경제발전안인 6개년 계획(1971~1976)이 마련되었다. 6개년 계획은 이전의 공업 발전을 바탕으로 중공업, 경공업, 농업의 격차를 줄이고 인민생활 전반의 향상을 핵심으로 하였다. 공업 총생산은 2.2배(생산수단 생산 2.3배, 소비재 생산 2배)로 성장시킬 것이 과제로 제시되었으며, 인민생활 향상을 위해 10년제 의무교육, 국민소득 1.8배 향상, 물가 안정, 사회보장제 확대 등을 과제로 삼았다.[1]

조선혁명박물관 〈사회주의헌법 제정〉 전시와 〈조선민주주의인민공화국 사회주의헌법〉 표지 〈우리민족끼리〉

통일 문제와 관련해선 외세 간섭을 배제한 자주적 남북 총선거를 통한 통일정부 수립을 천명하는 한편, 남측의 이른바 '혁명적 당'인 통일혁명당의 창당을 총화하며 남조선 민주주의혁명에서 통일혁명당으로 대표되는 혁명역량 강화를 주문하였다. 이밖에 대외정책으로 사회주의국가는 물론 제3세계 국가들과 연대를 강화해 반제·반미전선을 공고화하는 것을 과제로 세웠다. 그리고 당사업 부문에선 유일사상체계의 확립, 철저한 관료주의 배격 및 사람과의 사업 강화, 당간부 학습 및 교양 강화, 근로단체의 역할 강화 등을 강조했다.[2] 특히 당의 유일사상체계 확립과 관련해 5차 당대회에선 주체사상을 공식 지도사상으로 천명하였다. 당규약을 개정해 "맑스-레닌주의를 우리나라의 현실에 창조적으로 적용한 김일성 동지의 위대한 주체사상을 활동의 지도적 지침으로 한다"고 못 박은 것이다.

---

1 세부 목표로는 전력 280~300kWh, 석탄 5,000만~5,300만t, 선철 및 입철 350만~380만t, 강철 380만~400만t, 압연 강재 280만~300만t, 화학비료 280만~300만t, 시멘트 750만~800만t, 직물 5~6억m, 수산물 160만~180만t, 식량 700만~750만t, 트랙터 2만1,000대 생산이 제시됐다(1976년 기준).(사회과학원 력사연구소, 〈조선전사〉 32권 '현대편 : 사회주의 건설사 5'(과학백과사전출판사, 1982) 24~30쪽.

2 김일성, 〈조선로동당 제5차 대회 중앙위원회 사업총화보고〉(1970년 11월 참조)

1970년대 초반 북에서 5차 당대회 못지않게 중요한 정치적 사건이 바로 사회주의 헌법 제정이라고 하겠다. 물론 북엔 1948년 제정한 '조선민주주의인민공화국 헌법'이 있었다. 하지만 1948년 제정한 헌법은 해방 직후 인민민주주의 건설에 관한 내용이 주를 이루고 있어[3], '전면적인 사회주의 건설기'에 해당하는 1970년대 북의 상황과는 맞지 않았다.[4] 때문에 당시 사회주의 건설 수준과 인민대중의 의향을 반영한 새로운 헌법을 제정해야 했다.[5]

그래서 1972년 12월 12일 조선민주주의인민공화국 최고인민회의 대의원 선거가 북 전역에서 실시되어 541명의 대의원을 선출하였다. 이렇게 새로 뽑은 대의원들로 구성된 최고인민회의 제5기 1차 회의가 1972년 12월 25~28일 소집되어 헌법 제정 안건과 조선민주주의인민공화국 정부기관 선거 안건을 논의하였다.

> "우리나라 사회주의제도는 근로대중이 모든 것의 주인으로 되고 있으며, 사회의 모든 것이 근로대중을 위하여 복무하는 가장 우월한 사회제도입니다."[6]

---

3 "헌법 초안은 북조선 인민들이 정권을 자기 손에 틀어쥐고 해방후 두 해 동안에 사회의 민주주의적 개혁을 실시하는 과정에서 이룩한 전취물들을 법적으로 확인하고 고착시키며 전체 조선 인민에게 우리 조국이 나아갈 길을 가리켜주는 력사적 문건이였다."(사회과학원 력사연구소, 〈조선전사〉 24권 '현대편 : 민주건설사 2'(과학백과사전출판사, 1981) 164쪽.

4 이종석, 〈북한의 역사 2 : 주체사상과 유일체제, 1960~1994〉(역사비평사, 2015) 74쪽.

5 〈조선전사〉에선 1970년대 초 새로운 헌법 제정의 필요성을 이렇게 설명한다. "혁명과 건설에서 이룩한 빛나는 성과들을 공고히 하며, 사회주의, 공산주의 건설의 력사적 위업을 완수하기 위하여서는 로동자, 농민의 혁명주권을 끊임없이 공고·발전시켜 나가야 한다. 혁명주권을 강화하여야 사회주의 제도의 우월성을 높이 발양시키며, 우리의 국가사회제도를 더욱 튼튼히 다져 인민대중에게 자주적이며 창조적인 생활을 원만히 보장하여 줄 수 있다."(사회과학원 력사연구소, 32권 '현대편 : 사회주의 건설사 5'(과학백과사전출판사, 1982) 111쪽)

6 김일성, 〈우리나라 사회주의제도를 더욱 강화하자〉(1972년 12월 25일)

제5기 1차 회의에서 김일성 수상은 〈우리나라 사회주의제도를 더욱 강화하자〉란 연설에서 사회주의제도의 우월성과 사회주의헌법 제정의 당위성, 그리고 3대 혁명 추진의 필요성과 정권기관의 역할 등을 설명하였다. 그리고 이 연설 내용을 바탕으로 '조선민주주의인민공화국 사회주의헌법'(이하 사회주의헌법, 총 11장 149조)이 제정되어 1972년 12월 27일 공식 채택되었다. 또 새로 제정된 사회주의헌법에 따라 조선민주주의인민공화국 정부기관(중앙국가기관)이 회의 기간 선거를 통해 새로 구성되었다. 김일성 수상은 국가주석으로 선출되었고, 정부기관은 주석(국가수반)·중앙인민위원회(최고지도기관)와 지방인민회의·정무원 및 각급 행정위원회(행정집행기관)·중앙재판소-검찰소(사법기관) 및 각급 재판소-검찰소 구조로 재편하였다.

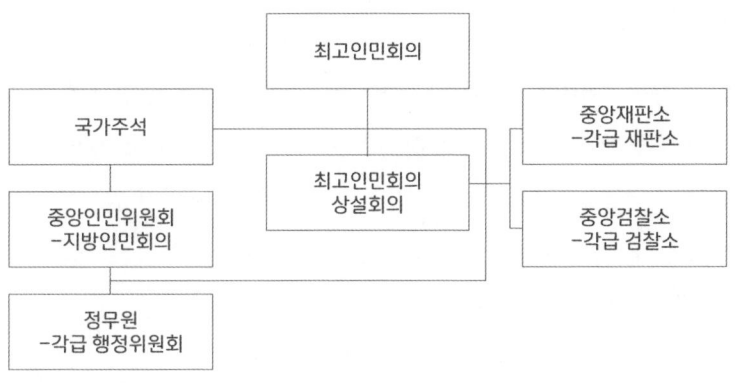

조선민주주의인민공화국 사회주의헌법 채택 이후 북 정부기관 체계

사회주의헌법의 주요 내용은 다음과 같다. 1조에는 북을 '전체 조선 인민의 이익을 대표하는 자주적 사회주의국가'로 규정하고, 노동계급이 지도하는 노농동맹을 주도세력으로 규정하였다. 또 김일성 주석을 중심으로 한 유일사상체계와 주체사상을 공식 지도이념이자 노선으로 천명하

〈사회주의 헌법〉 제정 기념 열병식 〈조선의 오늘〉

였다. 이어 북 정부의 주요 혁명과업으로 '공화국 북반부에서 사회주의의 완전 승리', '민주주의 기초에서 조국의 통일독립 달성', '온 사회의 혁명화, 노동계급화'를 제시하고 활동원칙으로 '프롤레타리아독재를 통한 계급노선 및 군중노선 달성', '자립적 민족경제 건설', '자위적 원칙에 기초한 국방력 강화', '평등과 자주성에 기초한 정치외교노선' 등을 공식화했다.

사회주의헌법엔 인민대중의 사회적 지위와 권리 및 의무도 규정하였다. 생산수단(공장, 기업소, 협동농장)의 국가 및 협동단체의 사회주의적 소유를 명시하면서도 개인소유와 상속권을 법으로 보장(2장 22조)했다. 또 세금제도 폐지(2장 33조)를 밝히고 공민의 10년제 의무교육과 일반교육 및 기술교육의 무상화(3장 35·41·42조), 무상보육(3장 43조), 무상의료(3장 48조), 무상주택(2장 26조), 8시간 노동제(2장 28조), 문화예술활동 참여(3장 60조) 등 제반 사회적 권리를 명시하였다. 이밖에 공민의 정치활동(선거권 및 피선거권, 언론·집회·결사의 자유, 신앙생활 및 이를 거부할 자유 등) 권리와 의무(사회주의적 생활규범 및 규칙, 집단주의와 노동의 의무, 국방의 의무 등)을 담았다.

북에선 사회주의헌법 제정에 대해 사회주의 건설의 기본원칙(프롤레타리아독재, 온 사회의 혁명화와 로동계급화)과 노선을 확고히 하고, 사회주의 혁명과 건설, 조국통일의 지침을 마련했다고 평가한다. 또 "우리나라 사회주의제도의 우월성과 불패의 생활력, 우리 조국의 휘황한 앞날을 뚜렷이 보여줌으로써 남조선 인민들에게 승리에 대한 확고한 신심을 북돋아주고 이들이 미제와 주구들의 파쑈체제를 반대하고 민주화와 조국통일을 실현하기 위한 투쟁에 떨쳐나서는 추동력이 되었다"[7]고 의미를 부여했다.

특히 제반 사회적 권리 보장을 사회주의헌법에 명시한 것을 두고, 북은 사회주의제도의 우월성을 과시한 사례로 꼽는다. 이는 당시 남한의 박정희 정권에게 적잖은 충격을 주었다. 박정희 정권이 의료보험 등 각종 사회보험제(산재보험·고용보험·국민연금 등)를 도입하는데 상당한 자극이 됐다.[8]

---

[7] 사회과학원 력사연구소, 위의 책, 139쪽.
[8] 김연명, 〈한반도의 냉전체제가 남북한 사회복지에 미친 영향〉(중앙대 대학원 사회복지학과 박사학위논문, 1993) 55~126쪽.

8 사상과 기술, 문화도 주체의 요구대로
3대 혁명

6개년 계획 제시, 사회주의헌법 제정 외에 1970년대 초반 북의 주요 관심사로 꼽을 게 '3대 혁명'이다. 사상, 기술, 문화 3개 분야에서 혁명을 강력히 전개하여 사회주의제도를 공고히 할 것을 강조한 3대 혁명은 김일성 주석이 5차 당대회에 이어 최고인민회의 5기 1차 회의 보고에서 거듭 제기하였다.

> "우리는 기술혁명, 문화혁명, 사상혁명을 계속 힘있게 다그쳐 사회주의제도를 더욱 공고히 하며, 사회주의의 완전한 승리를 이룩하여야 할 것입니다."[1]

좀 더 살펴보면, 3대 혁명은 사회주의 건설의 기본노선이어서 인민민주주의혁명-사회주의혁명 단계에서는 사회 전반의 개조가 주요 과제로 제기되고 3대 혁명은 식민지·봉건 잔재 청산과 생산관계의 사회주의적 개조를 실현하는 수준에서 진행된다. 또 사회주의제도가 수립된 뒤에도 사상, 기술, 문화 등 분야에 봉건제, 부르주아민주주의 등 구시대 및 구체제의 유물(적폐)[2]이 남기 때문에 인민대중의 자주성을 실현하고 공산주의사회로 이행하기 위하여 3대 혁명을 계속 수행해야 한다. 공산주의사회가 완성된 다음에도 사람 교양, 사회관계 개선, 자연개조분야에선 3대 혁명이 계속된다.[3]

---

1 김일성, 〈우리나라 사회주의제도를 더욱 강화하자〉(1972년 12월 25일)
2 구시대 및 구체제의 유물로는 관료주의, 주관주의, 형식주의, 요령주의, 보수주의 등을 들 수 있다(이진규, 위의 책. 263~265쪽).

3대혁명 기념탑
〈조선의 오늘〉

3대 혁명의 원칙은 '사상혁명을 앞세우면서 더불어 기술혁명과 문화혁명을 동시에 추진하는 것'이다. 이는 사회주의사회에서 정치가 주도적 위치를 차지하면서도 정치-경제-문화가 서로 유기적으로 상호작용하는 주체의 정치원리를 그대로 반영한 것이다.[4] 즉 사람과의 사상사업을 통해 인민대중을 유일사상인 주체사상으로 각성, 무장시키고(정치영역에서의 혁명) 여기에다 생산부문의 기술혁신(경제영역의 혁명)과 사회주의적 민족문화의 중진(문화영역의 혁명)을 병행해 사회주의를 건설하는 것이 3대 혁명의 핵심이랄 수 있다.[5]

---

3 '3대 혁명' 〈정치사전〉 설명 참조.
4 이진규, 위의 책, 75~82쪽.
5 이는 북의 사회주의 건설이 소련과 동유럽 사회주의국가들이 걸었던 길과 명확히 다른 점이다. 이 국가들의 사회주의 건설 방향은 '경제가 사회의 모든 영역을 결정한다'는 맑스-레닌주의의 유물론 원칙을 교조적으로 적용하여 사회주의 건설에서 물질경제적 조건 달성만을 중시하였고 사상혁명과 문화혁명을 간과하였다. 이 때문에 정치사상영역에서 수정주의가 확산돼 맑스-레닌주의 원칙이 흐려지고 사회주의권 전반의 분열을 초래했으며 문화영역에선 허무주의, 자본주의 문화가 침투해 인민대중의 문화생활을 심각하게 흐려 놓았다고 한다. 결국 사상혁명과 문화혁명의 간과는 사회주의권 몰락의 배경이 됐다는 것이다(최철웅·신영균, 〈사회주의 배신자들의 추악한 운명〉(사회과학출판사, 2010) 참조).

"3대 혁명소조 성원들은 대중 속에 더욱 깊이 들어가 그들의 혁명적 열의와 창조적 지혜를 적극 발동시켜야 합니다. 그리하여 3대 혁명소조 성원들과 공장, 기업소, 협동농장 지도일군들과 전체 근로자들이 힘을 합쳐 사상혁명, 기술혁명, 문화혁명을 더욱 힘있게 벌려야 하겠습니다."[6]

김일성 주석이 제시한 3대 혁명 개념은 1973년 2월 초에 3대 혁명소조운동으로 구체화되었다. 3대 혁명소조운동은 정치사상적으로 잘 준비되고 현대적 과학기술로 무장한 로동당원, 대학생, 국가경제기관 종사자, 근로단체 종사자, 기술자 및 과학자 등 지식인(근로 인테리)으로 구성된 소조[7]를 북 전역의 생산단위(공장, 기업소, 협동농장)와 학교 및 문화기관, 행정기관에 파견하여 인민대중 속에서 사람사업과 정치사업, 기술혁신, 문화교양 등을 활성화하는 운동이다. 특히 혁명소조는 현지에서 해당 기관의 간부들을 정치사상적으로 일깨우고 잘 도와주어 당의 정책과 노선을 관철시키고, 현지 일꾼들에게 현대적 과학기술을 교육하고 실천을 통하여 인민대중 전반이 3대 혁명을 잘 해나가도록 하는 역할이다.

"우리는 3대 혁명소조원들에게 동무들은 나가서 간부들을 일깨워주고 도와주어야 한다, 동무들의 투쟁대상은 간부들이 가지고 있는 보수주의, 경험주의, 관료주의를 비롯한 낡은 사상이지 결코 간부들 자체가 아니다, 그러므로 간부들이 가지고 있는 낡은 사상을 반대하여 타협 없이 투쟁하되 그들을 존경하고 받들어 주어야 한다."[8]

3대 혁명소조운동을 성공시키기 위해 김일성 주석은 당중앙위원회 정치위원회 강서확대회의(1973년 3월 14일)와 5기 10차 전원회의(1975년 2월),

---

6 김일성, 〈사상혁명, 기술혁명, 문화혁명을 더욱 힘있게 다그치자〉(1973년 3월 14일)
7 혁명소조는 적게는 20~30명 규모이고, 큰 공장 및 기업소의 경우 50명 규모로 알려졌다.
8 김일성, 〈조선로동당 창건 30돐에 즈음하여〉(1975년 9월 10일)

1979년 인민경제계획 선전화
〈Illusion History〉 2018. 3. 12.

공업 열성자회의(1975년 3월) 등 여러 회의를 주관하며 3대 혁명소조운동을 심화·발전시키고 소조원들의 역량을 강화할 여러 과업들을 제시한 것으로 알려졌다. 또 운동 초기에 생산단위에 파견되던 혁명소조를 학교 및 문화기관, 행정기관 등 사회 전반으로 확대하였다. 이런 지원에 힘입어 혁명소조들은 인민대중 속에서 정치사상지도와 과학기술지도를 활발히 벌이는 한편, 현장에서 열성적으로 실천해 적잖은 성과를 거뒀다고 한다.

3대 혁명소조운동에 이어 3대 기술혁명[9]과 3대 혁명 붉은기쟁취운동이 전개되었다. 특히 1975년 12월에 시작된 3대 혁명 붉은기쟁취운동은 1950~60년대 천리마운동을 계승·발전시키고 1970년대 중반에 추진된 3대 혁명노선을 집대성한 개념인데 사상, 기술, 문화의 3대 혁명을 전방위적 대중운동으로 확산하려는 취지였다.

---

[9] 3대 기술혁명 : 3대 혁명 중 기술혁명 수행에서 공업부문의 자동화(원격화·산업텔레비전화·무선화)와 농업부문의 기계화(수리화·전기화·화학화)를 통해 근로인민대중의 노동 위험부담을 덜고 자주적, 창조적 생활을 보장하기 위해 제시된 기술혁신운동. 3대 기술혁명 역시 자립적 민족경제 건설원칙 아래 시행되었다. 이 과정에 황해제철기업련합소, 강선제강소, 승리자동차종합공장, 금성뜨락또르공장 등이 자동화 모범사례로 뽑히고, 청산리협동농장(남포시), 룡천협동농장(평북 황주군), 미곡협동농장(황북 사리원시) 등이 기계화의 모범으로 선정됐다(사회과학원 력사연구소, 위의 책, 160~178쪽).

천리마운동이 벌어진 천리마작업반운동과 3대 혁명 붉은기쟁취운동은 지도사상인 주체사상의 원리와 요구에 맞게 사람들의 사상개조와 기술혁신운동을 유기적으로 결합, 심화 발전시키고 빠른 속도로 사회주의 건설을 추진한다는 점에서 같은 성격을 지닌다. 물론 3대 혁명 붉은기쟁취운동이 천리마작업반운동과 구별되는 점이 있다. 3대 혁명 붉은기쟁취운동은 이미 천리마작업반운동을 통해 근로대중의 정신도덕적 전환과 경제, 문화건설의 기반이 마련된 것을 바탕으로 더 높은 목표인 '온 사회의 주체사상화'란 당의 강령을 직접적인 투쟁 구호로 내세워 실현해가는 운동이다. 3대 혁명 붉은기쟁취운동은 또 '혁명의 지도부이자 사회유기체의 심장'인 당이 직접 인민대중을 조직지도하는 고도로 조직화된 운동이라고 하겠다.[10]

> "3대 혁명 붉은기쟁취운동은 사상혁명, 기술혁명, 문화혁명을 힘있게 벌려 사회주의 건설을 다그치기 위한 전인민적인 대중운동입니다."[11]

좀 더 설명하면, 3대 혁명 붉은기쟁취운동은 '온 사회의 주체사상화' 요구에 맞게 3대 혁명을 심화시키고, 3대 혁명 수행 운동을 조직화·대중화하여 사회 전반(경제, 문화, 사상 및 윤리 등)의 구시대 유물을 청산하고 자연과 사회, 사람을 주체사상의 요구대로 개조해 나가는 혁명적 대중운동이라는 것이다.

'사상도 기술도 문화도 주체의 요구대로!'란 구호를 내걸고, 당의 지도 아래 3대 혁명 붉은기쟁취운동이 힘있게 전개되었다. 12월 3일 평양 김일성광장에서 군중대회를 시작으로 전국 주요 도시(함흥, 신의주, 사리원, 청진 등)에서 3대 혁명 붉은기쟁취운동을 추진하기 위한 궐기대회가 열렸

---

10 사회과학원 력사연구소, 위의 책, 270~271쪽.
11 김일성, 〈김일성저작선집〉 8권(조선로동당출판사, 1982) 142쪽.

3대 혁명 소조원과 3대 혁명 붉은기쟁취운동 〈로동신문〉, 〈조선의 오늘〉

다. 1976년 6월에는 조선로동당이 운동의 지침서인 〈3대 혁명 붉은기쟁취운동 지도서〉[12]를 만들어 보급하였고, 북 사회의 각 단위와 단체들에서 경험 교환회와 상학을 통해 3대 혁명 붉은기쟁취운동의 경험과 방식을 공유하였다. 그리고 운동 과정에선 각 단위에 파견된 3대 혁명소조가 실천적 모범으로 인민대중을 교양했다.

3대 혁명 붉은기쟁취운동은 6개년 계획으로 대표되는 1970년대 사회주의 건설에 적극 도입되었다고 한다. 사상, 기술, 문화혁명을 주체사상의 요구에 맞게 추진한다는 원리 아래 정치사상영역에서는 인민대중 대상 주체사상 교양이 진행되고, 경제부문에선 공업의 자동화, 농업의 기계화와 더불어 6개년 계획 목표의 조기달성을 위해 근로자들이 생산활동을 벌였다. 3대 혁명 붉은기쟁취운동 과정에서 높은 성과를 이룬 단위들은 모범사례로 뽑혀 3대 혁명 붉은기를 받았다.

그리고 문화혁명의 경우 교육부문에선 김일성 주석이 1977년 9월 5일 5

---

12 〈3대 혁명 붉은기쟁취운동 지도서〉는 사상, 기술, 문화혁명의 과제와 운동 참여 부문 및 단위, 운동에서의 근로단체(직업총동맹, 농업근로자동맹, 사회주의녀성동맹, 김일성주의 청년동맹)와 행정기관의 임무와 역할, 운동의 행동규범과 '3대혁명 붉은기'의 수여 절차 등으로 구성되어 있다. (사회과학원 력사연구소, 위의 책, 272쪽.)

기 14차 전원회의에서 발표한 〈사회주의 교육에 관한 테제〉[13]를 원칙 삼아 '주체형의 공산주의혁명가 양성'과 '온 사회의 인테리화'를 목표로 인민대중을 고등중학교 이상의 학력수준과 대졸 이상의 기술문화수준으로 향상시키기 위한 교육사업이 전개되었다. 또 주체의 문예창작방법에 따라 다양한 문학예술작품이 창작·보급되어 문화교양을 담당하였고, 전국 각 단위의 혁명소조를 중심으로 악기 연주 연습, 혁명가요 보급, 예술창작활동 등 문학예술활동이 벌어졌다.

이같이 1970년대에 확립된 3대 혁명노선과 이에 근거해 전개된 3대 혁명소조운동, 3대 혁명 붉은기쟁취운동은 1970년대 북 사회주의 건설과 '주체혁명위업 수행'의 근간이 되었다. 3대 혁명 붉은기쟁취운동은 오늘날 김정은시대 사회주의 강국 건설의 총노선으로 작용하고 있다.[14]

---

[13] "공산주의의 사상적 요새를 점령하기 위하여서는 교육사업을 잘하여야 한다. 교육사업을 잘하여야 낡은 사회가 남겨놓은 사상문화적 락후성을 없애고 모든 사람들을 공산주의적 인간으로 교양·육성할 수 있으며 혁명과 건설을 힘있게 밀고 나갈 수 있다." (김일성 〈사회주의 교육에 관한 테제〉 1977년 9월 5일)

[14] "위대한 수령님들께서 독창적으로 밝히시고 구현해 오신 사상, 기술, 문화의 3대 혁명로선은 어제도 오늘도 래일도 영원한 생명력을 가지는 백승의 기치이며 사회주의 건설에서 우리 당이 틀어쥐고 나가야 할 총로선입니다.… 우리는 3대 혁명 붉은기쟁취운동을 더욱 힘있게 벌려 사회의 모든 성원들을 참다운 김일성-김정일주의자로 준비시키며 우리 혁명의 정치군사진지를 철옹성같이 다지고 경제강국 건설과 문명국 건설을 다그쳐 이 땅 우에 국력이 강하고 모든 것이 흥하며 인민들이 세상에 부러운 것 없이 사는 사회주의 강성국가를 일떠세워야 합니다." (김정은, 〈혁명발전의 요구에 맞게 3대 혁명 붉은기쟁취운동에서 근본적인 전환을 일으키자 : 제4차 3대 혁명 붉은기쟁취운동 선구자대회 참가자들에게 보낸 서한〉 2015년 11월 20일)

9

수정주의와 교조주의 혼란 속에서 조선혁명의 주체를 세우다
중소갈등과 자주노선 천명

1950년대 후반 사회주의권은 일대 혼란에 빠져들었다. 발단은 1953년 소련의 이오시프 스탈린(Иócиф Стáлин)이 사망해 후임 서기장에 취임한 니키타 흐루쇼프(Никита Хрущёв)가 1956년 소련공산당 20차 대회에서 반스탈린 노선을 천명하고 벌인 스탈린 격하운동이었다.

흐루쇼프는 스탈린 1인 지도체제를 '개인숭배(북에선 개인 미신이라고 함)'로 비난하였으며, 1930년대 후반의 이른바 '대숙청(Большая чистка)'[1] 당시에 "스탈린이 수많은 인사들을 무고하게 희생시켰다"고 비난하였다.

---

[1] 대숙청(Большая чистка) : 1937~38년 소련에서 벌어진 반혁명 숙청. 당시 내무인민위원회(НКВД, NKVD) 위원장이던 니콜라이 예조프(Николай И. Ежов)가 실무를 맡아 일명 '예조프시나(Ежовщина)'라고도 불린다. 당시 소련에서 반혁명 요소와 관료주의 등을 타파하고자 전개되었는데 27만8,000여 명이 소련공산당에서 추방되어 처형 또는 하방되었다. 물론 대숙청 과정에서 적잖은 오류가 발생하였고, 니콜라이 예조프 역시 오류에 대한 책임을 물어 내무위원장에서 해임, 1940년 처형되었다. 붉은 군대 역시 대숙청의 영향을 크게 받았다. 전투 경험이 많던 제정 러시아 백군 출신 장교들이 숙청됨에 따라 이후 2차 세계대전 당시 핀란드와 겨울전쟁(Talvisota, 1939~1940)이나 나치독일과 대조국전쟁(Великая Отéчественная войнá, 독소전, 1941~1945) 초반에 붉은 군대가 참패하는 한 원인이 되었다. 이로 인해 서방에선 스탈린을 '인간백정', '학살자'라 비난하는 한편, 숙청된 인원수를 과장해 악용한다. 그러나 최근 학계 일각과 사회주의운동 진영에선 대숙청이 '사회주의 건설의 필요악'(실제 대상은 관료주의자나 부농, 지주, 종교인 등 봉건 잔재가 대부분이었다)이었고, 숫자도 과장되거나 불분명하다며 재평가하는 수정주의 학설이 점차 늘고 있다('흐루쇼프 수정주의의 발생과 쏘련에서의 반혁명', 〈노동사회과학〉 vol.10, 노동사회과학연구소, 2019년 12월 27일; '반스딸린 거짓선전에 대해 반격에 나선 국제공산주의자들', 전국노동자정치협회, 2020년 1월 13일 등 참조).

그리고 스탈린의 사회주의 건설노선을 반성한다는 명목 아래 수정주의를 전면화했다. 흐루쇼프가 내세운 수정주의 노선은 노동계급을 이끄는 수령의 권위를 '개인숭배'라 비난하는 대신 인민대중이 참여하는 '집체적 지도체제'를 주장했다. 경제분야에선 생산수단에 대한 당의 중앙집권을 폐지하고 지역별 건설관리기관인 '인민경제 소비에트'를 조직해 분권화했다. 더불어 인민에게 자유로운 문화생활을 보장한다는 명분 아래 인민에 대한 사상교양을 사실상 포기하였다. 이밖에 흐루쇼프는 미국 등 서방 제국주의국가들과 관계에서 대결을 지양하고 이른바 '평화적 공존'(데탕트, Détente)을 주장했다.

이런 흐루쇼프의 스탈린 격하운동과 서방권에 대한 대화 시도 등 수정주의노선은 사회주의권에 큰 파장을 불렀다. 사회주의권의 또 한 축이었던 중국의 마오쩌둥(毛澤東)은 흐루쇼프의 스탈린 격하운동과 서방과 대화 시도를 수정주의, 우경투항주의라 비난하며 스탈린주의의 고수를 천명하였다. 이에 소련에서는 마오쩌둥에 대해 교조주의라 비난하며 중-소 관계는 급격히 악화되었다.[2] 이른바 '중소갈등'의 시작이었다. 중소갈등으로 양국 간 경제 합작, 군사교류 등은 일체 중단되었고, 국경분쟁(1969)이 무력충돌로 번지기도 했다. 그뿐 아니라 흐루쇼프의 반스탈린 노선과 여기서 비롯된 중소갈등은 다른 사회주의국가들에도 큰 영향을 미쳐 1956년 헝가리 시위, 1968년 체코슬로바키아 시위(이른바 '프라하의 봄') 등 동유럽 사회주의국가에서 반공시위가 벌어졌으며, 사회주의국가들은 소련식 사회주의 노선이나 중국의 사회주의노선(마오쩌둥주의)을 선택하며 양분되었다.[3]

---

2 마오쩌둥은 흐루쇼프의 수정주의를 강하게 비판하며 맑스-레닌주의 및 스탈린 노선을 적극 옹호하고 사회주의 경제원칙 수호를 천명했다. 외교노선도 평화적 공존이 아닌 국제공산주의운동의 연대와 통일을 강조하였다. 또 사회주의사회에서도 계속 혁명을 강조해 계급투쟁의 긴장은 '문화대혁명'으로 이어졌다(편집부 엮음, 〈중소대립과 북한〉(나라사랑, 1988) 13~14쪽).

회담 중인
흐루쇼프(오른쪽)와 모택동
1958. 1., "Mao Zedong, Nikita Krushchev 1958 Peking", 미국 의회도서관 소장 자료

이런 중소갈등과 사회주의권의 혼란 속에서 북은 어떤 길을 택하였을까. 북은 기본적으로 국제사회주의운동의 발전을 위해 사회주의국가들과의 친선단결 강화를 가장 중요하게 여겼다.[4] 또 맑스-레닌주의 원칙의 창조적 적용을 강조하면서 수정주의나 교조주의 어느 쪽에 편향되는 것을 경계하였다.

"우리에게는 그 어떠한 편이 문제로 되는 것이 아니다. 사회주의진영의 단결을 수호하는 것이 중요하며, 우리의 공동이익을 수호하는 것이 중요하며, 평화와 민족적 독립과 사회적 진보를 위하여 피어린 투쟁을 전개하고 있는 인민들의 리익이 중요한 것이다.… 만일 사회주의진영 내에서 어제는 한 당과 한 나라를 고립시키고 배제하며, 오늘은 또 다른 당과 다른 나라를

---

3   동유럽의 WTO(바르샤바조약기구) 회원국 대다수가 소련에 영향 받아 수정주의노선을 택했으나 엔베르 호자(Enver Hoxha)가 이끈 알바니아인민공화국은 소련을 수정주의라 비난하며 WTO를 탈퇴하고 마오쩌둥주의를 따랐다가 이후 중국 역시 비판하며 독자노선을 걸었다. 요시프 티토(Josip Broz Tito)가 이끈 유고슬라비아는 냉전 초기부터 반소 독자노선을 채택하였다.

4   "대외정책분야에서 우리의 가장 중요한 과업은 쏘련, 중화인민공화국을 비롯한 사회주의진영 나라들과의 국제주의적 친선과 단결을 더욱 강화하는 것입니다."(김일성, 〈김일성저작집〉 11권 (조선로동당출판사, 1985) 321쪽; 사회과학원 력사연구소, 〈조선전사〉 29권 '현대편 : 사회주의건설사 2'(과학백과사전출판사, 1982) 519쪽 재인용)

고립시키고 배제하는 식으로 나간다면 우리의 통일은 어떻게 되며 우리의 단결에 대하여 과연 무엇을 말할 수 있겠는가?"[5]

북은 1950년대 후반~1960년대 초의 중소갈등 상황에서 어느 쪽도 비판하지 않고 사회주의권의 단결과 통일을 강조하였으나 점차 사회주의권의 통일단결을 넘어 자주노선을 더 강조하는 방향으로 갔다.

1962년 3월 당중앙위원회 제4기 3차 전원회의에서 김일성 주석은 흐루쇼프의 수정주의노선을 비판하면서 세계사회주의운동에서 반수정주의 투쟁을 강화할 것을 호소하였다. 1963년 10월 당중앙위원회 기관지인 〈로동신문〉은 논설 '사회주의진영을 옹호하자'에서 소련의 수정주의노선과 분열주의 행태를 강력히 비판하였으며, 사회주의권의 단결과 통일을 적극 주장하였다.[6] 또 1964년 평양에서 개최된 제2회 아시아경제토론회에선 북 주도로 '자력갱생에 의한 민족경제 건설에 대하여'란 선언을 채택해 소련 수정주의 비판을 더 강화했다.

당시 소련 수정주의에 대한 북의 비판은 이렇다. 먼저 흐루쇼프의 수정주의노선에 대해선 '흐루쇼프의 정치적 야심과 대중영합주의로 인하여 현대 수정주의의 발단이 형성되었으며, 이를 바탕으로 각국 공산당에 수정주의를 전파한 결과, 소련의 몰락이 시작되었고 국제공산주의운동에 커다란 손실을 가져온 계기가 되었다'고 비판한다.[7]

또 이른바 '개인숭배(개인미신)' 반대구호에 대해선 인민대중의 자주적 요

---

5 '사회주의 진영의 통일을 수호하며 국제공산주의운동의 단결을 강화하자'〈로동신문〉 1963년 1월)
6 "국제공산주의운동의 전반적 리익과 단결의 립장으로부터 출발하여 우리 당은 시종일관 현존하는 의견 상이를 포함하여 형제당들간의 관계에서 제기되는 모든 문제들을 인내성 있게 진지한 동지적 협의를 통하여 어디까지나 우리 대렬의 문제로 해결하며 단결을 도모할 것을 주장하여왔으며 또 주장하고 있다."('사회주의진영을 옹호하자'〈로동신문〉 1963년 10월 28일자)

구와 이해관계를 분석 종합하고 통일시키며 이를 실현할 인민대중의 창조적 활동을 통일적으로 지도하는 수령의 지위를 부정하는 것이라고 비판한다. 흐루쇼프가 핵전쟁 방지를 명목으로 내건 '평화적 공존' 노선의 경우 북은 국제공산주의운동노선을 포기하고 서방 제국주의국가들에 대한 일방적인 정치·군사적 투항에 지나지 않는다며 '평화적 공존' 노선은 쿠바 미사일 위기(카리브해 위기)로 파탄 났다고 주장한다.

이밖에 생산수단의 분권화(인민적 소비에트)나 처녀지 개간 등으로 대표되는 수정주의 농업정책은 과학적 기초와 물질적 조건(비료, 기후, 토양, 종자 등)이 보장되지 않은 결과 실패할 수밖에 없음을 지적하고, 인민들의 문화·사상교양을 포기하여 소련사회 내에 염세주의·쾌락주의 등 각종 반혁명적 문화조류를 야기하였다고 비판한다.

북이 흐루쇼프 수정주의노선을 특히 신랄하게 비판하는 이유는 사회주의국가와 전세계 공산당·노동당 등에 수정주의 조류가 확산되면서 사회주의국가들의 통일과 단결을 해치고 각국 공산주의운동에 치명적인 손실을 야기했다고 보기 때문이다.[8]

종합하면, 북은 흐루쇼프의 수정주의노선을 "자기 수양이 전무하고 권력에 대한 야욕에 눈멀어 이른바 '개인숭배'와 같은 모략의 무기로 사회

---

7   "흐루쑈브에 의하여 수정주의는 일부 사회주의나라들에서 하나의 정책적 로선으로까지 침투되였으며 현실적인 국제적 조류로 전개되였다. 그의 집권 기간 '평화적 공존'을 축으로 하는 수정주의로선을 국내뿐 아니라 각국 공산당에 내려먹임으로써 쏘련의 내리막길이 시작되였으며 국제공산주의운동은 커다란 손실을 입게 되였다. 야심과 모략, 허풍과 인기주의. 이것이 그의 본질적 특성이다."(최철웅·신영균, 〈사회주의 배신자들의 추악한 운명〉(사회과학출판사, 2010) 163쪽)

8   수정주의에 영향받은 브라질공산당은 글라르트 정권에 의존하다 1963년 3월 군부 쿠데타로 글라르트 정권이 전복되자 대규모 학살과 당세 위축을 면치 못했다(최철웅·신영균, 위의 책, 206~207쪽).

주의 기초와 신념을 허물고 모든 것을 적대세력과의 '평화적 공존'의 희생물로 전락시켜 혁명을 말아먹는 사회주의의 추악한 원수가 되었다"고 혹평한다.[9]

이후 1964년에 소련공산당 중앙위원회 10차 전원회의 결과, 흐루쇼프가 실각하여 수정주의노선은 몰락하고 레오니트 브레즈네프(Леонид Брéжнев)가 집권해 이전의 맑스-레닌주의노선으로 일부 회귀하면서 사회주의권의 수정주의 논란은 일단락되었다. 한편 중국에선 대약진운동(1958~1962)과 문화대혁명(1966~1976)을 거치며 마오쩌둥주의가 더 좌경·급진화 되었는데, 이 역시 사회주의 국가들과 제3세계 독립투쟁에 악영향을 미쳐 사회주의권의 단결을 저해하고 중소갈등을 더 심화시켰다. 북은 〈로동신문〉에 논설 '자주성을 옹호하자'(1966년 8월 12일자)를 실어 중국 마오쩌둥주의의 좌경화와 사회주의권에 대한 영향력 행사에 대해서도 좌경기회주의, 대국주의, 교조주의라 비판하였고 사회주의권 및 제3세계 국가의 반미·반제국주의 공동전선 구축을 호소하였다.[10]

---

9 "현대 수정주의가 대두하여 로동계급의 혁명적 원칙을 쮀버리고 사회주의 건설에 엄청난 후과를 미쳤습니다. 수정주의적 정책으로 말미암아 적지 않은 나라들에서 당이 건전하게 꾸려지지 못하고 그 령도적 역할이 마비되였으며, 사회에 규률과 질서가 서지 못하고 계급적 원쑤들이 활개 치게 되였으며 부르죠아 자유화 바람이 들어와 사회가 사상적으로 병들게 되었습니다."(김정일, 〈김정일선집〉 10권 106쪽)

10 "공산당 및 로동당들이 자주성을 견지하는 것은 국제공산주의운동에서 중요한 문제입니다. 자주성이 보장되여야 매개 당들이 자기 나라 혁명을 잘 하고 세계혁명에 이바지할 수 있으며 국제공산주의운동의 단결도 강화할 수 있습니다. 자주성은 그 누구도 침해할 수 없는 매개 당의 신성한 권리이며 매개 당은 또한 다른 형제당들의 자주성을 존중할 의무가 있습니다. 자주성을 존중하는 것은 형제당들간에 단결과 협조의 전제로 되며 기초로 됩니다. 모든 당들이 서로 자주성을 존중하여야만 형제당들간의 단결과 협조가 진실로 자원적이고 공고하고 동지적인 것으로 될 수 있습니다."(김일성, 〈김일성저작집〉 4권, 조선로동당출판사, 1981) 345쪽; 사회과학원 력사연구소, 〈조선전사〉 29권 '현대편 : 사회주의 건설사 3'(과학백과사전출판사, 1982) 437쪽 재인용)

논설 '자주성을 옹호하자' 〈로동신문〉

"맑스-레닌주의는 교조가 아니라 행동의 지침이다. 그것은 실천 속에서 검증되며 보충되며 풍부화되여 나간다. 혁명과 사회주의 건설을 옳게 령도하자면 맑스-레닌주의의 일반적 원리만 가지고서는 안 된다. 맑스-레닌주의는 혁명발전에서 제기되는 일반적이며 기초적인 명제를 제시하고 있을 뿐이다.… 우리는 자기의 로선과 정책을 작성하고 실천하는 데서 나라의 민족적 및 력사적 특성을 결코 무시하여서는 안 된다. 매개 나라는 각이한 조건과 환경에 처하여 있으며, 따라서 혁명과 건설의 수행방도도 똑같을 수 없다.

이와 함께 우리는 다른 편향도 경계하여야 한다.… 시기와 조건을 가리지 않고 맑스-레닌주의의 원리를 기계적으로 옮겨 놓는다면 그것은 교조주의적 편향을 낳게 할 것이다. 이렇게 되면 맑스-레닌주의는 생기를 잃게 되며 죽은 교리로 되고 말 것이다. 또한 당은 대중과 현실로부터 리탈할 것이다. 이러한 태도는 혁명과 건설에 큰 손실을 가져온다.

대국주의는 원래 낡은 착취사회의 유물이다. 그것은 작은 나라를 멸시하고 압박하던 낡은 사회 통치배들의 사상이다. 대국주의가 허용된다면 형제당들 호상 간에 동지적이며 평등한 관계가 유지될 수 없다.… 특히 큰 당이나 사회주의나라 당이 자기의 지위를 리용하여 작은 당이나 자본주의나라 당에 자기 정책을 내려 먹이거나 또한 압력을 가하는 일이 있어서는 안 된다."[11]

중국의 마오쩌둥주의를 직접 거론하며 비판하지는 않았지만 북은 60년대 중반 당시 문화대혁명 등으로 나타난 마오쩌둥주의의 급진성, 교조주의화, 타국에 대한 영향력 강화(대국주의) 경향을 비판하였다. '자주성을 옹호하자' 논설에서 북은 수정주의를 비판하고 맑스-레닌주의 원칙 수호를 강조하는 한편 자국의 구체적 현실에 맞춰 창조적으로 적용할 것을 주장하였다.

더불어 맑스-레닌주의 원리를 기계적으로 따르면 교조주의 편향을 낳게 되고, 결국 운동의 생기를 잃고 대중과 현실로부터 이탈한다고 비판하였다. 또 사회주의운동에서 민족적 전통과 문화유산을 계승·발전시킬 것을 강조하였으며 특정 국가가 대국주의를 내세워 '세계혁명의 중심' 또는 '지도적 당' 역할을 독점하는 것을 경계하고 사회주의국가들의 상호이해와 존중을 주장하였다. 그리고 미국을 위시한 서방 제국주의국가들에 맞선 반제공동투쟁을 사회주의국가들 사이에서 적극 추진할 것을 강조하였다.

논설 '자주성을 옹호하자'의 기본 내용은, 당시 맑스-레닌주의 원칙을 교조적으로 적용하여 좌경화·급진화 일변도를 걷던 중국 마오쩌둥주의와 그 결과물인 문화대혁명에 대한 비판이었다. 특히 문화대혁명 당시 중국의 전통 문화유산을 '과거의 봉건적 유산'으로 모두 부정하고 파괴하던 점을 신랄히 비판하였다. 더불어 중국이 세계사회주의운동과 제3세계 반제투쟁에서 이른바 '혁명 수출'을 통해 마오쩌둥주의를 지도이념으로 전파

---

[11] '자주성을 옹호하자'(《로동신문》 1966년 8월 12일자)

하려 했으면서도 1960~1970년대 베트남의 반제투쟁(제2차 인도차이나전쟁 또는 베트남 전쟁, 1955~1975)에 연대하거나 지원하지 않았던 사실 또한 비판하였다.[12]

1960년대 자주노선의 천명은 이후 북의 사회주의 건설 방향과 외교노선 등의 기본원칙으로 작용하였다. 사회주의 건설에선 자립적 민족경제 건설, 국방-경제건설 병진을 통한 자위국방의 실현, 온 사회의 주체사상화 및 노동계급화 등이 강조되었고 외교노선에서는 제3세계 반제·반미투쟁의 적극 옹호와 연대가 강조되었다. 이를 실천하기 위해 기존 사회주의국가들과의 동맹적 외교관계를 넘어 다음에 서술할 아시아·아프리카·라틴아메리카의 제3세계 국가들과 국제연대를 활성화하였다.

---

12 이종석, 〈'문화대혁명' 시기 북한-중국 관계 연구〉(세종연구소) 12~13쪽.

10 전세계 약소민족의 해방투쟁을 지지하며
반제국주의 국제연대

사회주의 건설과 외교정책에서 자주노선을 천명한 북은 기존 사회주의 국가들(소련, 중국, 동유럽, 몽골 등)과 친선단결을 강화하는 한편 아시아·아프리카·라틴아메리카의 신생 독립국가(제3세계)와도 친선관계를 맺고 국제연대를 강화·확대하였다.

> "국제 생활에서 우리 당이 시종일관 견지하여 온 원칙의 하나는 피압박 인민들의 민족해방투쟁에 대한 확고한 지지입니다. 과거 오랫동안 외래 제국주의의 식민지적 억압을 받아왔으며, 오늘도 나라의 절반 땅을 미제국주의자들에게 강점당하고 있는 조선 인민은 온갖 형태의 식민주의와 민족적 억압을 결정적으로 반대하며, 모든 피압박 인민들의 해방투쟁을 열렬히 지지성원하고 있습니다.… 조선로동당과 조선 인민은 자유와 민족적 독립을 위하여 싸우는 아세아, 아프리카, 라틴아메리카의 모든 나라 인민들의 편에 항상 튼튼히 서 있을 것이며, 그들의 해방투쟁을 계속 적극적으로 지지할 것이며, 그들과의 련대성을 부단히 강화하기 위하여 노력할 것입니다."[1]

북이 외교노선에서 제3세계 국가들과 친선관계를 맺고 국제연대를 강화·확대한 시대적 배경은 이렇다. 1960년대는 제3세계 국가들에서 반제국주의 민족해방투쟁이 활발히 벌어진 시기로, 아시아·아프리카·라틴아메리카에서 50여 개 국가와 민족들이 제국주의 식민지배로부터 독립을 쟁

---

1 김일성, 〈조선로동당 제4차 대회 당중앙위원회 사업총화보고〉(1961년 9월)

취하였다.

당시 새로 독립한 국가들은 식민 잔재 청산 및 민족경제의 건설, 제국주의 열강의 경제적·군사적 예속으로부터의 탈피 등이 주요 과제였다. 이들 국가는 제1세계(서방 제국주의 열강)과 제2세계(사회주의권) 어디에도 속하지 않고 민족경제 기초건설과 반제국주의전선에서 서로 연대하고 공동 대응하려 했다. 이들 국가는 1961년 9월 유고슬라비아의 베오그라드에서 '비동맹운동(북: 쁠럭불가담운동)'을 창설하였다. 이른바 '제3세계'가 형성된 것이다.

반제국주의 국제연대 포스터.
〈The Asia-Pacific Journal〉 2015. 3. 30.

신생 제3세계 국가들의 반제민족해방투쟁에 대한 연대와 지원은 북의 외교노선에서 중요한 자리를 차지했다. 북은 기존 사회주의국가들만 아니라 제3세계 국가들과 친선관계를 맺어 북의 반제자주노선에 대한 국제적 지지세력을 넓히고, 나아가 북이 구상한 조국통일노선에 유리한 환경을 조성하고자 했다.[2] 이미 1961년 4월 열린 조선로동당 제4차 대회에서 북은 주요 과제의 하나로 '전 세계 피압박 인민의 민족해방투쟁에 대한 확고한 지지와 연대'를 천명하였다. 그리고 북은 제3세계 국가들에 친선 대표단을 파견하고, 제3세계 국가 대표단을 적극 초청하여 북의 사회주의 건설 상황과 반제국주의, 주체사상 등을 소개하고 보급하고자 했다.

---

2   사회과학원 력사연구소, 〈조선전사〉 30권 '현대편 : 사회주의건설사 3'(과학백과사전출판사, 1981) 40쪽.

또 1965년 4월 김일성 주석은 인도네시아를 방문해 반둥회의[3] 10주년 기념행사에 참가하였다. 이어 4월 14일 인도네시아 알리 아르함 사회과학원에서 〈조선민주주의인민공화국에서의 사회주의 건설과 남조선 혁명에 대하여〉를 발표해 북의 사회주의 건설 과정과 주체사상의 기본원칙(정치에서 자주, 경제에서 자립, 사상에서 주체, 국방에서 자위), 그리고 반제국주의와 민족해방투쟁에서 국제연대의 중요성 등을 역설했다. 북에선 1965년 4월 김 주석의 반둥회의 10주년 기념식 참가와 알리 아르함 사회과학원 강연에 대해 "북과 제3세계 국가 간의 친선단결을 강화하고 전 세계 반제민족해방운동 발전의 큰 계기가 되었다"고 평가한다.[4]

북은 60~70년대에 아시아·아프리카·라틴아메리카의 여러 국가들에 대사·영사급 관계 및 무역관계를 맺으며 제3세계 국가와 친선관계를 강화하였다. 이어 1975년 8월에 북은 제3세계 국가들의 연대체인 비동맹운동의 공식 회원국으로 참여하고 반제국주의 국제연대와 주체사상 보급을 활발히 전개하였다.

1960~70년대 북의 제3세계 국가와의 반제국주의 국제연대는 친선관계 확립 및 교류협력 강화 외에도 제3세계 국가의 반제·반미투쟁과 민족해방운동에 대한 직접적인 지원·연대로도 나타났다.[5] 아래에 북의 제3세계 국가들과 교류협력 강화 및 반제민족해방투쟁 지원의 대표 사례들을 소개한다.

---

3 반둥회의 : 1955년 4월 인도네시아 반둥에서 열린 아시아, 아프리카 신생국가들(총 29개국)의 회의. 인도네시아 대통령 수카르노, 인도 수상 네루, 중화인민공화국 총리 저우언라이, 이집트 대통령 나세르 등이 주도하였다. 국제인권과 자주권의 존중, 동서 냉전체제로의 흡수 거부, 반제국주의 및 민족자결노선 천명, 참가국간 상호 존중과 협력 등을 원칙으로 내세웠다.

4 사회과학원 력사연구소, 앞의 책, 443쪽.

김일성-체게바라 회담(1960. 12.), 김일성-카스트로 회담(1986. 3.) 〈조선의 오늘〉

1) 북-쿠바 동맹과 국제연대

먼저 북과 쿠바의 동맹과 국제연대를 꼽을 수 있다. 1959년 피델 카스트로(Fidel Castro)와 체 게바라(Che Guevara) 주도로 쿠바 혁명이 성공하여 쿠바에 사회주의 정부가 집권하자 북은 쿠바 혁명을 지지하고 축하를 보냈다. 이듬해인 1960년 8월 체 게바라가 방북하여 김일성 주석과 회담하면서 북과 쿠바는 공식 국교를 수립하였다.

이후 북-쿠바의 교류와 반제연대는 활발히 전개되었다. 1962년 쿠바 미사일 위기 당시 미국은 쿠바 일대 카리브해를 해상봉쇄하고 관타나모와

---

5 "제국주의와 식민주의를 반대하는 투쟁에 있어서 아세아, 아프리카, 라틴아메리카 인민들 사이에 긴밀한 협조와 단결을 강화하는 것이 매우 중요하다. 이 지역 인민들의 공통적 처지와 공통적 목적은 이들이 제국주의를 반대하는 공동의 투쟁을 위하여 굳게 단결할 것을 요구하고 있다. 아세아, 아프리카, 라틴아메리카 인민들이 굳게 단결하여 공동의 적인 제국주의를 반대하는 투쟁을 강화할 때에 제국주의를 궁지에 몰아넣고 더 큰 타격을 줄 수 있다.… 우리는 아세아, 아프리카, 라틴아메리카 인민들의 단결을 강화하며 사회주의진영을 비롯한 전 세계 로동계급과 피압박 민족들의 단결을 강화하는 것이 평화와 민주주의와 민족적 독립과 사회주의를 위한 우리 시대 인민들의 투쟁을 승리에로 이끄는 기본 담보라고 확신한다."('민족해방의 혁명적 기치를 높이 들자'〈로동신문〉1964년 1월 27일자)

플로리다 인근 지역에 군사력을 증강해 쿠바 침략을 기도하였다. 반면 소련은 '평화적 공존'을 내세워 미국과 굴욕적 합의를 맺고 쿠바에 대한 군사적 지원을 중단하였다. 이런 상황에서 북은 쿠바에 대한 지지와 연대를 천명하였다. 10월 25일 북은 성명을 발표해 미국의 쿠바에 대한 제국주의 침략행위를 규탄하였고 소련의 수정주의적, 투항적 행보를 신랄히 비판하였다. 또 쿠바와 연대하기 위한 아시아·아프리카·라틴아메리카 민족해방운동 국제연대회의가 창설되자 북도 참가하여 이들 국가와 함께 쿠바와 연대하며 미국에 맞섰다. 결국 쿠바에 대한 반제연대의 결과로 미국은 1962년 11월 해상봉쇄를 해제할 수밖에 없었다.[6]

1980년대에도 북은 쿠바에 적잖은 양의 군사원조(개인화기 10만 정 및 군수품 등)를 보냈으며 1986년 3월엔 피델 카스트로 의장이 김일성 주석의 초청으로 방북하여 정상회담을 갖고 양국의 정치·군사·경제·문화·기술 협력을 뼈대로 한 친선협력조약을 맺었다.

2) 북-베트남민주공화국 동맹과 국제연대

다음은 북-베트남민주공화국의 동맹과 베트남전 참전이다. 일찍이 북과 베트남민주공화국은 1950년에 국교관계를 맺었고 한국전쟁과 베트남 독립전쟁에서 상대의 입장을 지지하고 연대를 보냈다.[7] 또 1957년 7월엔 호찌민(胡志明) 주석이 방북해 김일성 주석과 정상회담을 가졌으며 북은 답

---

6 사회과학원 력사연구소, 〈조선전사〉 30권 '현대편 : 사회주의건설사 3'(과학백과사전출판사, 1983) 449~450쪽.
7 한국전쟁이 한창이던 1951년 베트남은 국제여성동맹의 일원으로 북에 조사단을 파견하였고, 북에선 호찌민의 반프랑스 민족해방운동을 지지하며 베트남 방북조사단 활동에 감사를 보냈다. 1952년엔 베트남이 '조선전쟁 기념대회'를 열어 북의 입장을 지지하고, 한반도 외국군 철수를 촉구했다.('혈맹으로 맺은 북한과 베트남' 〈통일뉴스〉 2015년 11월 29일자).

김일성-호찌민 회담(1957. 7.)과 베트남전에 참가한 인민군들(왼쪽), 외국문출판사, 〈력사적 전통, 친선의 화원〉, 2019, 〈통일뉴스〉

례로 이듬해인 1958년 11월 김 주석이 베트남을 방문해 호 주석과 정상회담을 갖는 등 두 나라는 사회주의 건설에서 인민의 단결과 우애를 강조하였다.

1960년대 들어 통킹만 사건을 조작한 미국이 베트남공화국(남베트남)을 매개로 베트남을 침략해 베트남전쟁(제2차 인도차이나전쟁, 일명 '월남전')이 발발하자 북은 베트남민주공화국의 반미·반제투쟁에 지지와 연대를 천명하였다.[8] 1966년 10월 조선로동당 대표자회의에서 '웰남 문제에 관한 조선로동당 대표자회 성명'을 채택해 지지와 연대 의사를 보냈고 1967년 8월부터는 베트남에 무기 10만 정과 군복 100만 벌 등 군수물자를 무상 지원하고 공군부대와 공병부대로 구성된 '웰남 지원병'을 파견해 제공

---

[8] "제국주의를 반대하는 투쟁을 떠나서는 사회주의진영의 통일과 국제공산주의운동의 단결이란 생각할 수 없습니다. 사회주의 나라들과 공산당, 로동당들은 무엇보다도 먼저 제국주의에 반대하는 투쟁에서 공동보조를 취하여야 하며 특히 현시기 웰남에 대한 미제국주의자들의 침략을 반대하고 웰남 인민을 지원하는 데서 힘을 합쳐야 할 것입니다. 이것은 국제적 반제전선을 강화하고 싸우는 웰남 인민에게 더욱 큰 힘을 줄 것이며 나아가서는 우리 대렬의 진정한 통일단결의 길을 열어놓을 것입니다."(김일성, 〈김일성저작선집〉 4권(조선로동당출판사, 1968) 309~310쪽) 이런 1960년대 당시 북의 베트남에 대한 연대는 같은 시기 베트남에 대한 군사적·물적 지원에 소극적이었던 중국에 대한 신랄한 비판이기도 했다.

권 장악과 방어시설 구축을 적극 도왔다.⁹ 1960년대 당시 북이 베트남에 지원한 군수물자 및 무기 규모는 약 1억7500만 원(KPW) 가량이었다고 한다.

이어 1965년 7월 '웰남민주공화국에 경제적 및 기술적 원조를 제공할 데 대한 협정', 1966년 1월 '무상원조를 제공할 데 대한 경제협정' 등 베트남에 대한 경제원조 협정을 체결하고 1965년 1,200만 루블을 시작으로 1973년 4,180만 루블까지 대규모 경제원조를 베트남에 보냈다.

베트남전 당시 대표적인 북의 군사지원 사례로는 공군부대 파견을 들 수 있다. 북은 1966년부터 1967년까지 3차례에 걸쳐 87명 규모의 공군부대를 베트남전에 참전시켰는데 이들 중 14명의 공군조종사가 전사하였고¹⁰ 26대의 미군 전투기를 격추하는 전과를 올렸다. '웰남 지원병'으로 파병된 인민군 공군의 주요 전투로는 1967년 5월 20일 베트남민주공화국 수도 하노이 근방에서 미 공군과 교전하며 1대12의 격추 교환비의 성과를 낸 하노이 공중전이 있다. 결국 베트남민주공화국은 자체적인 민족해방 역량과 북을 포함한 사회주의국가들의 지원과 연대에 힘입어 미국의 베트남공화국(남베트남)을 매개로 한 제국주의 침략을 격퇴하고 베트남 전체 국토의 통일을 이뤘다.

3) 북-이집트 국제연대

북-이집트의 외교수립과 제4차 중동전쟁(일명 욤키푸르 전쟁)에서 군사고

---

9 사회과학원 력사연구소, 〈조선전사〉 31권 '현대편 : 사회주의건설사 4'(과학백과사전출판사, 1983) 515~516쪽.

10 전사자들의 유해는 베트남 현지에 안장되었다가 2002년 북으로 송환되어 조선인민군 영웅렬사묘역에 안장되었다('혈맹으로 맺은 북한과 베트남', 〈통일뉴스〉 2015년 11월 29일자)

문단 및 공군 파견도 주목할 만하다. 북과 이집트의 공식 수교는 1963년 이루어졌는데 1973년 제4차 중동전쟁에서 북의 파병과 군사지원은 아랍국가와의 우애와 연대를 더 돈독히 했다.

이집트는 3차 중동전쟁(1967) 당시 소련의 군사지원을 믿다가 이스라엘에 패배해 시나이반도를 잃었던 것을 반면교사 삼아 4차 중동전쟁 당시 북에 군사지원을 요청했고, 북은 호응해 군사고문단을 파견하였다.[11] 북 군사고문단의 병기 지원과 전략·전술·정훈교육 자문을 통해 이집트군은 군사력을 강화하였고, 6월 10일 전쟁을 일으켜 3차 중동전쟁 당시 이스라엘에 점령당했던 시나이반도~수에즈운하 일대를 탈환하는 데 성공했다. 또 북은 군사고문단만 아니라 공군 병력(MIG-17 기반)도 파견해 이집트 공군을 실질적으로 지휘하였다.

인민군 파병 공군병력의 지휘 아래 이집트 공군은 이스라엘군과 공중전에서 승리하고 이스라엘군의 보급로를 차단하는 등의 전과를 냈다. 이후 중동전쟁은 이스라엘이 미국의 지원을 받아 반격에 나섰지만 이집트·시리아(당시 아랍연합공화국)와 이스라엘은 대치 끝에 10월 25일 휴전협정을 체결하고 이스라엘이 이집트에 시나이반도를 완전히 반환해 이집트의 승리로 마무리되었다.[12]

---

[11] '북한군 일화(11) 제4차 중동전쟁에서 활약한 북한 군사고문단 1'(《자주시보》 2017년 6월 16일자)
[12] '북한군 일화(12) 제4차 중동전쟁에서 활약한 북한 군사고문단 2'(《자주시보》 2017년 6월 17일자)

11　보복에는 보복으로, 전면전에는 전면전으로
1960~70년대 북미대결사

정전 이후에도 북과 미국의 정치군사적 대결(북미대결)은 꾸준히 이어져 왔다. 특히 1960년 중후반에는 앞에서 살핀 바와 같이 냉전 대립의 고착화와 세계 곳곳에서 미국의 제국주의 영향력 확대 기도, 그리고 제3세계 국가들의 반제민족해방투쟁이 맞물려 북미간 정치군사적 대립은 더 고조되었다.[1] 1960~70년대 북미대결의 대표적 사건들을 꼽는다면 단연 1968~1969년 사이 벌어진 푸에블로호 사건과 EC-121기 격추사건, 그리고 1976년 8월에 벌어진 판문점 사건을 꼽을 수 있겠다. 세 사건은 1960~70년대 북미간 정치군사적 대결 양상을 잘 보여주고 있다.

1) 푸에블로호 사건

1968년 1월 23일 동해상에서 소련 태평양함대 감시와 더불어 북의 항만시설과 해군기지, 해안가 지형 등을 정탐하던 미 해군 정찰함 USS 푸에블로(USS Pueblo AGER-2)가 해상 순찰 중이던 인민군[2]에게 발각되었다.[3] 인민군은 푸에블로호에 사격을 가해 배에 탑승 중이던 미군 수 명을 사살하고 배를 나포해 선원 80여 명을 억류했다. 또 배에 있던 각종 무기와 탄

1　〈조선전사〉는 북에 대한 미국의 군사도발이 1962년 한 해 동안 1,487건에 달했다고 한다(〈조선중앙년감〉 1963년도판, 조선중앙통신사, 198쪽; 사회과학원 력사연구소, 〈조선전사〉 30권 '현대편 : 사회주의건설사 3'(과학백과사전출판사, 1983) 72쪽 재인용).
2　해군 소속 초계함 4척과 공군 전투기로 구성된 해안 순찰부대.

약, 최신예 정탐장비(전파탐지기, 도청장치, 암호해독 장치 등)를 노획하기도 했다.

1968년 1월 27일 북은 성명을 발표해 "푸에블로호 사건은 미국에 의해 자행된 정전협정의 위반과 조선에 대한 노골적 침략 도발, 조선에서의 새로운 전쟁을 일으키려는 전쟁책동이며 우리의 대응은 정당한 자주권 행사이고 세계평화를 위협하는 미제 침략자에 대한 응당한 징벌이다"고 선언하였다.[4] 북이 푸에블로호 사건을 세상에 공개하자 미국과 남측은 발칵 뒤집혔다. 미국은 푸에블로호 사건에 대해 "공해상에서 정상적 정찰임무를 하던 함선을 북한이 무력으로 나포하였다"고 비난하였고[5] 국가안전보장회의

체포된 푸에블로호 선원들(왼쪽)과 대동강으로 옮겨진 푸에블로호 〈조선의 오늘〉

---

3 북에서 발표한 푸에블로 적발 위치는 북위 39도17.4분, 동경 127도46.9분으로 강원도 원산만 여도(麗島)로부터 7.6마일(약 6.6해리) 떨어진 해상이다.('미제 무장간첩선 '푸에블로'호 사건', 〈력사사전〉 참조).

4 사회과학원 력사연구소, 〈조선전사〉 31권 '현대편 : 사회주의건설사 4'(과학백과사전출판사, 1983) 91~92쪽.

5 그러나 MBC 다큐멘터리 〈이제는 말할 수 있다〉에 따르면, 사건 당시 작성된 미중앙정보국(CIA) 보고서와 사건 종료 후 송환 선원을 조사한 미해군 조사위원회 보고서 등엔 당시 푸에블로호가 정탐 임무를 맡아 북 영해에 11~17번 무단 침범한 사실이 적혀 있었다. 특히 미국방부 기밀문서엔 푸에블로가 정탐을 위해 북 영해 3마일까지 접근해도 좋다는 미태평양함대 허가 문구와 정탐행위에 대한 북의 반응을 알아볼 데 대한 내용이 기록돼 미국의 항변은 거짓임이 드러났다.('푸에블로호 북 영해침범 사실이었다 - MBC 〈이제는 말할 수 있다〉 제작진 확인' 〈경향신문〉 2001년 6월 28일자)

(NSA)와 긴급 나토(NATO) 각료회의 등을 열어 '보복작전' 계획을 세웠다.

또 당시 베트남 전쟁을 지원하려 항해 중이던 핵추진항모 USS 엔터프라이즈(USS Enterptise CVN-65) 등 함선 4척으로 구성된 기동부대를 원산만 인근 해역에 급파해 해상 무력시위를 벌였다.[6] 그리고 미국 본토에선 해·공군 예비역 1만4,600여 명에게 소집령을 내리고 전투기 372대에 출동 대비태세를 명령하였으며 오산 주한미군 공군기지엔 전략폭격기(B-52) 2대와 전투기(F-105) 수십 대를 배치하였다. 또 주일미군 및 주한미군 주둔 병력과 일본 자위대, 남측 국군에도 비상동원령을 내렸다.

특히 남측에선 이틀 전인 1월 21일 청와대 습격사건[7]이 발생한 터라 박정희 군사정권은 전군 비상총출동 대기명령을 내리고, 향토예비군 설치, 주민등록증 발급, 학교 내 교련 필수화 등을 실시하며 안보태세를 강화하던 상황이었다. 여기에 푸에블로호 사건까지 발생하면서 한반도에서 전쟁 위기는 최고조에 달하였다. 그런 한편 미국은 소련을 통한 외교적 압박과 판문점 물밑 협상에서 북에 나포한 선원과 함선 송환을 요구하였다.[8]

그러나 북의 입장은 단호했다. 김일성 주석은 1968년 2월 8일 연설에서

---

[6] 게다가 미국은 보복작전을 위해 한반도에서 핵무기 사용계획(작전명 FREEDOM DROP)까지 세워 놓았음이 밝혀졌다(《경향신문》 위의 기사).

[7] 1.21 청와대 습격사건 : 1968년 1월 21일 김신조 등 무장병력이 청와대를 습격해 박정희 암살을 기도한 사건. 이를 계기로 박정희 정권은 안보태세 강화를 명목으로 향토예비군 창설, 주민등록증 발급, 교련 강화 등을 실시해 사회통제를 강화하고 '실미도 사건'으로 유명한 북파공작원 부대를 편성해 보복을 준비했다. 남측에선 울진·삼척 침투사건(1968년 10월), 이른바 '남침 땅굴'과 더불어 1960~70년대 대표적인 북의 대남도발 사례로 꼽는다. 반면 북은 1.21사건에 대해 "박정희 괴뢰도당에 항거한 남조선 인민들의 무장유격대 투쟁"이라 주장한다(사회과학원 력사연구소, 위의 책, 90쪽 참조).

[8] 한편 푸에블로호 선원 송환 협상에서 미국은 남측을 철저히 배제했으며, 박정희 정권에 협상에 관한 내용을 일절 알리지 않았다. 북에 대한 미국의 소극적 태도가 지속되고 협상에서 남측의 배제 사실이 이후 폭로되면서 박정희 정권은 미국에 배신감을 느끼게 된다(《경향신문》 위의 기사).

'보복에는 보복으로, 전면전쟁에는 전면전쟁으로'를 강조하며 미국 등 적대세력의 전쟁위협과 침략행위에 결사항전을 천명하였다. 김 주석의 연설에 따라 인민군과 로농적위대는 물론, 인민대중도 전투준비태세를 갖추고 만일의 사태에 대비하였다. 또 판문점 물밑 협상에서도 북은 미국의 입장 변화와 공개 사과 없이는 송환도 없다는 원칙을 고수하였다.

> "만일 미제국주의자들이 계속 무력을 동원하여 위협 공갈하는 방법으로 이 문제를 해결하려 한다면 그들은 이로부터 얻을 것이란 아무것도 없을 것입니다. 있다면 오직 시체와 죽음뿐일 것입니다. 우리는 전쟁을 바라지 않지만 결코 전쟁을 두려워하지는 않습니다. 우리 인민과 인민군대는 미제국주의자들의 '보복'에는 보복으로, 전면전쟁에는 전면전쟁으로 화답할 것입니다. 미제국주의자들이 우리의 경고에도 불구하고 정세를 격화시키며 끝끝내 전쟁의 길로 나간다면 이번에는 그들이 더 큰 참패를 당하리라는 것을 단단히 각오해야 할 것입니다."[9]

북의 확고한 대미항전 태세와 더불어 베트남전쟁에서 고전을 면치 못하던 와중[10]에 한반도에까지 전선 확대에 부담을 느낀 미국에게 다른 선택지는 없었다.[11] 결국 1968년 12월 23일 판문점에서 푸에블로호의 영해 침범 사실과 간첩행위를 인정하고 북에게 사과한다고 명시한 문서에 서명하였다.

> "우리 공화국 정부 대표로부터 수표할 마지크(매직)를 받아쥔 미합중국 정부 대표 우드워드 놈의 손에는 경련이 일 듯 떨렸다.… 놈은 하는 수 없이 우

---

[9] 김일성, 〈김일성저작선집〉 5권(조선로동당출판사, 2019) 6쪽.

[10] 한반도에서 긴장이 고조되던 그때 베트남에선 베트남민주공화국 군과 베트남민족해방전선이 구정 대공세(Sự kiện Tết Mậu Thân, 1968년 1월30~9월 23일)를 벌이고 있었다.

[11] 한편으로 소련의 외교라인을 통해 북에 압력을 가하도록 했으나 이 역시 실패하였다. 당시 미국 대통령 존슨이 "북조선은 소련의 압력이 먹혀들지 않는 국가인 것 같다(North Kora seems to be a nation out of the pressure of the USSR)"고 토로한 데서도 잘 드러난다(리영희, '북미 핵협상에서 남한 정부가 배워야 할 것', 〈월간 말〉 1994년 2월호, 33쪽).

리가 쥐어준 마지크에 힘을 주어 사죄문에 미국 정부를 대표하여 서명하였다. 무장간첩선 '푸에블로'호 사건 초기 제 놈들이 감행한 정탐과 적대행위를 부인하면서 도리어 우리측에 '사죄'와 '배상'을 요구하던 미제가 사죄문에 서명하는 그 몰골을 내외기자들이 앞을 다투어가며 제가끔 자기 사진기에 담았다. 서명이 끝나자 우드워드는 우리측에 마지크를 돌려줄 생각도 못 하고 황급히 달아나고 말았다. 미국 정부의 이 사죄문은 조선 인민 앞에 또다시 무릎을 꿇고 사죄한 력사적 문건으로 력사와 더불어 영원히 남아있을 것이다."[12]

이에 따라 325일간 억류됐던 푸에블로호 선원들은 겨우 석방되었다. 그러나 푸에블로호와 함선 내부의 정탐장비 및 무장은 대미전 승리를 상징하는 전리품이 되어 송환되지 않았다. 미국의 암호체계 역시 북과 소련에 넘어가 미국은 암호체계를 재설계해야 했다.[13] 이후 1999년 북은 원산만에 정박돼 있던 푸에블로호를 평양 대동강 기슭(조선 말 미국 상선 USS 제너럴 셔먼이 평양 주민들의 공격으로 격침된 장소)으로 옮겨[14] 전시하였고 오늘날까지 반미교양의 산실로 활용하고 있다.

2) EC-121기 격추사건

1968년 푸에블로호 사건으로 굴욕을 겪고도 미국은 대북 군사도발을 멈추지 않았다. 미국은 1969년 3월 남측에서 대규모 한미연합군사훈련 '포커스 레티나(Focus Retina)'[15]를 실시하는 한편, 정찰기 EC-121기를 북 영

---

12 리병렬, 〈력사에 남긴 사죄문〉(금성청년출판사, 1992) 69~70쪽.
13 '미 해군의 최대 굴욕 '푸에블로호 나포사건''(〈Sputnik 조선어판〉 2015년 3월 14일자)
14 푸에블로호를 대동강변으로 옮기는 과정도 미국에겐 굴욕과 같았다. 북은 푸에블로호를 동해에서 남해상 공해를 통과해 서해로 끌고 갔기 때문이다. 미국과 남측, 일본의 감시망을 뚫고 뱃길로 이동한 것이다. 대수롭지 않게 여겼는지 아니면 감시망에 허점이 있었는지 북이 공해로 배를 옮긴 사실을 전혀 몰랐다(로창현, 〈평양여자 서울남자 길을 묻다〉(정음서원, 2020) 154~155쪽).

EC-121기 격추
〈우리민족끼리〉

해 상공에 침투시켰다. 그러나 인민군대에게 적발되었고, 이내 인민군 공군 전투기가 출동하여 EC-121기를 격추했다. EC-121기는 동해상에 추락하였고 탑승했던 미 공군 장병 31명 전원이 사망하였다.[16]

EC-121기가 격추되자 미국은 푸에블로호 사건 때와 마찬가지로 "공해 상공에서 합법적 정찰활동에 종사하다가 북의 무단 공격으로 격추되었다"고 비난하였으며, 원산만 일대 연해에 USS 엔터프라이즈 등 40여 척의 기동부대를 급파해 무력시위를 벌였다. 하지만 이번에도 북의 '보복에는 보복으로, 전면전쟁에는 전면전쟁으로' 원칙은 확고하였는데 푸에블로호 사건 때와 달리 전쟁위기로 확대되지는 않고 조기 종결되었다.

EC-121기 사건의 조기 종결 및 협상과 관련해 한 일화가 있다. 1969년 4월 판문점 군사정전위원회에서 북-미간 EC-121기 사건 관련 토의에서

---

15 포커스 레티나(Focus Retina) : 1969년 3월 열린 한미연합군사훈련. 1.21 청와대 기습과 푸에블로호 사건 전후로 한반도 안보위기가 고조됨에 따라 미국 닉슨 행정부와 박정희 정권의 이해관계가 일치해 실시돼 한·미 병력 7,000여 명, 2,700여 대의 차량과 장비가 투입되었다. 훈련 내용은 '북한 남침시 미국 증원 전력을 최단 시간 내에 한반도에 전개'하는 것이었다.('한·미연합군사연습의 변천사', 〈통일뉴스〉 2014년 4월 6일자).
16 리병렬, 위의 책 89~101쪽 참조.

북측 수석대표가 EC-121기의 소속을 묻자 미국 측 수석대표는 당황하여 회의 내내 북에 압도당하다가 회의 중지를 선언하고 도망치듯 회의장을 나갔다고 한다. 당시 한반도에서 정전협정 및 군사정전위원회 토의 문제는 미 육군 8군 사령관 관할이었으나 격추된 EC-121기의 소속은 미 해군 태평양함대사령부 소속이었기에 미 8군이 군사정전위에서 해당 문제를 거론하는 자체가 월권이기 때문이었다.[17]

> "우리측 수석위원은… '이씨-121' 대형 간첩 비행기가 어디에 소속된 비행기인가, '유엔군' 소속인가, 아니면 미태평양사령부 소속인가고 따지고 들었다. 이 한마디의 질문에 미국측 수석위원은 말문이 막혀 버렸다. '이씨-121'은 미태평양 공군 소속 정찰기였다. 미국의 관영통신들도 이미 그렇게 발표했었다. 그런 것만큼 이제 와서 '유엔군' 소속이라고도 할 수도 없었다. 사실대로 미태평양 공군 소속이라고 해야겠는데, 그렇게 되면 군사정전위원회에 제기하고 사건의 책임을 판결할 수 없게 되는 것이다. 조선군사정전위원회는 명목상 우리와 '유엔군'의 담판이기 때문이다.… 우리측 수석위원이 재차 "간첩 비행기의 소속을 말하라"고 따지고 들었다. 한참이나 노란 눈알을 굴리며 안절부절하지 못하던 미국측 수석위원은 갑자기 자리에서 벌떡 일어서더니 회의장에서 황급히 달아나고 말았다."[18]

결국 미국은 북과 비밀협상에서 격추된 EC-121기와 승무원들 시체 인양의 승인을 요청하였고, 4월16~17일 추락 추정 지역에서 기체 잔해와 승무원 2명의 시신을 수습하는 것으로 사건은 일단락되었다.

---

17 당시 김일성 주석이 EC-121기 문제와 관련해 '미국측에게 격추당한 EC-121기의 소속이 어디냐고 묻는 방안'을 제시해 문제 해결을 쉽게 했다는 이야기도 있다('미국이 북의 EC-121 격추 사건 조용히 덮은 이유', 〈자주시보〉 2017년 7월 13일자)
18 리병렬, 위의 책, 100~101쪽.

판문점 도끼사건
Matt Reimann,
"The U.S. and North Korea almost went to war over a single poplar tree in the demilitarized zone", 〈Timeline〉 2017. 4. 21.

3) 판문점 도끼사건(또는 미루나무 사건)

1976년 8월 18일 판문점에서 북과 미군의 경비 병력이 크게 충돌한 사건이다. 잘 알려진 바처럼 판문점 공동경비구역(JSA) 안에 있던 미루나무[19]를 미군 경비병 10여 명이 '감시 시야 확보'를 명분으로 벌목하려 해 촉발됐다. 당시 공동경비구역에선 북과 미군의 경비병 모두 왕래가 자유로웠는데, 북은 미군의 미루나무 벌목 시도에 대해 '해당 나무는 우리 측이 관리하는 나무이므로, 벌목을 원하면 군사정전위에 올려 합의를 보아야 한다'고 직접 제지했다고 한다. 그러나 미군은 북의 지적과 제지에도 벌목을 강행하려 했다. 미루나무 벌목을 둘러싼 북-미 경비대간 갈등은 결국 충돌로 번졌다. 그 과정에서 아서 보니파스(Arthyr G. Bonifas) 대위와 마크 바렛(Mark T. Barret) 중위 등 미루나무 벌목 감독 역할을 맡았던 미군 장교 2명이 사망하고 미군 측 경비대원 5명이 중상을 입었다.

---

[19] 북에서 소개하는 판문점 사건에 대한 일화에 따르면, 해당 미루나무(백양나무)는 1953년 10월에 군사정전위원회 회의장이 현재의 판문점 위치로 옮겨 오면서 식재된 것으로, 북측 경비대에서 식재하고 관리하던 나무였다고 전한다(리병렬, 위의 책, 134쪽).

충돌을 두고 남측은 '도끼 만행사건'이라 부르며 북측 경비대가 경비대장 박철 중위의 지휘 아래 미군 측 장비를 빼앗아 조직적으로 미군과 남측 경비대원들을 공격한 도발행위라고 본다.[20] 반면 북은 사건의 경위를 이렇게 설명한다. 충돌 과정에서 먼저 도발한 게 미군으로, 바렛 중위가 나무를 자르는 데 사용하던 도끼를 남측 경비대원에게서 빼앗아 먼저 북측 경비대원에게 던졌다는 것이다. 그러자 이를 피한 북 경비대원이 도끼를 다시 던졌는데 바렛 중위에게 명중해 그 자리에서 즉사했다. 이후 몸싸움에서도 북 경비대원들은 미군 경비대원들을 압도했다고 한다. 남측 관계자들은 충돌 과정에서 진즉 도망쳤으며, 수적으로는 우세했으나 무력에서 압도당한 미군은 보니파스와 바렛 2명의 사망자와 5명의 부상자를 낸 채 남측으로 도망쳤다는 게 북의 설명이다.

> "… 이때라고 생각한 미제침략군 경비장교 중위 바이르트(마크 바렛) 놈이 남조선 괴뢰군이 가지고 있던 도끼를 빼앗아 마주선 우리측 경무원에게 던졌다. 우리측 경무원이 날래게 몸을 피하였으나, 그만 도끼자루에 맞아 코피가 터졌다. 이러한 정황 속에서 우리측 경무원들은 부득이 자위적 조치를 취하지 않을 수 없었다. 우리측 경무원이 바이르트 놈이 던진 도끼를 다시 그놈에게 던졌다. 바이르트놈이 그 자리에서 쓰러졌다. 그 다음 적아(敵我) 간에는 육박전이 벌어졌다.… 우리측 경비인원들은 평소에 련마한 기술로 미제침략군 놈들에게 된매(호된 매)를 안기였다. 미제침략군 경비장교들인 대위 본페이스(아서 보니파스)와 중위 바이르트 놈이 현장에서 주검이 되고 다섯 놈이 중상을 당하였다. 이렇게 되자 나머지 놈들은 걸음아 나 살려라 하고 남측으로 황급히 꽁무니를 빼였다."[21]

판문점 도끼사건으로 북미간 대결과 남북관계는 1968년 푸에블로호 사

---

20 MBC〈이제는 말할 수 있다〉54회 '8.18 판문점 도끼 사건'(2002년 3월 31일 방송) 참조.
21 리병렬, 위의 책, 136~137쪽.

건 때처럼 전쟁위기로 번졌다. 미국과 박정희 정권은 연일 북측에 책임을 돌리며 비난하였으며, 주한미군과 남측 국군에는 '데프콘-2'가 발령되어 전투준비태세가 발동되었다. 푸에블로호 사건 당시와 같이 미국은 한반도 일대에 USS 미드웨이(USS Midway CV-41)를 위시한 제7함대 기동부대와 B-52 전략폭격기, F-4 전투기 1개 대대, F-111 전폭기 1개 대대, 미해병대 1,800여 명 등 각종 무력을 투여하여 무력시위를 전개하였다. 미국과 박정희 정권은 또 이른바 '보복과 응징'을 천명하며 주한미군과 남측 특전사(제1공수여단) 병력을 동원해 이른바 '미루나무 벌목작전'을 벌여 문제가 된 미루나무를 잘라버렸다.

그런데 '미루나무 벌목작전' 당시 북은 반응하지 않았고, 그런 결과 무력충돌로 번지지 않았다. 남측에선 북이 미국과 남측의 무력시위에 위협을 느껴 저자세로 나왔다는 식으로 설명하지만, 북에선 "굳이 나무 한 그루를 두고 정세를 격화시킬 필요는 없다"고 판단해 반응하지 않았다고 한다.[22] 그러면서도 북은 푸에블로호 사건 때 같이 미국의 무력시위에 다시금 대미항전 대비태세를 갖추며 의연히 대처했다고 주장한다.[23]

남측에서 판문점 도끼사건에 대한 설명은 '미루나무 벌목작전' 이후 전쟁위기의 완화에서 끝나지만 북에선 사후처리 과정 역시 중요하게 다룬다. 군사정전위원회 논의 과정에서 미국은 각종 사진을 증거로 제시하며 북에 책임을 돌리며 사과와 경비대원들 처벌, 재발 방지를 위한 공동경비구역 내 쌍방 간 개별접촉 금지와 안전담보 등을 요구하였다.

그러나 북은 미국 측의 증거 사진을 거꾸로 활용해 "사건의 전개과정을

---

[22] 위의 책, 142~143쪽.
[23] 원영수·윤금철·김영범·김혜련, 〈침략과 범죄의 력사〉(평양출판사, 2010) 348쪽.

전부 촬영한 것에서 이미 미국이 판문점 도끼사건을 조직적으로 계획하고 도발하였다는 것이 증명된다"고 반격했다. 북에게 '사과'와 '책임자 처벌'을 얻어내려던 미국의 계획은 실패했고, 재발 방지를 명목으로 내놓은 '쌍방간 접촉 금지'와 '안전담보'도 북이 역제안한 공동경비구역 내 질서변경안[24]에 막혔다. 8월 28일 군사정전위 381차 회의에서 북이 내놓은 공동경비구역 내 질서변경안이 합의돼 미국은 아무것도 얻지 못했다는 게 북이 밝힌 판문점 도끼사건 처리결과였다.

---

[24] 북이 제시한 질서변경안은 현행처럼 양측 경비대를 공동경비구역 안에서 군사분계선을 사이에 두고 분리시키고, 양측은 해당 구역에서만 활동하자는 것이었다(리병렬, 위의 책, 145쪽).

12. 자주·평화·민족대단결의 원칙을 세운 7.4공동성명과 조국통일 5대 방침

1) 1950~60년대 북의 통일정책

1970년대 남북관계에서 중요한 진전을 꼽는다면 단연 1972년 7.4공동성명의 채택을 들겠다. 1972년 7.4성명의 채택은 전쟁 이후 근 20년 만에 남북이 처음으로 통일의 기본원칙을 합의했다는 점에서 의의가 각별하다.

7.4성명의 제정 과정을 다루기에 앞서 당시 북의 통일정책을 간략히 살펴보겠다. 이는 성명 제정의 취지를 좀 더 깊이 이해하는데도 도움이 된다. 북은 통일 문제를 "외세의 지배와 간섭을 종식시키고 조선민족의 자주권을 완전히 실현하며, 북과 남 사이의 불신과 대립을 없애고 민족적 단합을 이룩하는 문제"[1]라고 한다. 즉 분단의 근원은 외세인 미국의 지배와 간섭으로, 남북의 불신과 대립 역시 외세의 지배와 간섭에서 비롯됐다고 본다.[2] 결국 북의 통일정책은 외세의 개입을 막아 민족의 자주권을 실현하고, 민족 내부의 불신과 대립을 해소하여 화해와 단결을 이룩하는 것을 기본으로 삼는다고 하겠다. 이는 '자주, 평화, 민족대단결'로 압축되는 후술할 조국통일 3대 원칙의 내용이기도 한다.

---

1 김일성, 〈김일성저작집〉 35권(조선로동당출판사, 1987) 345~346쪽.
2 심병철, 〈조국통일문제 100문 100답〉(평양출판사, 2003) 4~6쪽.

이에 기초해 북은 통일정책을 수립, 전개하고 있었다. 앞서 전후복구와 사회주의 개조가 한창이던 1950년대에는 북에 먼저 '민주기지'[3]를 꾸려 평화통일의 기반을 다지는 것을 사회주의 건설과 통일정책의 선결 과제로 삼았다. 1960년에 남측에서 4.19혁명이 발생해 이승만 정권이 물러서고 통일운동이 활성화되자 북은 광복 15주년 경축대회에서 연방제를 통일방안으로 공식 천명하였다.[4] 또 그해 11월19~24일 최고인민회의 2기 8차 회의에선 연방제 제안의 후속조치로 남북의 교류협력과 남측에 대한 경제원조 문제를 논의했다. 이어 1961년 5월에 남북의 교류협력을 전담할 상설조직인 조국평화통일위원회(조평통)을 설치한다.[5]

하지만 남에서 고조되던 통일운동은 1961년 5.16쿠데타로 들어선 박정희 군사정권(국가재건최고회의)이 일체의 정당활동과 통일운동을 금지하면서 크게 위축된다. 이런 상황에서 북은 1963년 12월 10일 최고인민회의 상임위원회, 조국통일민주주의전선 중앙위원회, 조국평화통일위원회 공동연석회의 명의로 조국통일 촉진 공동호소문을 발표했다. 이후에도 당중앙위원회 전원회의와 최고인민회의 등에서 통일 문제와 남측 대중투쟁 지원 문제 등을 꾸준히 다뤄왔다.[6]

3　민주기지 : 민주주의혁명 발전의 핵심 기지. 전국적 범위 또는 아직 혁명이 수행되지 못한 지역에서 혁명을 촉진시키기 위해 혁명이 승리한 지역에 꾸려진다(〈조선말대사전〉). 민주기지는 조선민주주의인민공화국을 뜻하고, 민주주의혁명이 필요한 곳은 '미제가 강점한' 군사분계선 이남이다. 민주기지를 튼튼히 꾸려 이남 민중에게 정치사상적 자극을 주고, 미국을 몰아내고 군사독재정권을 타도하여 민주주의혁명을 완성하며 평화통일을 실현하는 게 민주기지론의 핵심이랄 수 있다.

4　"우리가 말하는 련방제는 당분간 남북조선의 현재 정치제도를 그대로 두고 조선민주주의인민공화국 정부와 '대한민국' 정부의 독자활동을 보장하면서, 동시에 두 정부의 대표들로 구성되는 최고민족위원회를 조직하여 주로 남북조선의 경제문화 발전을 통일적으로 조절하는 방법으로 실시하자는 것입니다."(김일성,〈8·15해방 15돐 경축대회 연설문〉1960년 8월 14일)

5　사회과학원 역사연구소,〈조선전사〉29권 '현대편 : 사회주의건설사 2'(과학백과사전출판사, 1981) 424~429쪽.

1961년 9월 조선로동당 제4차 대회에서 북은 주요 과제로 7개년 계획을 통한 사회주의의 전면적 건설, 남측에서 혁명적 당 조직 결성을 통한 '남조선 혁명' 수행, 대외정책에서 반수정주의·반교조주의 및 자주노선 확립을 제시하였다. 이런 4차 당대회의 주요 과제는 1964년 2월 당중앙위원회 4기 8차 전원회의에서 조국통일 위업을 위한 3대 혁명역량(북조선 혁명역량, 남조선 혁명역량, 국제적 혁명역량) 강화방안으로 구체화되었다.[7] 먼저 민주기지에서 사회주의 건설을 힘있게 전개하고(북 혁명역량 강화), 이남 민중들의 반미·반독재·민주화 투쟁을 적극 지원하며(남 혁명역량 강화), 사회주의국가들과 친선관계를 강화하고 전세계 반제투쟁에 적극 연대, 지원할 것(국제혁명역량 강화)을 주요 과제로 제시하였다. 이 가운데 남측 혁명역량 강화에선 1964년 3월 15일 통일혁명당[8]의 창당과 활동을 대표 사례로 꼽겠다.

---

6 사회과학원 력사연구소, 〈조선전사〉 30권 '현대편 : 사회주의건설사 3'(과학백과사전출판사, 1981) 399~401쪽.

7 "우리 혁명이 승리하기 위하여서는 세 가지 혁명력량이 잘 준비되어야 합니다. 그 첫째는 북조선의 혁명력량이며, 둘째는 남조선의 혁명력량이며, 셋째는 국제적 혁명력량입니다."(김일성, 〈김일성저작선집〉 4권(조선로동당출판사, 1972) 80쪽)

8 통일혁명당 : 1964년 3월 15일 김종태, 김질락, 이문규, 최영도 등이 북의 지원 아래 지하에 조직한 혁명적 전위정당. 주체사상을 지도이념으로 민중민주주의혁명, 부패한 반(半)봉건적 사회제도 일소, 민주주의제도 수립, 민족 재통일 성취 등을 강령으로 내세웠다. 남측 각지에 지구당을 조직하고, 기관지 〈청맥〉으로 지식인 교양사업과 학사주점 운영으로 학생운동 조직사업, 반미·반독재 민주화투쟁 등을 펼쳤다. 그러나 1968년 7월 김종태, 최영도 등 통일혁명당 관련자들이 중앙정보부에 체포·투옥돼 김종태, 최영도 등 4명이 처형되고 신영복 등 4명은 무기징역을 선고받았다. 통일혁명당 사건으로 김종태가 처형되자 북은 그에게 공화국 영웅 칭호를 수여하고 국장(國葬)급 추모집회를 열었다. 또 평양전기기관차공장을 김종태전기기관차공장으로, 해주사범대학을 김종태사범대학으로 개칭하는 등 대규모 추모사업을 전개했다. 이후 1968년 9월 통일혁명당이 지하에 재건돼 당중앙위원회를 구성했다고 주장하며 지하방송인 〈통일혁명당의 소리 방송〉(이후 〈구국의 소리 방송〉으로 개칭. 방송 기간 1970년 6월~2003년 8월)을 통해 남측 사회에 사상·선전활동을 벌였다. 그리고 1985년 한국민족민주전선(한민전), 2005년 반제민족민주전선(반제민전)으로 개칭해 현재에 이르고 있다고 주장한다.

이렇듯 1950~60년대 북의 통일정책은 외세 배격, 민족 화합·협력을 기본 원칙으로 북의 민주기지 강화(사회주의 건설)와 남의 자체 민주주의혁명(반미·반독재 투쟁) 달성이 핵심이었다. 남측 정부보다는 운동세력과의 직간접적 연대교류가 통일정책에서 큰 부분을 차지했다.

2) 7.4공동성명 발표와 조국통일 5대 방침 천명

1970년대에도 이런 통일정책의 원칙은 계승되었는데 차이점은 1972년 7.4성명 같이 교류와 대화의 상대가 남측 정부당국으로 확대된 것이다. 물론 60~70년대에 북에게 남측 군사독재정권은 북미대결 구도와 분단체제 아래서 적대적 대결 대상이었다. 그런데도 북은 어떻게 박정희 정권과 7.4성명을 내놓을 수 있었을까?

7.4성명 제정 배경에 대해 남측 학계는 주로 1970년대 중-미 수교를 통한 탈냉전(De Tante) 분위기와 미국의 닉슨 독트린(Nixon Doctrine)[9]에 따른 주한미군 감축, 남북 양측에서 군비 확대로 인한 경제침체 등의 적잖은 영향을 배경으로 제기한다.[10]

---

9   닉슨 독트린 : 1969년 미국 대통령 리처드 닉슨(Richard Nixon)이 제시하고 1970년 2월 공식화한 외교노선. 이전과 달리 대외정책에서 정치·군사적 개입을 축소하고 우방국 원조를 경제 중심으로 전환하는 것이 골자였다. 이에 따라 중-미 수교가 진행되고 아시아에선 미군 주둔 병력이 감축되었다. 하지만 표면상의 탈냉전·군축노선과 달리 이면에선 제3세계 반제국가들에 정치공작을 자행했다. 라틴아메리카에서 헨리 키신저(Henry Kissinger)를 위시한 중앙정보국(CIA)이 '콘도르 작전', '더러운 전쟁'으로 불리는 정치공작을 자행해 칠레 아옌데 정부, 아르헨티나 페론 정부 등을 쿠데타로 전복시키고 친미성향 파쇼독재정권을 내세워 영향력을 확대하려 했다.

10 김성보·기광서·이광철, 〈사진과 그림으로 보는 북한 현대사〉(웅진지식하우스, 2009) 232쪽; 이종석, 〈북한의 역사 2: 주체사상과 유일체제, 1960~1994〉(역사비평사, 2015); 고양석, 〈7.4 남북공동성명에서 10·4선언 채택까지 남북대화 연구 : 역사적 제도주의를 중심으로〉(서울대학교 행정대학원 행정학과 석사학위논문, 2013) 12~13쪽 등 참조.

김일성-이후락
회담(1972. 7.)
〈통일뉴스〉

반면 북은 7.4성명의 배경을 이렇게 본다. 표면상 '탈냉전, 군축'을 표방한 닉슨 독트린이 실제론 한미일 삼각동맹 강화 및 남측 군사력 확대로 한반도에 긴장을 고조시켰지만 남측 시민사회의 반독재 민주화운동 발전과 통일에 대한 열망 고조로 통일운동 활성화에 유리한 정세가 조성되었다고 설명한다.[11] 그래서 북은 1971년 4월12~14일 최고인민회의 4기 5차 회의에서 평화적 조국통일을 위한 8개 구국방안[12]을 담은 호소문을 발표하였다.[13] 그리고 1971년 8월~1972년 6월 기간에 판문점에서 남북 적십자 예비회담이 수차례 열렸고, 1972년엔 남북의 정부 당국자 비밀회담이 평양과 서울에서 번갈아 열려 남북의 대화 분위기가 고조되었다. 그리고 1972년

---

11 사회과학원 력사연구소, 〈조선전사〉 32: '현대편 사회주의 건설사 5', 409~412쪽.
12 조국통일을 위한 8개 구국 방안에는 미군 철수, 남북 군대 감축, 미국과의 각종 굴욕적 조약 전면 폐기, 남북총선거 실시, 양심수 석방, 남북 연방제 통일, 남북 간 경제·문화교류 활성화, 남북 조선정치협상회의 소집 등이 포함되었다. (사회과학원 력사연구소, 위의 책, 412쪽.)
13 "남조선의 위정자들이 우리의 8개 항목 평화통일 방안을 접수 하는가 안 하는가 하는 것은 딴 문제로 치더라도 그들이 참말로 나라의 통일을 바란다면 무엇 때문에 남북이 접촉하고 협상하는 것을 두려워하겠습니까? 우리는 남조선의 민주공화당을 포함한 모든 정당, 사회단체 및 개별적 인사들과 아무 때나 접촉할 용의가 있습니다." (김일성, 〈외국 기자이 제기한 질문에 대한 대답〉, 조선로동당출판사, 31쪽.)

5월 3일 남측 이후락 중앙정보부장이 남북 고위급회담에 참가하기 위해 특사로 평양에 파견되면서 7.4성명 채택과 발표의 서막이 울렸다.

잠시 후 그이께서는 조국통일의 절박성에 대하여 언급하시고 나서 마디마디에 뜻을 담아 이렇게 말씀하시였다. "조국을 통일하기 위하여서는 통일문제 해결의 기초로 될 수 있는 근본원칙을 옳게 세워야 합니다.… 나는 우리나라의 통일 문제는 반드시 외세의 간섭이 없이 자주적으로, 민족대단결을 도모하는 원칙에서 평화적 방법으로 해결하여야 한다고 인정합니다." 남조선 '중앙정보부장'은 위대한 수령님의 말씀에 찬성을 표시하였다. 위대한 수령님께서는 잠시 동안을 두시였다가 조국통일의 3대 원칙을 조항별로 하나하나 꼽아 가시며 그 본질적 내용과 정당성을 사리정연하게 밝히시였다. 위대한 수령님께서 조국통일 3대 원칙을 한 조항, 한 조항 말씀하실 때마다 리후락은 "옳은 말씀입니다.", "아주 지당한 말씀입니다", "전적으로 동의합니다."라고 하였다.

리후락이 조국통일 3대 원칙에 동의한 조건에서 위대한 수령님께서는 3대 원칙의 조항들을 다시 상기시키면서 우리는 벌써 중요한 공통점을 찾았다, 외세에 의하여 통일하지 말자, 싸움으로 해결하지 말고 평화적으로 하자, 모든 것은 민족단결을 위한 방향에서 출발점을 찾자, 이것이 벌써 공통점이 아닌가, 나는 이 세 가지 큰 공통점이 모든 문제를 해결하는 기초로 될 수 있다고 생각한다고 강조하시였다. 리후락은 거듭거듭 자리에서 일어나 자세를 바로 하고 위대한 수령님께서 제시하신 이 세 가지 원칙을 "통일의 가장 큰 기둥으로 삼을 것을 확실히 맹세합니다."라고 말씀 올리였다.[14]

김일성 주석과 이후락 부장은 회담에서 '자주, 평화, 민족대단결'의 조국통일 3대 원칙에 합의하였다. 3대 원칙을 바탕으로 남북 고위급회담(김영

---

14 리경철·안원혁, 〈김일성주석 통일일화〉, 평양출판사, 2008, 62~63쪽.

주·박성철-이후락 비밀회담)에선 남북관계 개선, 남북조절위원회 구성 등의 문제를 논의하였다. 마침내 7월 4일 남북은 모두 7개 항으로 이뤄진, 특히 통일 문제 해결에서 '자주, 평화, 민족대단결' 3대 원칙을 천명한 7.4공동성명을 발표하였다.

공동성명 발표로 남북에선 통일에 대한 관심이 크게 높아졌다. 공동성명의 후속 조치로 그해 8~9월 남북 적십자회담이 열리고 11월

조국통일 3대원칙 포스터 〈우리민족끼리〉

엔 남북조절위원회가 구성되어 남북관계 각종 현안(군비경쟁 중단과 군비축소, 상호비방 금지, 남북 교류 및 협력, 이산가족 상봉 등)을 3차례에 걸쳐 논의하였다. 그러나 남북 당국자 실무회담은 이러저러한 장애에 막혀 교착상태에 빠졌다. 박정희 정권이 1972년 10월 비상계엄을 선포하고 유신체제를 수립한 데 이어 이듬해 8월 김대중 납치사건이 벌어졌다. 결국 1973년 8월 조절위원회 회담은 중단되었고 남북관계가 경색됨에 따라 7.4성명 역시 의미가 퇴색돼 갔다.

7.4성명 이후 남북대화의 좌절과 의미 퇴색에 대해 남측 학계는 먼저 남북 모두 공동선언을 자기 정권에 유리한 방향으로 이용하고, 통일을 위한 실질적인 노력은 외면하였다는 양비론(통일을 위한 성과를 보여주고, 이를 바탕으로 유신체제/유일사상체계로 정권을 강화했다는 식)을 제기한다. 이어 성명의 배경으로 꼽는 미국의 닉슨 독트린이 갖는 대한반도 정책의 한계

를 지적하기도 한다.[15]

반면 북은 7.4성명 채택 이후 남북관계 경색에 대해 이렇게 본다. 한반도의 통일을 방해하려 했던 미국의 '두 개의 한국' 정책[16]에 순응한 박정희 정권이 7.4성명에 합의한 3대 원칙을 외면하고 조절위원회 회담도 비협조적으로 임했다고 주장한다.[17] 특히 1973년 6월 남측이 남북 상호불가침 및 간섭 금지, 남북의 UN 동시 가입 등을 핵심으로 발표한 '6.23 평화통일 외교정책 선언'은 미국의 '두 개의 한국' 정책의 분단체제 고착화·영구화 계획을 그대로 반영한 것이라고 비판한다.[18] 이런 대내외 상황 전개로 남북관계가 다시금 경색국면에 빠지고 7.4성명 역시 의미가 퇴색되어 갔지만 성명의 '자주, 평화, 민족대단결' 조국통일 3대 원칙 확립은 현재도 의미가 각별하다.

---

15 김성보·기광서·이광철, 〈사진과 그림으로 보는 북한 현대사〉(웅진지식하우스, 2009) 233~234쪽; 이종석, 〈북한의 역사 2: 주체사상과 유일체제, 1960~1994〉(역사비평사, 2015) 참조.

16 '두 개의 한국'(The Two Koreas) 정책 : 1960년대 말~70년대 이래 북에 대한 무력통일(이른바 '북진통일' 또는 '승공통일')이 현실적으로 어려워지자 미국에서 닉슨 독트린에 따라 내놓은 정책. 일단은 남북간 공존상태를 유지하는 한편, 남측이 흡수통일(승공통일)할 실력을 키울 시간적·물질적 여유를 주는 것이 핵심이다. 북은 이런 미국의 '두 개 한국' 정책에 대해 분단체제를 고착화하고, 나아가 북에 대한 무력침공을 준비하는 침략적·반통일적 정책이라 비판한다(원영수·윤금철·김영범, 〈침략과 범죄의 력사〉(평양출판사, 2010) 383~384쪽).

17 "그러나 남조선측은 의제 토의의 본질(주한미군 철수, 반공법 및 국가보안법 철폐, 정치적 자유 허용 등)과는 거리가 멀고 극히 부차적이고 부분적인 문제들(이산가족 명절 상봉, 남북간 교류 활성화 등)만을 들고 나왔다.… 남조선측의 이러한 태도는 결국 회담을 지연시키고 문제의 해결을 복잡하게 하며 나아가서 회담사업 전반에 혼란을 조성하기 위한 음흉한 목적에서 나온 것이었다."(사회과학원 력사연구소, 〈조선전사〉 32권 '현대편 : 사회주의건설사 5' 428쪽)

18 "하지만 위대한 수령님께서는 이미 짐작하고 계신 듯, 7.4북남공동성명을 뒤집어엎고 제멋대로 나아가려는 남조선 당국자의 본심을 발가놓으시고 10시면 평양으로 가는 도중이겠는데 렬차에서 그 자료를 볼 수 있도록 통신조직을 하라고 이르시였다. 그리하여 그이께서는 렬차 안에서 그 무슨 '6.23특별성명'이란 것을 보게 되시였다. 그것은 예측하신 그대로 매국노의 망국적인 영구 분렬 타령이였다."(리경철·안원혁, 위의 책, 64~65쪽)

"북과 남 사이의 군사적 대치상태의 해소와 긴장상태의 완화, 북과 남 사이의 다방면적인 합작과 교류의 실현, 북과 남의 각계각층 인민들과 각 정당, 사회단체 대표들로 구성되는 대민족회의의 소집, 고려련방공화국의 단일국호에 의한 남북 련방제의 실시, 단일한 고려련방공화국 국호에 의한 유엔가입을 내용으로 하는 우리의 이 조국통일 방안이 실현된다면 남북공동성명의 원칙에 따라 우리 인민과 세계 인민의 공통된 념원에 맞게 평화적 조국통일의 력사적 위업을 성취하는 데서 위대한 전환을 가져오게 될 것입니다."[19]

북에서는 7.4성명에서 확립한 3대 원칙을 바탕으로 1973년 6월 23일 남북간 군사적 대치 및 긴장 완화, 남북간 교류협력 확대, 남북의 정당과 사회단체들이 참여하는 대민족회의 소집, 남북연방제 실시, 고려연방공화국 단일국호로 UN 가입 등을 골자로 한 '조국통일 5대 방침'을 발표하였다. 북은 '조국통일 5대 방침' 발표를 통해 남측의 '6.23평화통일 외교정책 선언'에 내포된 미국의 '두 개의 한국' 정책에 따른 분단 고착화·영구화 구상에 큰 타격을 주고 박정희 정권의 반통일·매국적 실체를 폭로했다고 주장한다. 또 '조국통일 5대 방침'은 3대 원칙과 더불어 통일 문제를 풀어나가는 데서 강력한 이정표로 작용하였다고 자평한다.[20]

---

[19] 김일성, 〈민족의 분렬을 방지하고 조국을 통일하자〉(1973년 6월 23일)
[20] "위대한 수령 김일성 동지께서 조국통일의 5대 방침을 제시하심으로써 우리 인민은 조국통일의 앞길에 가로놓인 모든 난관을 헤치고 온 민족의 단합된 힘으로 통일위업을 다그쳐나갈 수 있는 위력한 무기를 가지게 되었다."(김한길, 〈현대조선력사〉(사회과학출판사) 653쪽)

13 우리의 또 한 형제, 재일동포의 역사

조국 땅 밖에 살면서도 우리 민족의 현대사에서 큰 비중을 차지하는 이들이 있다. 바로 재일동포들[1]이다. 이들은 남북의 민중 못지않게 우리 민족 근현대사의 비극과 풍랑을 겪어왔다. 식민지 시기 일제의 착취와 만행으로 고국을 떠나야 했는데 일본에서도 갖은 탄압과 차별에 시달려야 했다.

현재도 재일동포들은 일본 사회에서 소수자로서 각종 차별(조선학교 고교 무상화 배제, 지자체 보조금 정지 등)과 증오범죄(이른바 '헤이트스피치')를 겪고 있다. 동포단체들도 고국의 분단과 냉전 대결의 영향으로 재일본조선인총연합회와 재일본대한민국민단(약칭 민단)으로 갈려 있다. 식민지배~분단체제의 비극은 동포사회에서도 현재진행형이다. 이런 어려운 상황에서도 재일동포들은 조선학교에서 민족교육을 통해 민족의 정체성과 문화를 지키며 계승해오고 있다. 또한 고국의 식민지배-분단 현실을 외면하지 않고 민족의 자주독립을 위해 싸워 왔으며, 현재도 고국의 통일운

---

[1] '재일동포(재일조선인, 재일한국인, 자이니찌(在日), 재일코리안 등)'는 근현대 이래 한반도 출신의 일본 거주민을 뜻한다. 다만 재일동포수는 기준에 따라 다르다. 일본으로 귀화한 한반도 출신까지 합하면 100만 이상까지 추산되나 일본에 귀화한 이들을 빼면 2007년 기준 약 60만 명(59만 3,489명)으로 추산된다. 여기서 1945년 8.15이전부터 일본에 거주하고 일본 정부에게 '특별영주권'을 받은 이들(재일조선인 및 재일한국인)만 따지면 약 40만이고, 본적(本籍)을 남측(대한민국)으로 바꾸지 않고 '조선적(조선민주주의인민공화국이 아닌 분단 이전의 '조선'을 본적으로 함)'을 유지하는 이들만을 셈하면 2018년 기준 3만5,000명에 그친다. 여기선 '특별영주권'을 받은 60만 가량의 재일조선인-재일한국인을 재일동포의 기준으로 삼는다(서경식 저, 형진의 역, 〈역사의 증인 재일조선인〉(반비, 2012) 19~24쪽; '조선적 동포문제'(〈몽당연필〉 홈페이지 설명 등 참조).

〈우리 학교〉 김명준(영화사 진진, 2006.) 〈나는 조선사람입니다〉 김철민(다큐창작소, 2020.)

동에 연대하고 투쟁해 오고 있다.

재일동포와 관련해 많은 연구와 대중서들[2]이 나와 있고, 그 역사도 방대하다. 또 〈박치기(パッチギ!)〉(井筒和幸, 2004), 〈우리 학교〉(김명준, 2006), 〈60만 번의 트라이〉(김명준, 2014), 〈그라운드의 이방인〉(김명준, 2012), 〈나는 조선사람입니다(私はチョソンサラムです)〉(김철민, 2020) 등 재일동포의 삶과 역사를 영화화한 작품도 여럿 소개돼있다.

여기선 통일지향적 관점에서 재일동포의 역사를 간략하게 다루려는데, 특히 북과 긴밀한 재일본조선인총연합(재일총련)의 역사와 조선학교로 대표되는 민족교육, 그리고 왜 그들이 북에 대해 각별히 생각하는지를 살피려 한다.

---

[2] 배지원 편, 조경희 저, 〈재일조선인과 조선학교〉(선인, 2017); 서경식 저, 형진의 역, 〈역사의 증인 재일조선인〉(반비, 2012); 정희선, 〈재일조선인의 민족교육운동〉(선인, 2014); 지구촌동포연대 편, 〈차별을 딛고 꿈꾸는 아이들: 조선학교 이야기〉(선인, 2014); 최영호, 〈재일한국인과 조국광복〉(글모인, 1995); 小澤有作 저, 이충호 역, 〈재일조선인 교육의 역사〉(혜안, 1999) 등 참조.

1) 재일본조선인총연합회(재일총련)의 결성과 북의 지원

1945년 해방의 기쁨을 맞으며 재일동포들(1945년 당시 약 236만 명)은 '재일본조선인연맹(在日本朝鮮人聯盟, 약칭 조련)'을 결성하고 고국에서 새 조국 건설, 고국으로의 귀환, 일본에서의 생활보장과 민족교육 등을 추진하였다. 하지만 전후 일본을 점령한 미연합군사령부(GHQ)와 일본 당국의 탄압과 방해[3], 고국의 남북분단 등 어려운 상황이 겹치며 조련은 1949년 9월 8일 강제 해산 당한다.

미군과 일본 당국의 탄압 속에서도 재일동포들은 조직을 보존·재건하고자 투쟁하였고, 1951년 1월 8일 재일본조선민주통일전선(在日本朝鮮民主統一戰線, 약칭 '민전')을 결성하였다. 그러나 민전 역시 민족허무주의, 교조주의, 사대주의, 좌경모험주의 등의 폐해로 적잖은 어려움을 겪었고, 일본 당국의 탄압과 일본 사회 내 고립까지 겹쳐 위기에 빠진다.[4]

재일본조선인총련합회 창립 60돐 기념식 〈조선신보〉

3　해방후 미군과 일본 당국의 재일동포에 대한 탄압은 1947년 '외국인 등록령' 발표를 통한 재일동포들의 외국인('조선적') 등록 강요, 1949년 조련 강제해산과 조선학교의 폐교, 1952년 샌프란시스코 조약 이후 일본 당국의 재일동포에 대한 일본국적 박탈 등이 있다(서경식 저, 형진의 역, 〈역사의 증인 재일조선인〉(반비, 2012) 131~142쪽).

1950년대 말 재일동포들의 어려운 상황에 대해 북은 전쟁 때와 전후복구 와중에도 지지와 연대를 보냈다. 전쟁이 한창이던 1952년 12월 김일성 수상은 방북한 재일동포 연락원과 회담을 갖고 재일동포운동에서 주체적 노선과 방침을 제시하였다. 북의 재일동포운동에 대한 노선 제시와 지원에 힘입어 한덕수(총련 초대 의장) 등 재일동포 활동가들은 기존의 민전을 개혁하고 주체적 노선과 통일전선을 바탕으로 한 새로운 동포조직을 세우려 했다. 북의 지원과 재일동포들의 노력 끝에 1955년 5월 25일 일본 도쿄에서 새 동포단체인 재일본조선인총연합회(在日本朝鮮人總聯合會, 약칭 총련 또는 재일총련)이 결성되었다.[5]

총련은 북에서 적잖은 지원(1955년 12월 131만5,350원 원호금과 위문편지 2,039통, 원호물자 수천 점 등)을 받으며 일본 전역에서 동포사회 조직을 재건해갔다.[6] 기관지 〈조선신보〉[7]를 복간·발행하는 한편, 학우서방, 구월서방, 조선문제연구소, 조선통신사 등 출판기관을 설립하고 동포사회에서 언론출판사업, 학술연구, 민족교육 등을 활발히 전개하였다. 또 1959년부터는 총련의 동포 귀국운동과 북-일간 협상 결과로 적잖은 수의 재일동포들이 '사회주의 조국'으로 귀환, 정착하였고(재일동포 귀국사업)[8], 이를

---

4 사회과학원 력사연구소, 〈조선전사〉 28권 '현대편 : 사회주의건설사 1'(과학백과사전출판사, 1981) 449~450쪽.

5 '총련의 결성'(재일본조선인총련합회 홈페이지 설명 참조)

6 1956년 5월 총련 출범 당시 45개 지방본부와 403개 지부, 1,400여 개 분회 조직을 재건·조직해 총련 산하에 뒀으며 청년, 여성, 교육자, 문화인, 상공인, 종교인 등 12개 부문별 동포단체를 산하단체로 조직했다(사회과학원 력사연구소, 위의 책, 453~454쪽 〈표〉 총련 산하단체 및 사업체 참조).

7 〈조선신보〉 : 총련 중앙위원회 기관지이자 재일동포사회의 주요 언론. 1945년 10월 10일 〈민중신문〉이란 이름으로 창간했는데 광복 이듬해인 1946년 8월 15일 제호를 〈해방신문〉으로 바꾸었다. 이후 미연합국사령부(GHQ)와 일본 당국의 탄압으로 〈해방신문〉은 1950년 8월 2일 강제폐간되었다가 1952년 5월 20일 복간된다. 이어 1961년 9월 9일 〈조선신보〉로 제호를 바꿔 오늘에 이른다('〈조선신보〉 복간 65돐을 맞으며' 〈조선신보〉 2017년 5월 20일자 참조).

계기로 북과 총련의 관계는 더 공고해졌다.

그리고 1960년대에 북에선 재일동포들에 대해 국적(조선적, 대한민국 등)을 불문하고 공민권(재외국민)과 민주주의적 민족권 권리를 법적으로 보장하는 내용의 '조선민주주의인민공화국 국적법'(1963년 10월 9일)을 제정하였다. 또 1967년 11월 최고인민회의 대의원 선거에서 7명의 재일동포 대표단이 선출된 것을 시작으로 매번 최고인민회의에서 재일동포 대표단(총련 소속 명의)을 선출하는 체계가 오늘까지 이어지고 있다. 이렇듯 북은 총련과 협력을 매개로 재일동포들에게 '조국'의 역할을 하였고, 그런 결과 총련 사회가 거리낌 없이 북을 '조국'이라 부르는 상황에 이르게 된 것이다.

2) 조선학교와 민족교육

해방 직후 재일동포들은 민족의 말과 글, 민족의 역사를 동포와 자녀들에게 가르칠 목적으로 일본 전역의 재일동포 집단 거주지를 중심으로 '국어강습소'(약 200여 개소, 수강인원 2만여 명)를 설치하고 민족교육을 실시하였다. 1945년 10월 결성된 조련은 국어강습소를 '조선인학교'로 확대·개편하여 초등학원-중학교-청년학교[9]로 체계화된 민족교육을 실시하였다. 또

---

8 재일동포 귀국사업 : 1959년 12월부터 1966년 말까지 총 144차례에 걸쳐 8만6,783명의 재일동포가 '사회주의 조국'으로 귀환한 사업. 1958년 총련의 재일동포 귀환투쟁과 북의 적극적 지원, 적십자사를 통한 북-일간 협상 끝에 1959년 8월 13일 인도 콜카타에서 재일동포 귀환에 대한 협정이 조-일 적십자사 명의로 체결되었다. 이 과정에서 일본 당국은 귀환사업을 정치적으로 악용하려 했고 남측의 이승만 정권은 '북송반대'를 내걸어 민단을 중심으로 관제시위를 벌이며 귀환사업을 방해했으나 일본과 각국 진보진영 등의 성원으로 귀환사업은 계속 전개되었다(사회과학원 력사연구소, 〈조선전사〉 29권 '현대편 : 사회주의건설사 2'(과학백과사전출판사, 1981) 491~518쪽).

9 1946년 10월 기준으로 초등학원은 525개, 중학교는 4개, 청년학교는 10개가 있었으며 총 1,100명의 교원이 4만여 동포 학생들을 가르쳤다('총련의 활동 : 민족교육을 꽃피워' 재일본조선인총련합회 홈페이지 설명 참조).

조련은 민족교육을 위해 자체로 교과서(약 100만 부)와 부교재(92점)를 출간·제작하였다.[10]

그러나 1948년부터 미연합국사령부(GHQ)와 일본 당국은 재일동포의 민족교육을 대대적으로 탄압하였다. 1월에는 문부성 명의로 재일동포들의 학교설립을 불허하고 일본 학제에 강제로 동화·편입시키는 내용의 통첩문('조선인학교 설립 취급에 대하여' 1948년 1월 24일)을 발표하

조선학교와 몽당연필 연대 〈몽당연필〉

고, 일본 전역에 설립된 조선인학교를 강제로 폐쇄했다(제1차 민족학교 폐쇄령). 미군과 일본 당국의 민족교육 탄압에 맞서 재일동포들은 적극 투쟁하였다. 1948년 4.24 한신교육투쟁(阪神教育鬪爭)[11]이 재일동포들의 민족교육 수호투쟁의 대표 사례이다. 투쟁의 결과로 일시적이나마 일본 당국에게서 폐교령 철회와 민족교육 인정을 이끌어내기도 했지만 이듬해인 1949년에 미군은 조련을 강제해산하는 동시에 조선학교를 다시금 폐쇄해 민족교육은 큰 위기를 맞게 되었다(제2차 민족학교 폐쇄령).

---

10 '조선학교는 어떤 곳?', 〈몽당연필〉 홈페이지 설명; '총련의 활동 : 민족교육을 꽃피워' 재일본조선인총련합회 홈페이지 설명 참조.

11 4·24 한신교육투쟁(阪神教育鬪爭) : 1948년 4월 미군과 일본 당국의 민족교육 탄압에 맞서 서일본 일대(오사카(大阪), 교토(京都), 효고(兵庫), 야마구찌(山口), 오까야마(岡山) 등)의 재일동포들이 벌인 투쟁. 동포들의 투쟁 결과로 몇몇 지역에선 폐쇄령이 철회되고 민족교육을 인정하는 양해를 얻어내는 성과를 얻기도 했으나 얼마 못 가 미군의 비상사태 선언이 발표되어 합의는 파기되고 항쟁을 주도한 재일동포들에게 강제진압과 체포가 자행되었다(총참가자 100만

미군과 일본 당국의 탄압 속에서도 재일동포들은 '자주학교'[12], '공립학교'[13], '민족학급'[14] 등 다양한 형태로 민족교육을 지켜갔다. 그러다 1955년 5월 총련이 결성되었고, 총련이 조선학교를 통한 민족교육을 다시금 주도하였다. 여기에 1957년엔 북에서 전후복구가 한창인 속에서도 두 차례에 걸쳐 민족교육을 위한 교육원조비 9,156만2,000원(약 2억2,000만 엔)을 동포들에게 지원하면서 조선학교의 민족교육은 부활할 수 있었다.[15] 이후도 북은 국가예산에 '재일동포 자녀들을 위한 교육원조비 및 장학금'을 책정해 매년 조선학교에 교육비를 지원하고 있다.

총련의 주도적 역할과 북의 지원 아래 조선학교의 민족교육은 계속 발전하였다. 1956년에는 일본 도쿄에서 동포들의 첫 고등교육기관인 조선대학교(朝鮮大學校)가 설립되어 고등교육과 학술연구가 가능해졌다. 또 1966년에 일본 당국이 '외국인학교법안'을 통과시켜 다시금 재일동포들의 민족교육을 탄압하고 동화교육을 강요하려 할 때도 총련은 일본의 진보세력과 연대하여 투쟁해 나갔다. 결국 1966년 조선학교 41개소가 새롭

  3,000여 명, 피검거자 3,000명, 사상자 152명). 강제진압 과정에서 학생 김태일과 교원 박규범이 사망하기도 했다. 그럼에도 동포들은 격렬히 저항했고, 결국 일본 정부는 동포들의 자주적 민족교육을 인정하게 되어 투쟁은 성공하였다(지구촌동포연대 편,〈차별을 딛고 꿈꾸는 아이들: 조선학교 이야기〉(선인, 2014) 19~21쪽).
12 자주학교 : 1949년 폐쇄령에도 불구하고 일부 지역의 동포사회가 조직적으로 일본 경찰에 저항하여 학교를 되찾은 형태. 자주학교의 경우 지방 당국이 통제하지 못하고 이전처럼 민족교육이 행해졌다(정희선,〈재일조선인의 민족교육운동〉(선인, 2014) 205쪽).
13 공립학교 : 조선학교를 일본의 공립학교체제에 편입시켜 민족교육을 이어나간 형태. 1949년 11~12월 적잖은 수의 조선학교가 일본 공립학교의 '분교' 형식으로 편입되었고, 이들 조선학교 계열 분교는 독자성을 갖고 민족학교로 운영되었다(정희선, 위의 책, 205~206쪽).
14 민족학급 : 조선학교를 일본인 학교 내의 민족학급으로 편입시킨 형태. 1952년 4월까지 총 13개 부·현 77개 학급이 설치되었고, 민족학급 안에서 동포 학생들은 일본 정규수업과 '과외수업' 형태의 민족교육을 동시에 받았다(위의 책, 206쪽).
15 사회과학원 력사연구소,〈조선전사〉29권 '현대편 : 사회주의건설사 2', 511쪽.

게 학교법인('각종학교') 설치인가를 받았고, 1968년 4월 17일엔 조선대학교, 1975년 1월까지 일본 전역의 조선학교(정규학교 155개소, 비정규학교 수백 개소, 총 2,000명 교원 및 4만여 동포학생 규모)가 학교법인으로 등록하는 성과를 거뒀다.[16]

총련의 결성과정과 조선학교 민족교육에서 보듯 재일동포들의 투쟁에 북은 '사회주의 조국'으로서 초기부터 꾸준히 지지와 연대를 보냈다. 이는 재일동포의 민족교육은 물론 미군과 일본의 동포 탄압과 차별을 외면했던[17] 남측의 이승만 정권과 군사독재정권과는 전혀 다른 모습이었다.

세월이 흘러 현실적 요인(국적, 생활문제 등)으로 재일동포의 적잖은 수가 일본 국적이나 남측(대한민국) 국적을 취득하며 '조선적'의 숫자는 크게 줄어들었다(2018년 기준 3만5,000여 명).[18] 조선학교 역시 일본 당국의 각종 차별과 혐오범죄 등으로 숫자가 줄어 현재는 일본 전역에 64개소와 학생 8,000여 명 수준(2014년 기준)을 유지하고 있다. 그럼에도 북은 현재도 재일동포들에 대한 연대와 지원을 꾸준히 보내고 있으며[19] 총련 역시 과거와는 달라도 재일동포사회에서 일정한 영향력을 유지하고 있다.

---

16 사회과학원 력사연구소, 〈조선전사〉 30권 '현대편 : 사회주의건설사 3' 418~419쪽.

17 민단도 자체로 민족학교를 설립하고 교육을 실시했으나 조선학교에 견주면 양·질적으로 크게 뒤떨어졌다. 그나마 1949년 미군과 일본 정부의 민족교육 금지 통고가 내려져 민단계 민족학교는 대다수가 폐쇄, 일본인 학교에 흡수돼버렸고 민단 역시 민족교육에 소극적 태도를 보이며 민단계 민족학교는 재일동포사회에 큰 영향을 미치지 못했다. 그나마 1960년대 한일협정 체결 이후 박정희 정권이 재일동포 교육에 관심을 가지고 지원했으나 질과 양은 조선학교에 비교할 바가 아니었다고 한다(정희선, 위의 책, 230~235쪽).

18 '조선적'을 유지하는 재일동포들이 사회적 차별과 각종 불편에도 불구하고 국적을 바꾸지 않는 데는 어려운 시절 진정 '조국'으로서 연대하고 지원하던 북에 대한 의리와 민족적·통일지향적 관점에서 자신의 뿌리를 잊지 않으려는 자세라고 하겠다(리정애 글, 임소희 그림, 〈재일동포 리정애의 서울 체류기〉 보리, 2010 참조).

19 '김정은, 재일동포 자녀들 교육비 등 보내'(〈통일뉴스〉 2021년 4월 14일자)

| 참고문헌 |

■ 단행본

남측

강만길,〈고쳐 쓴 한국현대사〉(창작과 비평사, 1994)
국사편찬위원회,〈한국전쟁, 문서와 자료, 1950~1953년〉(국사편찬위원회, 2006)
김경일,〈중국의 한국전쟁 참전 기원〉(논형, 2005)
김남식,〈남로당 연구〉(돌베개, 1984)
김남식,〈박헌영노선 비판〉(세계, 1986)
김남식·이정식·한홍구 편,〈한국현대사자료총서〉13권(돌베개, 1986)
김성보·기광서·이신철,〈사진과 그림으로 보는 북한 현대사〉(웅진지식하우스, 2009)
김성보,〈남북한 경제구조의 기원과 전개 : 북한 농업체제의 형성을 중심으로〉(역사비평사, 2000)
김성보,〈북한의 역사 1 : 건국과 인민민주주의의 경험 1945~1960〉(역사비평사, 2011)
김태우,〈폭격, 미공군의 공중폭격 기록으로 읽는 한국전쟁〉(창비, 2013)
김행복 외 4명,〈6.25전쟁사 1〉(국방부 군사편찬연구소, 2005)
남기정,〈기지국가의 탄생 : 일본이 치른 한국전쟁〉(서울대학교출판문화원, 2016)
데이비드 콩드,〈한국전쟁, 또 하나의 시각 1〉(과학과 사상, 1988)
데이비드 콩드,〈한국전쟁, 또 하나의 시각 2〉(과학과 사상, 1988)
로창현,〈평양여자 서울남자 길을 묻다〉(정음서원, 2020)
리정애 글, 임소희 그림,〈재일동포 리정애의 서울 체류기〉(보리, 2010)
박병엽 구술, 유영구·정창현 정리,〈조선민주주의인민공화국의 탄생〉(선인, 2010)
박병엽 구술,〈김일성과 박헌영 그리고 여운형〉(선인, 2010)
배지원 편, 조경희 저,〈재일조선인과 조선학교〉(선인, 2017)
백범사상연구소 편,〈백범어록〉(사상사, 1973)
브루스 커밍스·존 할리데이,〈한국전쟁의 전개과정〉(태암, 1989)
서경식 저, 형진의 역,〈역사의 증인 재일조선인〉(반비, 2012)
서중석,〈사진과 그림으로 보는 한국현대사〉(웅진지식하우스, 2009)
스티븐 엔디콧·에드워드 해거먼,〈한국전쟁과 미국의 세균전〉(중심, 2003)

신기철, 〈전쟁범죄〉(인권평화연구소, 2015)
역사편찬위원회, 〈신편 한국사〉 52권(역사편찬위원회 홈페이지 '우리역사넷', 2002)
오자와 유사쿠 저, 이충호 역, 〈재일조선인 교육의 역사〉(혜안, 1999)
와다 하루키 저, 서동만·남기정 편, 〈북조선〉(돌베개, 2002)
이종석, 〈북한의 역사 2 : 주체사상과 유일체제, 1960~1994〉(역사비평사, 2015)
이진규, 〈새시대 정치학원론〉(조국, 1990)
임영태 〈북한 50년사①〉(들녘, 1999)
정희선, 〈재일조선인의 민족교육운동〉(선인, 2014)
지구촌동포연대 편, 〈차별을 딛고 꿈꾸는 아이들: 조선학교 이야기〉(선인, 2014)
최영호, 〈재일한국인과 조국광복〉(글모인, 1995)
최장집 편, 〈한국전쟁연구〉(태암, 1990)
편집부 엮음, 〈중소대립과 북한〉(나라사랑, 1988)

북측

김일성, 〈김일성저작집〉 1권(조선로동당출판사, 1979)
김일성, 〈김일성저작집〉 2권(조선로동당출판사, 1979)
김일성, 〈김일성저작선집〉 4권(조선로동당출판사, 1968)
김일성, 〈김일성저작집〉 4권(조선로동당출판사, 1979)
김일성, 〈김일성저작선집〉 5권(조선로동당출판사, 2019)
김일성, 〈김일성저작집〉 5권(조선로동당출판사, 1980)
김일성, 〈김일성저작집〉 6권(조선로동당출판사, 1980)
김일성, 〈김일성저작집〉 7권(조선로동당출판사, 1980)
김일성, 〈김일성저작선집〉 8권(조선로동당출판사, 1982)
김일성, 〈김일성저작집〉 10권(조선로동당출판사, 1986)
김일성, 〈김일성저작집〉 11권(조선로동당출판사, 1985)
김일성, 〈김일성전집〉 20권(조선로동당출판사, 1998)
김일성, 〈김일성전집〉 30권(조선로동당출판사, 1998)
김일성, 〈사회주의 경제관리 문제에 대하여 3〉(조선로동당출판사, 1970)
김일성, 〈세기와 더불어〉 8권(계승본)(조선로동당출판사, 1998)
김정일, 〈김정일선집〉 10권
김정일, 〈주체사상에 대하여〉(조선로동당출판사, 1982)
김한길, 〈현대조선력사〉(사회과학출판사, 1983)

김희일, 〈김일성 주석과 반일민족해방투쟁사〉(평양출판사, 2006)

리기성·박성철·서영수·장명호·리은희, 〈위대한 령도자 김정일 동지의 주체의 사회주의 경제사상과 리론〉(사회과학출판사, 2015)

리병렬, 〈력사에 남긴 사죄문〉(금성청년출판사, 1992)

사회과학원 경제연구소 편, 〈경제사전〉(사회과학출판사, 1970)

사회과학원 력사연구소 편, 〈조선전사〉 16권 '현대편 : 항일무장투쟁사 1'(과학·백과사전출판사, 1981)

사회과학원 력사연구소 편, 〈조선전사〉 22권 '현대편 : 항일무장투쟁사 7'(과학·백과사전출판사, 1981)

사회과학원 력사연구소 편, 〈조선전사〉 23권 '현대편 : 민주건설사 1'(과학·백과사전출판사, 1981)

사회과학원 력사연구소 편, 〈조선전사〉 24권 '현대편 : 민주건설사 2'(과학·백과사전출판사, 1981)

사회과학원 력사연구소 편, 〈조선전사〉 25권 '현대편 : 조국해방전쟁사 1'(과학·백과사전출판사, 1981)

사회과학원 력사연구소 편, 〈조선전사〉 26권 '현대편 : 조국해방전쟁사 2'(과학·백과사전출판사, 1981)

사회과학원 력사연구소 편, 〈조선전사〉 27권 '현대편 : 조국해방전쟁사 3'(과학·백과사전출판사, 1981)

사회과학원 력사연구소 편, 〈조선전사〉 28권 '현대편 : 사회주의 건설사 1'(과학·백과사전출판사, 1981)

사회과학원 력사연구소 편, 〈조선전사〉 29권 '현대편 : 사회주의건설사 2'(과학·백과사전출판사, 1981)

사회과학원 력사연구소 편, 〈조선전사〉 30권 '현대편 : 사회주의 건설사 3〉(과학·백과사전출판사, 1982)

사회과학원 력사연구소, 〈조선전사〉 31권 '현대편 : 사회주의건설사 4'(과학·백과사전출판사, 1982)

사회과학원 력사연구소, 〈조선전사〉 32권 '현대편 : 사회주의 건설사 5'(과학·백과사전출판사, 1982)

사회과학출판사 편, 〈정치사전〉(사회과학출판사, 1973)

사회과학출판사 편, 〈조선말대사전〉(사회과학출판사, 1992)

심병철, 〈조국통일문제 100문 100답〉(평양출판사, 2003)

원영수·윤금철·김영범·김혜련, 〈침략과 범죄의 력사〉(평양출판사, 2010)

조선로동당 중앙위원회 당력사연구소, 〈조선로동당력사 1〉(조선로동당출판사, 2017)

최철웅·신영균, 〈사회주의 배신자들의 추악한 운명〉(사회과학출판사, 2010)

■ 논문

고양석, 〈7.4남북공동성명에서 10·4선언 채택까지 남북대화 연구 : 역사적 제도주의를 중심으로〉(서울대학교 행정대학원 행정학과 석사학위논문, 2013)
권정기, 〈흐루쇼프 수정주의의 발생과 쏘련에서의 반혁명〉(《노동사회과학》 vol. 10, 노동사회과학연구소, 2019년 12월 27일)
김연명, 〈한반도의 냉전체제가 남북한 사회복지에 미친 영향〉(중앙대 대학원 사회복지학과 박사학위논문, 1993)
김재서, 〈세계적인 경제적 동란과 압력에도 끄떡없는 자립경제의 위력〉(《과학연구》, 김일성종합대학, 2019년 4월 6일)
백준기, 〈정전 후 1950년대 북한의 정치변동과 권력재편〉(경남대학교 북한대학원 편, 《북한현대사 1》, 한울아카데미, 2004)
영국 맑스레닌주의공산당, 〈반스딸린 거짓선전에 대해 반격에 나선 국제공산주의자들〉(전국노동자정치협회, 2020년 1월 13일)
이세영, 〈북한 '사회주의' 노동자의 형성과 생산현장의 변화(1945~1960)〉(연세대 대학원 사학과 박사학위논문, 2020)
이종석, 〈북조선공산당과 조선신민당의 북조선로동당으로의 '합동'에 관한 연구〉(국사관논총 제54집 222쪽, 1994)
이종석, 〈'문화대혁명' 시기 북한-중국 관계 연구〉(세종연구소)

■ 언론보도 등

남측

'식민 초기 최대 비밀결사 조선국민회'(《연합뉴스》 2019년 1월 14일자)
'시민단체 "명칭부터 기만적인 '유엔'사 해체 촉구"'(《자주시보》 2019년 10월 24일자)
'요시다 "한반도 해역 기뢰 제거는 전투행위… 비밀로 하라"'(《중앙선데이》 2015년 9월 26일자)
'"미, 한국전쟁 중 세균전 현장실험 명령"'(《연합뉴스》 2010년 3월 19일자)
'미, 731부대원에 거액 제공… 일본 생체실험 자료 얻으려'(《중앙일보》 2005년 8월 15일자)
'북, "6.25 때 미군이 북한주민 190만명 학살"'(《연합뉴스》 1999년 12월 23일자)
'북, 신천박물관 창립 60돌 보고회 - 계급교양대학으로 발전'(《자주시보》 2018년 3월 27일자)
'"남로당 핵심 이강국·임화 미군방첩대 스파이였다"'(《중앙일보》 2001년 9월 5일자)
'"박헌영은 미국의 간첩이었다"'(《월간 말》 1991년 5월호)
'북 과학사 : 거꾸로 가는 트랙터'(《민족21》 2009년 6월호)
'혈맹으로 맺은 북한과 베트남'(《통일뉴스》 2015년 11월 29일자)

'북한군 일화(11) 제4차 중동전쟁에서 활약한 북한 군사고문단 1'(〈자주시보〉 2017년 6월 16일자)

'북한군 일화(12) 제4차 중동전쟁에서 활약한 북한 군사고문단 2'(〈자주시보〉 2017년 6월 17일자)

'푸에블로호 북 영해침범 사실이었다 - MBC〈이제는 말할 수 있다〉제작진 확인'〈경향신문〉 2001년 6월 28일자)

리영희, '북미 핵협상에서 남한 정부가 배워야 할 것'(〈월간 말〉 1994년 2월호)

'한·미연합군사연습의 변천사', 〈통일뉴스〉 2014년 4월 6일자)

'미국이 북의 EC-121기 격추사건 조용히 덮은 이유'(〈자주시보〉 2017년 7월 13일자)

'김정은, 재일동포 자녀들 교육비 등 보내'(〈통일뉴스〉 2021년 4월 14일자)

MBC 다큐멘터리〈이제는 말할 수 있다〉35회 '6.25 일본 참전의 비밀'편(2001년 6월 22일 방송)

MBC 다큐멘터리〈이제는 말할 수 있다〉15회 '일급비밀! 미국의 세균전'편(2000년 7월 2일 방송)

'조선학교는 어떤 곳?'(〈몽당연필〉 홈페이지)

'7월 27일 정전협정, 그날의 이야기 : 정전협정의 배경 & 비하인드 스토리'(전쟁기념관 블로그 2019년 7월 27일자)

북과 해외

'사회주의진영의 통일을 수호하며 국제공산주의운동의 단결을 강화하자'(〈로동신문〉 1963년 1월)

'사회주의진영을 옹호하자'(〈로동신문〉 1963년 10월 28일자)

'자주성을 옹호하자'(〈로동신문〉 1966년 8월 12일자)

'민족해방의 혁명적 기치를 높이 들자'(〈로동신문〉 1964년 1월 27일자)

'인민들 속으로 들어가라!'(〈류경〉 2021년 4월 10일자)

'〈조선신보〉 복간 65돐을 맞으며'(〈조선신보〉 2017년 5월 20일자)

'비날론공장 현대화의 경제적 효과'(〈조선신보〉 2010년 2월 24일자)

'총련의 활동 : 민족교육을 꽃피워'(재일본조선인총련합회 홈페이지)

'총련의 결성'(재일본조선인총련합회 홈페이지)

'미 해군의 최대 굴욕 '푸에블로호 나포사건''(〈Sputnik 조선어판〉 2015년 3월 14일자)

'조선에서 전사한 일본인'(〈아사히신문〉 1952년 11월 13일자)

| 사진 출처 | (참고: 매체나 잘 알려진 단체의 경우 링크는 포함하지 않음.
개인 포스트나 사진의 경우 링크를 올립니다.)

1장. 조선민주주의인민공화국 수립과 전쟁(1945~1953)

1. 북의 현대사 이해와 주체사관
- 평양의 만수대기념비 〈조선의 오늘〉
- 조선전사: 개인(안광획) 촬영, 2021. 4. 8.
- 주체사상탑 야경: 〈조선의 오늘〉

2. 개선
- 평양시민 환영대회와 연설하는 김일성: 사회과학원 력사연구소, 〈조선전사〉 23: '민주건설사 1', 〈조선의 오늘〉
- 평양 개선문: "류경호텔, 평양 개선문 … 서울과 다른 평양의 건축풍경", 〈건축사신문〉 2018. 7. 2.
- 벽화 '개선': 〈조선의 오늘〉

3. 북조선공산당의 창당과 북조선민주주의민족통일전선의 결성
- 민주주의민족통일전선(1947년경): "이승만과 김일성, 그들의 피할 수 없는 공통점", 〈오마이뉴스〉 2018. 1. 7.; 원본 사진 미국 국립문서기록청(NARA) 소장.
- 민주주의민족통일선선 결성 환영대회(1946. 7. 22.): 이신철, "나의 학위논문 - 『북의 통일정책과 월·납북인의 통일운동 (1948~1961년)』", 〈한국역사연구회〉 2006. 11. 6.

4. 북조선림시인민위원회와 토지개혁
- 토지는 농민의 것!(1946. 3.): 〈미디어한국학〉
- 토지는 밭갈이하는 농민에게(1946. 3.): 〈미디어한국학〉
- 무상분배된 땅에서 경작하는 농민들(1946. 3.): "70년 맞은 북한의 토지개혁법령 발표", 〈통일뉴스〉 2016. 3. 5.

5. 남북연석회의
- 모스크바 3상회의와 찬탁-반탁 시위: 〈한국학중앙연구원〉, 〈민플러스〉
- 남북연석회의에 참여한 김구 선생과 김일성 위원장(1948. 4.): 〈조선의 오늘〉, 〈통일뉴스〉, 〈백범김구선생기념사업회〉
- 남북연석회의를 기념해 세운 쑥섬 통일전선탑: 〈조선의 오늘〉

6. 조선민주주의인민공화국의 수립
- 최고인민회의 1차 회의에서 수상으로 선출되는 김일성(1948. 9. 8.): 〈조선의 오늘〉
- 조선민주주의인민공화국 수립을 축하하는 평양시민 군중대회: 〈조선의 오늘〉, 〈로동신문〉, 〈조선신보〉

7. 왜 '조국해방전쟁'인가
- 인민군 서울 입성(1950. 6. 28.): 〈조선의 오늘〉
- 인민군 대전 입성(1950. 7.): 〈국사편찬위원회 전자사료관〉
- 1211고지 전투(1951. 10.): 〈조선의 오늘〉

8. '유령' 참전국 일본
- 요시다 시게루 총리와 한국전 참전 일본 소해부대원(1950. 10.): 〈한겨레〉
- 〈아사히신문〉 전사 소식: "이제는 말할 수 있다: 6·25 일본 참전의 비밀", 〈MBC〉 2001. 6. 22. 방송캡처

9. "미국은 세균전을 멈춰라!"
- 니덤 보고서 원본 표지: 한국전쟁 당시 미군의 한반도와 중국 만주에서의 세균전 사실을 조사/폭로한 니덤 보고서
- 미국의 세균전 만행 모음: Joseph Needham, " Report of the International Scientific Commission for the Investigation of the Facts Concerning Bacterial Warfare in Korea and China", 1952: 〈통일뉴스〉
- 세균전 자행한 731부대와 부대장 이시이 시로: 〈위키피디아〉 공용 사진, 〈민플러스〉

10. 폭격, 그리고 학살
- "B-29의 무차별 '융단폭격'… 한반도는 저주받은 땅인가", 〈오마이뉴스〉 2020. 10. 21.; 원본 사진 미국 국립문서기록청(NARA) 소장.
- 폐허가 된 평양 시내: 〈조선의 오늘〉
- 신천박물관 혁명교양: 〈로동신문〉

11. 항미원조보가위국
- 항미원조 자린자구 선전 포스터: 〈艾久久资讯网〉 2020. 11. 7. (https://www.ice99.com/mil/2690515.html)
- 중국인민지원군 사진: "抗美援朝70年:中国好儿女， 齐心团结紧！", 〈人民画报〉 2020. 10. 23. (https://mp.weixin.qq.com/s/en9nuavGC7I9-8QOAysFjA)

12. 박헌영·리승엽 '간첩' 사건
- 리승엽 사진: 〈KBS〉
- 박헌영 사진: 〈부산일보〉

13. 정전협정의 체결과 '전승 열병식'
- 정전협정 체결 장면(1953. 7. 27.): 〈민플러스〉
- 고지 위에서 만세를 외치는 인민군 사진: 〈조선의 오늘〉

2장. 전후복구와 사회주의 건설기(1954~1979)

1. 전후복구와 사회주의 개조
- 복구 중인 평양 시내와 복구건설에 참여한 인민군 장병들(1953. 8.): 〈조선의 오늘〉
- 농업협동화: 〈조선의 오늘〉, 국가기록원 소장 사진자료

2. 천리마를 탄 기세로 - 천리마운동
- 천리마 동상: 〈조선의 오늘〉
- '동무는 천리마를 탔는가? 보수주의 소극성을 불사르라!' 포스터: 〈통일뉴스〉

3. 8월 종파사건과 반종파투쟁
- 1948년 조선민주주의인민공화국 초대 내각 사진: "조선민주주의인민공화국 정부각료", 국립중앙도서관 소장 사진자료

4. 조선로동당 제4차 대회와 7개년 계획
- 조선로동당 제4차 대회에서 연설하는 김일성(1961. 9. 11.): 〈조선의 오늘〉
- 황해제철련합기업소를 현지지도하는 김일성(1965. 1.)과 황해제철련합기업소 전경: 〈조선의 오늘〉, 〈로동신문〉
- 리승기와 비날론: 〈민족21〉, 〈조선의 오늘〉

5. 경제건설에서 '사람'을 중심에 세우다 - 청산리방법과 대안의 사업체계
- 청산리협동농장을 현지지도하는 김일성 수상(1958. 10.)과 청산리협동농장: 〈우리민족끼리〉, Aram Pan, "Rural North Korea", 〈DPRK 360〉 2020. 2. 3. (https://dprk360.com/inside-north-korea/rural-north-korea/357/)
- 대안전기공장을 현지지도하는 김일성 수상(1961. 12.)과 대안중기계련합기업소 전경: 〈조선의 오늘〉, 〈로동신문〉

6. '한 손에는 총을, 다른 한 손에는 마치를' - 경제·국방건설 병진노선
- 경제·국방건설 병진노선: 〈로동신문〉, 〈조선의 오늘〉
- 전민 무장화 전국 요새화 기념우표: 〈조선의 오늘〉
- 조선인민군 사진: 〈로동신문〉, 〈조선의 오늘〉, 〈우리민족끼리〉

7. 조선로동당 제5차 대회와 사회주의헌법 제정
- 조선혁명박물관 〈사회주의헌법 제정〉 전시와 〈조선민주주의인민공화국 사회주의헌법〉 표지: 〈우리민족끼리〉
- 〈사회주의 헌법〉 제정 기념 열병식 사진: 〈조선의 오늘〉

8. 사상과 기술, 문화도 주체의 요구대로 - 3대 혁명
- 3대 혁명 기념탑: 〈조선의 오늘〉
- 1979년 인민경제계획 선전화: Jesse Kowalski, "A unique exhibition on graphic design in North Korea is on view in London.", 〈Illusion History〉 2018. 3. 12.

(https://www.illustrationhistory.org/news/a-unique-exhibition-on-graphic-design-in-north-korean-is-on-view-in-london)
- 3대 혁명 소조원과 3대 혁명 붉은기쟁취운동: 〈로동신문〉, 〈조선의 오늘〉

9. 수정주의와 교조주의 혼란 속에서 조선혁명의 주체를 세우다 - 중소갈등과 자주노선 천명
- 회담 중인 흐루쇼프와 모택동(1958. 1.): "Mao Zedong, Nikita Krushchev 1958 Peking"; 미국 의회도서관 소장 자료
- 논설 '자주성을 옹호하자': 〈로동신문〉

10. 전세계 약소민족의 해방투쟁을 지지하며 - 반제국주의 국제연대
- 반제국주의 국제연대 포스터: Benjamin Young, "Juche in the United States: The Black Panther Party's Relations with North Korea, 1969-1971", 〈The Asia-Pacific Journal〉 2015. 3. 30. (https://apjjf.org/2015/13/12/Benjamin-Young/4303.html)
- 김일성-체게바라 회담(1960. 12.)과 김일성-카스트로 회담(1986. 3.): 〈조선의 오늘〉
- 김일성-호찌민 회담(1957. 7.)과 베트남전에 참가한 인민군들: 외국문출판사, 〈력사적 전통, 친선의 화원〉, 2019, 〈통일뉴스〉

11. 보복에는 보복으로, 전면전에는 전면전으로 - 1960~70년대 북미대결사
- 체포된 푸에블로호 선원들(왼쪽)과 대동강으로 옮겨진 푸에블로호: 〈조선의 오늘〉
- EC-121기 격추: 〈우리민족끼리〉
- 판문점 도끼사건: Matt Reimann, "The U.S. and North Korea almost went to war over a single poplar tree in the demilitarized zone", 〈Timeline〉 2017. 4. 21. (https://timeline.com/north-korea-poplar-tree-bcee4d72332f)

12. 자주·평화·민족대단결의 원칙을 세운 7.4공동성명과 조국통일 5대 방침
- 김일성-이후락 회담(1972. 7.): 〈통일뉴스〉
- 조국통일 3대원칙 포스터: 〈우리민족끼리〉

13. 우리의 또 한 형제, 재일동포의 역사
- 〈우리 학교〉, 〈나는 조선사람입니다〉 포스터: 〈우리 학교〉 김명준(영화사 진진, 2006.) 〈나는 조선사람입니다〉 김철민(다큐창작소, 2020.)
- 재일본조선인총련합회 창립 60돐 기념식: 〈조선신보〉
- 조선학교와 몽당연필 연대: 〈몽당연필〉